좋아요! 소셜미디어

좋아요!
소셜
미디어

소셜미디어 시대에 환영받는 브랜드의 비밀

데이브 커펜 지음 | **장세현** 옮김 | **김국현** 감수

레인메이커

Contents

한국어판 서문

한국어판 출판사로부터 한국 독자들을 위한 서문을 써달라는 요청을 받았을 때 나는 무척 기뻤다. 무척 좋아할 만한 나라인 한국에 아직 가 본 적은 없지만 실은 나도 한국과 몇 가지 인연이 있다. 뉴욕 시에 자리 잡은 명문 고등학교 헌터 하이스쿨(Hunter High School)에서 사귀었던 내 절친한 친구들 중 다수가 한국계 미국인이었다. 또 작년에는 우리 라이커블 미디어가 한국 회사 포도트리(Podotree)와 협력하여 소셜 미디어를 통해 인기 앱 큐브독(Cube Dog)을 비롯한 몇몇 모바일 애플리케이션을 미국 시장에 선보인 바 있다.

미국과 한국은 다른 점들이 많지만 인간으로서 공통적 관심사가 있다는 점에서 우리는 하나다. 그것은 곧 서로 소통하고, 상대방으로부터 배우고, 우리 자신과 가족을 위해 더 나은 삶을 꾸려가고자 하는 마음이다. 사는 곳이 어디든 상관없이 우리 모두는 다른 사람들과, 그리고 우리가 관심을 둔 조직과 유대감을 느끼고 싶어 한다.

소셜 미디어는 이런 바람을 이룰 수 있게 해준다. 꼭 페이스북이나 트위터에서만 가능한 일은 아니다. 한국이라면 페이스북 대신 싸이월드가 그 역할을 할 수도 있을 것이다. 하지만 어떤 소셜 미디어를 사용하든 이 책에 실린 원칙들은 여러 비즈니스와 조직에 똑같이 적용된다. 당신이 페이스북의 더욱 효과적인 이용법을 모색하는 미국인 판매자든, 소셜 미디어를 더 깊이 이해하고자 하는 한국인 사업가든, 혹은 싸이월드나 트위터를 더 잘 알고 싶어 하는 한국 소기업의 오너든, 부디 이 책이 당신에게 도움이 되길 바란다.

이 책의 초판을 쓴 뒤로 다소 시간이 흐른 터라 그동안 변화가 생긴 부분도 있을 것이다. 가령 통계 수치가 일부 부정확할 수도 있다. 소셜 미디어에 깊은 영향을 미칠 구글플러스(Google+)와 같은 새로운 플랫폼이 등장하기도 했다. 그러나 '좋아할 만한 소셜 미디어'의 원칙은 여전히 그대로다. '귀를 기울이고, 투명성을 받아들이고, 모든 이에게 신속히 응답하고, 좋아할 만한 존재가 되라.' '당신이 온라인 혹은 오프라인에서 대우받고 싶은 그대로 사람들을 대하라.' 앞으로 또 다른 새 플랫폼이 출현하더라도 이 원칙은 달라지지 않을 것이다.

마지막으로, 이 책에서 나는 책을 읽다가 궁금한 점이 있으면 온라인으로 질문을 해달라고 썼다. 한국의 독자들에게도 똑같은 부탁을 하고 싶다. 내가 한국어를 할 수는 없겠지만(그래도 김치는 정말 좋아한다!) 여러분이 영어로 트위터나 페이스북, 또는 링크드인 메시지를 보내준다면 모든 질문과 의견에 답변하겠다고 약속한다.

아무쪼록 즐겁게 읽어주길 바란다. 더욱 좋아할 만한 세상을 위하여!

데이브

👍 서론

나는 라스베이거스에서 당시 가장 세련된 호텔이었던 아리아(Aria)의 프런트 앞에 한 시간 가까이 줄을 서 있었다. 때는 2010년 6월이었다. 나는 뉴욕에서 여섯 시간 동안 비행기를 타고 날아와 방금 호텔에 도착한 참이었다. 줄을 서서 기다리며 시간을 허비하는 것은 내가 무엇보다 질색하는 일이다. 불만에 가득 찬 나는 블랙베리를 꺼내어 트위터에 글을 올렸다. "라스베이거스의 그 어떤 호텔도 이렇게 오래 기다려서 들어갈 만한 가치는 없을 것이다. 아리아에서 체크인하는 데 한 시간 넘게 걸림.☹"

재미있게도, 아리아 호텔에서는 내 트윗에 아무런 반응을 보이지 않았는데 경쟁 호텔에서 메시지가 왔다. 글을 올린 지 불과 2분 뒤에 리오 호텔(Rio Hotel)이 보낸 트윗을 봤다. 어떤 내용이었을까? 이 이야기를 들은 사람들 대부분이 그랬듯 당신도 이렇게 생각할지 모르겠다. "리오 호텔이 보낸 메시지는 '저희 호텔로 오세요. 줄을 서지 않아도 됩니다.' 이런 내용 아닐까?"

만약 리오에서 그런 메시지가 왔다면 마치 스토커나 어떤 으스스한 인물이 나를 지켜보고 조종해서 내 불행한 경험으로부터 이득을 얻으려 한다는 기분이 들어 그것 역시 불쾌했을 것이다. 하지만 실제로 리오 호텔이 보낸 메시지는 다음과 같은 내용이었다. "데이브 씨, 그처럼 안 좋은 경험을 하시게 되어 저희도 안타깝습니다. 라스베이거스에서의 남은 여정은 부디 즐겁게 보내시길 바랍니다."

다음번 라스베이거스에 갔을 때 내가 어느 호텔에 묵었겠는가?

리오 호텔은 소셜 미디어를 이용하여 고객의 말에 귀를 기울이고 신속히 응답함으로써 적절한 순간에 적절한 사람에게 작은 공감을 보여 주었다. 광고나 푸시마케팅(push-marketing: 고객의 요구에 초점을 맞추기보다는 TV나 신문, 잡지, 쇼윈도 등을 통해 물건을 홍보하여 구매를 강요하는 판매 기법-옮긴이) 메시지로는 결코 이런 효과를 거둘 수 없었을 것이다. 하지만 리오 호텔은 귀 기울이고, 응답하고, 고객의 마음에 공감을 표할 줄 알았기에 이런 일이 가능했다.

리오 호텔은 사실상 트윗 하나로, 즉 내 관심을 끌고 내가 다음번 라스베이거스에서 묵을 호텔을 결정하는 데 결정적 영향을 미친 메시지 한 개로 600달러를 벌었다. 어떤 기준에서 보더라도 탁월한 투자수익률(ROI)로 간주할 만하다. 하지만 이야기는 여기서 끝이 아니다.

나는 리오에 도착하기도 전에 그 호텔의 페이스북(Facebook.com/RioVegas)에 가서 '좋아요(Like)' 버튼을 클릭했다. 그럼으로써 3,500명의 내 친구들이, 크게는 세계 각지의 사람들이 이 호텔의 고객 친화적 자세에 내가 지지를 표한다는 사실을 알게 되었다. 몇 개월 뒤, 내 친구 에린(Erin)은 새해 연휴를 라스베이거스에서 보내려고 호텔을 찾고 있었다. 나는 페이스북에서 그녀로부터 이런 메시지를 받았다. "안녕 데이브, 네가 리오 호텔 페이지를 좋아한다고 한 걸 봤어. 연휴 때 거기 머물까 하는데, 네 생각은 어때?"

친구의 추천은 그 어떤 광고보다 설득력 있다. 결국 에린은 리오에 묵기로 했다. 다른 수십 명의 친구들도 분명 내 페이스북의 좋아요와 트위터에 올린 글을 보고 영향을 받았을 것이다. 하나의 트윗이 한 사람의 좋아요로 이어짐으로써 사실상 수천 달러어치의 거래가 성사된 셈이다.

만족한 고객은 세 사람에게 자신의 경험을 이야기하고 불만족한 고객은 열 사람에게 그 경험을 이야기한다는 말이 있다. 하지만 아리아와 리오 호텔 이야기에서 드러나듯, 오늘날에는 소셜 미디어 덕분에 만족한 고객과 불만족한 고객 모두가 클릭 몇 번만 하면 어떤 회사의 제품이나 서비스에 대한 소감을 수천 명에게 이야기할 수 있다. 가령 페이스북의 좋아요 버튼은 가상 세계에서 지지 표현 수단으로 사용된다. 리오는 이러한 사실을 자신들에게 유리한 방향으로 이용한 반면 아리아는 그러지 않았다.

아담과 이브 시절부터 매스미디어를 거쳐 커뮤니케이션의 새로운 시대가 열리기까지

태초에 아담과 이브가 있었다. 이브는 아담에게 말했다. "이 열매 좀 먹어봐요." 이것이 인류 역사상 최초의 마케팅 상호작용이었다. 이는 신뢰할 수 있는 사람의 입에서 다른 사람의 귀로 전달되는 간단하면서도 효과적인 방식이었고, 비록 무료이긴 했지만 성공적으로 이루어진 '거래'였다.

이렇게 해서 입소문 마케팅이 시작되었다. 그로부터 수천 년간 이것은 가장 효과적이고 완전한 최선의 마케팅 방식이었다(〈그림 I.1〉의 연대표 참고). 1450년에 등장한 인쇄기는 매스 마케팅과 미디어의 새로운 시대가 왔음을 알렸다. 이후 다이렉트 메일(direct mail : 특정 고객층 앞으로 직접 발송하는 인쇄물 광고-옮긴이), 신문, 잡지, 라디오, TV 등이 등장함으로써 판매자(marketer : 우리나라에서 '마케터'라고 하면 '마케팅 전문가'나 '마케팅 담당자'만을 가리키는 경우가 많지만 이 책에서 marketer는 그보다는 넓은 의미로 사용되고 있다고 판단하여 '판매자'로 번역한다-옮긴이)와 광고주는 방대한 수의 사람들을 한꺼번에 표적(target)으로 삼을 수 있게 되었다. 하지만 오늘날 우리가 들을 수 있는 라디오 방송(혹은 무료로 음악을 듣는 방법)은 말 그대로 수천 가지에 달한다. 그냥 채널만 돌리면 다른 방송을 들을 수 있는데 굳이 라디오 광고를 들을 이유가 어디 있겠는가? TV 또한 언제든 시청 가능한 수천 개의 채널이 있고 좋아하는 프로그램만 녹화해서 광고는 건너뛰며 볼 수도 있다. 해당 업계에 종사해서 직업적으로 관심 있는 사람이 아닌 한 무엇 때문에 TV 광고를 보겠는가?

그렇다, 사람들은 더 이상 예전처럼 광고를 보고 듣지 않는다. 마케팅 및 미디어 산업은 과거 어느 때보다 빠르게 변화하고 있다. 그렇다면 판매자가 할 일은 무엇인가? 제품에 대한 입소문을 내려면, 고객으로 하여금 제품을 써보게 하려면, 매출을 향상시키려면, 그 밖의 모든

그림 1.1 마케팅의 역사 연대표

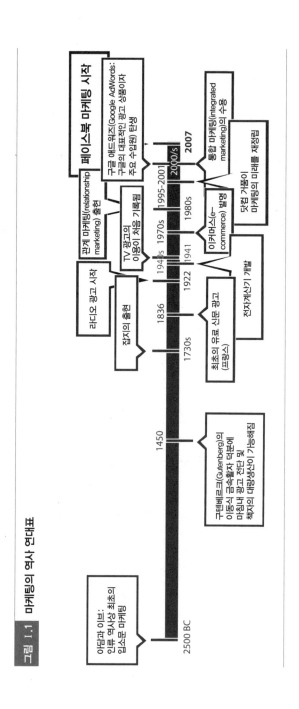

아담과 이브:
인류 역사상 최초의
입소문 마케팅

2500 BC

1450

구텐베르크(Gutenberg)의
이동식 금속활자 덕분에
마침내 광고 전단 및
책자의 대량생산이 가능해짐

1730s

최초의 유료 신문 광고
(프랑스)

1836

전자의 출현

1922

라디오 광고 시작

전자계산기 개발

1940s

TV 광고의
이용이 처음 기록됨

관계 마케팅(relationship
marketing) 출현

1941

1970s

1980s

이커머스(e-
commerce) 발명

1995-2001

2000/s

닷컴 거품이
마케팅의 미래를 재정립

2007

구글 애드워즈(Google AdWords:
구글의 대표적인 광고 상품이자
주요 수입원) 탄생

페이스북 마케팅 시작

통합 마케팅(integrated
marketing)의 수용

마케팅 목표를 완수하려면 어떻게 해야 할까? 당신의 제품에 대해 이 야기하는 사람들을 매끄럽게, 다시 말해 짜증이나 불쾌함을 유발하지 않고 끌어들이려면 어떻게 해야 할까? 다행스러운 사실은, 이미 사람들이 브랜드에 관해 예전보다 더 많은 얘기를 나누고 있다는 점이다. 소셜 미디어 덕분에 그들의 말은 전례 없이 빠른 속도로 퍼져 나간다. 당신이 해야 할 일은 그 말에 귀를 기울이고, 응답하고, 그것을 이용하여 고객이 행동을 취하도록 하는 것이다.

소셜 미디어와 좋아요 혁명

소셜 미디어 혁명으로 전 세계 소비자는 유례없이 강력한 목소리를 내게 되었다. 또한 기업은 고객에게 더 투명하고 민감하게 대응할 방법을 고민해야 하는 상황에 직면했다. 소셜 미디어의 등장과 글로벌 경기 침체로 각종 기업, 단체, 정부는 이제 더 적은 돈으로 더 많은 것을 이룰 방법(TV, 라디오, 인쇄물 등의 쇠퇴해가는 미디어에 들였던 비용보다 더 적은 금액으로 메시지를 전달할 방법)을 찾고 있다.

입소문 마케팅은 이제껏 언제나 가장 완전하고 효과적인 마케팅 방식으로 여겨져왔으며, 소셜 미디어는 그러한 믿음이 여러모로 사실임을 계속해서 입증하고 있다. 사람들은 자신이 좋아하고 신뢰하는 사람, 브랜드, 단체, 심지어 정부와 서로 연결되어 있다는 기분을 느끼며 자신의 생각을 공유하고 싶어 한다.

2010년 4월에 도입된 페이스북의 좋아요 버튼은 이미 200만 개 이

그림 I.2 페이스북의 좋아요 버튼

상의 웹사이트에 설치되었다. 8억 명이 넘는 페이스북 사용자들은 좋아요 버튼을 이용하여 클릭 한 번으로 어떤 회사, 단체, 기사, 아이디어에 대한 찬성을 표현한다. 당신이 좋아하는 친구네 아기 사진, 〈뉴욕타임스〉의 기사, 지역 내 단체의 동영상, 글로벌 브랜드의 콘테스트 등 다양한 콘텐츠에 달려 있는 이 좋아요 버튼은 하루에만 10억 회 이상 클릭된다.

이 엄청난 숫자만큼이나 놀라운 점은, 이것이 소셜 미디어 혁명에서 기업과 소비자 모두에게 무엇보다 중요한 웹의 개인화를 이루어냈다는 것이다. 사용자에게 그들의 친구들, 친구의 친구들이 무엇을 좋아하는지 정확히 보여줌으로써 페이스북의 좋아요 기능은 강력한 도구가 되었다. 예컨대 당신이 아기를 낳아서 유모차를 찾는다면, TV 광고에는 그다지 신경을 쓰지 않을 것이다. 페이스북에서 50, 500, 5,000명의 사람들이 좋다고 한 신형 유모차에도 아마 크게 관심을 두지 않으리라. 하지만 만약 당신 친구 중 누군가가 그 유모차를 좋다고 하면 제품을 믿고 마음 편히 구입할 것이다.

'좋아요(like)' 기능을 채택한 소셜 네트워크는 페이스북뿐만이 아니다. 유튜브(YouTube), 링크드인(LinkedIn), 포스퀘어(Foursquare)에도 사용자가 콘텐츠에 지지를 표현할 수 있는 기능이 있으며, 트위터에는 특정 트윗에 찬성을 표하는 즐겨찾기(Favorite) 버튼이 있다. 오늘날의 인터넷에서는 당신이 알고 신뢰하는 사람들에 의해 '좋아할 만한 (likeable)' 것으로 판명된 콘텐츠, 기업, 제품, 아이디어들을 손쉽게 찾아볼 수 있다. 사람들이 그 가치를 인정해 좋아요 버튼을 누른 기업은 단기적으로 소비자와 신뢰를 구축하고 장기적으로는 새로운 웹 세상에서 승리자가 될 것이다.

나는 소셜 미디어 및 입소문 마케팅 회사인 라이커블 미디어의 공동 설립자이자 CEO로서 소셜 미디어 기술의 얼리어답터가 되어 소셜 미디어 및 좋아요 혁명을 두 눈으로 지켜보는 영광을 누렸다. 라이커블의 사명은 기업, 비영리단체, 정부가 사람들에게 더욱 투명하고 민감하게 대응할 수 있도록 돕는 것이다. 우리는 소셜 미디어가 적절히 이용될 경우 마케팅은 물론 홍보(PR), 판매, 고객 서비스, 운영에 혁신을 일으킬 수 있으며, 조직 내의 사일로(silo: 울타리를 쌓은 채 다른 부서와 소통하지 않고 스스로의 이익만 좇아서 조직에 해를 끼치는 부서나 부문-옮긴이)를 허물어 기업들을 내외적으로 더욱 긴밀히 결합시킬 수 있다고 믿는다. 우리는 그동안 1-800-플라워즈닷컴(1-800-Flowers.com), 버라이즌(Verizon), 뉴트로지나(Neutrogena), 뉴욕 시 보건부(New York City Department of Health), 국립다발성경화증협회(National Multiple Sclerosis Society) 등 250여 곳의 기업 및 단체와 함께 일하며 그들이 소셜 미디어상에서 효과적으로 브랜드를 형성하도록 노력해왔다. 크고 작은 여러 조직이 고객에게 진정으로 귀를 기울이고, 가치를 전달하고, 응답하는 법을 배우고 있다. 이들이 바로 온라인과 오프라인에서 공유될 가치가 있는, 사람들이 좋아할 만한(말 그대로의 의미든, 페이스북에서의 '좋아요'든) 소셜 콘텐츠를 올리고 그것에 활기를 불어넣는 브랜드들이다.

칵테일파티에 참석하라

소셜 미디어는 세상에서 가장 성대한 칵테일파티다. 이곳에서는 누구나 다른 사람의 말을 듣고 원하는 모든 주제에 관해 다양한 이들과 대화를 나눌 수 있다. 하지만 온라인 파티와 현실 세계의 파티 사이에는 두 가지 큰 차이점이 있다. 우선, 당연한 얘기지만 온라인 파티에서는 술을 마시지 않는다. 더 중요한 점은, 현실의 칵테일파티에서는 하룻저녁에 몇 명 안 되는 사람들과 몇 차례의 대화만 나누는 반면 온라인, 즉 소셜 네트워크를 통해서는 수천에서 수백만에 달하는 사람들과 한꺼번에 많은 대화를 나눌 수 있다.

어느 쪽 파티에서든 당신은 좋아할 만한 사람과 그렇지 않은 사람이 한데 섞여 있음을 발견할 것이다. 어떤 사람은 자기 자신에 관한 이야기를 끊임없이 떠들어댈 테지만, 어떤 사람은 당신의 이야기를 경청하며 흥미를 보일 것이다. 굉장히 재미있는 이야기를 들려주는 사람이 있는가 하면, 죽어라 따분한 사람도 있을 것이다. 당신이 다시 만나고 싶고 거래를 하고 싶은 사람은 누구인가? 자신의 회사와 제품이 얼마나 훌륭한지 쉴 새 없이 늘어놓는 외판원인가, 아니면 당신의 문제가 무엇인지 귀 기울이고 마음을 터놓고 의논하며 당신을 웃게 만드는 사람인가?

우리 모두는 칵테일파티에서 함께 이야기하고 싶은 재미있고 즐거운 사람이 되려면 무엇이 필요한지 직관적으로 알고 있다. 그러나 대다수 기업은 아직 소셜 미디어라는 칵테일파티에서 좋아할 만한 존재가 되는 법을 모르고 있다. 많은 기업이 여전히 끊임없이 제품 자랑만 해대는 외판원, 사람들을 현혹하려고 지나치게 애쓰는 사람, 남의 말을 경청하거나 그들이 하고 싶어 하는 얘기가 무엇인지는 궁금해하지도 않으면서 자기 얘기만 늘어놓아 모두를 따분하게 하는 사람처럼 행동한다.

다행히도 아직은 기업이 더 나아질 기회, 칵테일파티에서 환영받는 존재가 될 기회가 있다. 파티에서 누구나 함께 어울리고 싶어 하는 사람이 되기 위한 그 규칙을 똑같이 적용함으로써 당신의 기업 역시 해당 분야에서 소비자가 누구보다 좋아할 만한 존재가 될 수 있다. 그럼으로써 결국 누구보다 큰 수익을 올리게 될 것이다.

주의 깊게 귀를 기울여라, 투명한 태도를 취하라, 민감하고 신속하게 대응하라, 진심으로 대하라, 훌륭한 이야기를 들려줘라. 이것이 바로 파티에서 잘나가는 사람이 되는 데 필요한 자질이다. 이 자질은 당신의 조직을 소셜 네트워크에서 좋아할 만한 존재로 만들어줄 것이다.

좋아요는 새로운 연결고리다: 페이스북은 어떻게 구글의 웹을 재조직했나

어느 날 아침 자리에서 일어나는데 허리가 무척 아프다. 당신은 이

도시로 이사 온 이후 새 의사를 찾아보는 일을 계속 미루고 있었고 건강 검진을 받은 지도 굉장히 오래되었다. 이제 그 대가를 치르는 셈이다. 통증이 너무 심해 시간을 오래 끌 수 없었으므로 당장 척추 교정 전문의를 찾아보기로 했다. 컴퓨터 앞에 앉은 당신은 구글로 가서 '척추 의사'라는 검색어와 이사 온 도시 이름을 입력한다. 열 명의 척추 교정 전문의 목록이 표시된다. 구글에 비용을 지불하고 목록에 이름을 올린 이들이다. 그 밖에 순수검색(organic search) 결과에도 10여 명의 다른 의사들이 표시된다. 하지만 그토록 심하게 욱신거리는 허리를 어떻게 생판 모르는 낯선 의사에게 맡기겠는가? 그래서 당신은 다른 아이디어를 떠올린다. 이번에는 페이스북으로 가서 다시 한 번 '척추 의사'를 검색한다. 검색 결과의 맨 위에는 한 의사의 이름이 나오고 사이드바에 당신의 친구 세 명이 이 의사를 좋아한다고 표시된다. 그 아래에는 어떤 척추 교정 전문의가 나오는데 친구 두 명이 좋아하는 것으로 나타난다. 당신은 생각한다. "좋아, 내 친구들이 좋다고 한 사람이라면 믿을 수 있겠지." 당신은 즉시 전화를 건 다음, 친구들이 추천한 의사에게 요통 치료를 받으러 집을 나선다.

아직까지 이러한 시나리오를 경험하는 사람들이 아주 많지는 않다. 하지만 페이스북 및 소셜 그래프(전 세계 사람들이 서로 어떤 관계로 연결되어 있는지 지도화한 것)를 검색과 상거래에 이용하는 것은 우리와 그리 멀리 떨어져 있는 일이 아니다. 생각해보라. 믿을 수 있는 친구의 선호와 추천에 따라 의사, 변호사, 기계공, 기타 중요한 제품이나 서비스를 고를 수 있는데 굳이 광고나 구글 검색에 의존할 이유가 어디 있겠는가? 페이스북을 비롯한 소셜 미디어 덕분에 이는 아주 손쉬운 일이 되었다. 크고 작은 모든 사업체와 판매자에게 소셜 미디어는 그야말로 '게임 체인저(game changer)'나 다름없다.

　오늘날 우리가 살아가는 새로운 커뮤니케이션 세계의 멋진 점은 모든 사람에게 무기가 생겼다는 것이다. 이제는 훌륭한 제품을 만들고, 몇 사람에게 그것을 알리고, 그들이 친구들에게 제품에 관한 소문을 내면 큰돈을 들이지 않고도 성공할 수 있다. 불과 5년 전만 해도 새로 문을 연 레스토랑에 갔다가 그곳이 마음에 들면 친구, 가족, 이웃 등 몇 명에게만 그 경험을 이야기했다. 레스토랑이 정말로 마음에 쏙 들면 한 일주일 동안 열렬한 칭찬을 늘어놓아 10~15명의 친구들에게 그곳을 알렸을 것이다. 반면 오늘날에는 컴퓨터나 휴대전화에서 클릭 한 번만 하면 그런 이야기를 200명의 페이스북 친구들, 300명의 트위터 팔로어, 150명의 링크드인 지인(connection)에게 한꺼번에 전할 수 있다.

　당신의 회사 혹은 고객의 회사가 어느 정도의 규모이든 상관없이 이 책에 개략적으로 설명된, 소셜 미디어에 관한 간단한 규칙들을 따른다면 분명 보상을 얻을 수 있을 것이다. 고위 경영진이나 커뮤니케이션을 담당하는 이들이 알아둬야 할 점이 있다. 소셜 미디어 세계에서 마케팅의 핵심은 메시지를 내보낸 뒤 최대한 많은 이들에게 자주 노출시키는 것이 아니다. 대화하기, 귀 기울이기, 참여시키기, 자율성 부여하기. 소셜 미디어 마케팅에서는 이것이 중요하다. 가장 목소리가 크고 돈을 많이 쓰는 기업이 승리하는 시대는 지났다. 이제는 가장 현명하고 유연하며 귀를 기울일 줄 아는 기업이 승리한다.

소셜 미디어가 할 수 있는 일과 할 수 없는 일

다음 주제로 넘어가기 전에, 소셜 미디어에 관한 세 가지 중요 포인트를 밝혀두고 싶다. 그럼으로써 어쩌면 당신이 품고 있을지도 모르는, 사실과 다른 통념들을 떨쳐버리고 기대를 적절히 조정하고자 한다.

1. **소셜 미디어가 형편없는 제품, 회사, 단체를 성공시킬 수는 없다.**
   만약 당신이 형편없는 서비스나 제품을 판매한다면 소셜 미디어는 당신에게 도움이 되기는커녕 오히려 큰 피해를 입힐 것이다. 부정적인 소문이 급속히 퍼져 나가기 때문이다. 다행스러운 사실은 소셜 미디어를 제대로 사용하면 문제 있는 제품, 직원, 절차에 대해 금방 알 수 있다는 점이다. 훌륭한 사업가 혹은 판매자는 심각한 피해가 발생하기 전에 문제를 바로잡을 것이다.

2. **소셜 미디어가 하루아침에 매출 급상승을 가져오지는 않는다.** 성공에는 시간이 걸린다. 성공은 소문, 추천, 방문이 점점 늘어나다가 마침내 매출이 상승하는 형태로 찾아올 것이다. 나도 "이 책만 읽고 나면 즉시 소셜 미디어 수익 엔진을 가동하여 돈이 쏟아져 들어오는 걸 보게 될 것"이라 말할 수 있었으면 좋겠다. 하지만 그것은 불가능하다. 나는 이 책에서 수많은 사례 연구를 통해 '좋아할 만한 소셜 미디어'의 투자 대비 수익이 얼마나 큰지 보여줄 것이다. 그러나 어떤 경우에도 소셜 미디어가 즉각적 성공을 가져다주지는 않는다. 내가 이 책을 통해 할 이야기는 사람들과의 관계 형성에 관한 것이다. 관계 형성에는 언제나 시간이 걸리기 마련이다.

3. **소셜 미디어는 공짜가 아니다.** 지속적 성장을 이루려면 시간과 비용이 든다. 페이스북을 비롯하여 논할 만한 가치가 있는 소셜 네트워크들은 모두 무료로 가입할 수 있다. 그렇다 보니 소셜 미디어는 공짜거나 공짜는 아니더라도 돈이 아주 적게 든다고 생각하는 판매자들이 많다. 다행스럽게도 당신의 회사가 얼마나 크든 소셜 미디어에는 지난 20년간 대기업이 전국 규모의 TV 프로그램에 꼬박꼬박 쏟아부은 만큼의 비용을 지출하는 것이 거의 불가능하다. 하지만 사람들이 좋아할 만한 소셜 미디어 계획을 개발하고 실행하는 데는 많은 시간과 노력이 들 것이다. 결국 이러한 계획을 성공적으로 수행하려면 마케팅 부서나 홍보 부서 한 곳의 노력이 아닌, 회사전체와 대행사, 벤더(vendor: 특정 상품을 시장에서 판매하는 역할을 맡은 업자나 업체. 맥락에 따라 도매 업자, 하청 업체, 중간 상인 등을 가리킨다-옮긴이) 등을 모두 아우르는 통합이 필요하다.

책도 소셜 미디어적 성격을 띨 수 있다

나는 양방향 상호작용을 가능케 하는 소셜 미디어의 특성을 설명하고, 그 가능성을 최대한 이용하는 것이 얼마나 중요한지 강조하는 데 이 책의 상당 부분을 할애했다. 물론 책은 가장 전형적인 단방향 미디어다. 저자가 쓰면, 독자는 읽고 소화한다. 그러나 소셜 미디어를 다루는 저자로서 나는 이 책을 그런 방식으로 전하고 싶지 않다. 그래서 한 가지 당부를 한다. 책을 읽다가 질문이 생기거나, 설명이 더 필요하거나, 불분명한 내용을 발견하거나, 내가 제시한 논점이나 전략에 대해 이의를 제기하고 싶어지면 소셜 미디어를 이용해서 부디 내게 알려주길 부탁한다. Facebook.com/DKerpen이나 Twitter.com/DaveKerpen을 통해 질문을 보내주기 바란다. 더 신속한 답변을 원한다면, 내가 직접 답변하지는 않을 수도 있지만, 우리 회사 페이지인 Facebook.com/LikeableMedia나 트위터 Twitter.com/LikeableMedia로 질문을 올리면 된다. 당신이 어떤 의문을 떠올렸다면 설령 그것이 '나 혼자만 이런 생각을 하는 게 아닐까' 싶은 의문일지라도 비슷한 생각을 하는 다른 사람들이 많을 수 있다. 당신이 그러한 의문을 꼭 내게 물어봐주길 진심으로 희망한다.

좋아할 만한 존재가 되자

페이스북, 트위터, 블로그, 유튜브, 링크드인, 포스퀘어를 비롯한 각종 소셜 미디어 사이트 및 도구는 역사상 그 어떤 커뮤니케이션 기술보다 빠르게 변화하며 혁신을 일으키고 있다. 우선은 각각의 주요 소셜 네트워크가 작동하는 방식과, 기업이 각 사이트를 최대한 활용하는 방법의 토대가 되는 기본 원리를 이해하는 것이 중요하다. 앞으로 우리는 소셜 미디어 네트워크를 통해 거부할 수 없는 매력적인 브랜드를 만들어내는 18가지 전략을 탐구할 것이다. 하지만 그에 앞서 나는 독자들이 부록을 먼저 읽어보길 권한다. 부록은 페이스북, 트위터, 기타 소셜 네트워크, 블로그, 그 밖의 중요한 도구들을 간략히 정리하여 기억을 되살려주는 내용을 담고 있으며, 마케팅과 광고에서 이 네트워크와 도구들을 가장 효과적으로 활용하는 방법에 대한 통찰을 제공한다. 굳이 부록부터 볼 필요가 없다고 생각되면 이어지는 내용을 계속 읽어나가도 무방하다. 다만 책을 읽다가 어느 시점에서든 소셜 미디어에 관한 배경 지식을 더욱 깊이 있게 알려주는 길잡이로서 부록을 활용하기 바란다.

소셜 미디어 사이트 및 도구들은 일주일마다 변화가 생길 것이다. 하지만 이 책에서 논의되는 18개 전략은 당신이 소셜 미디어를 통해 소비자에게 더욱 투명하고 민감하게 대응하는 매력적인 판매자가 되어 더 큰 수익을 올릴 수 있도록 언제나 한결같이 도와줄 것이다.

나와 함께 이 여정을 떠나기로 결정한 독자들에게 감사한다. 그럼 우리 모두 '좋아할 만한 존재'가 되자!

듣는 것이 먼저다. 끊임없이 귀 기울여라

당신은 지금 화가 나 있다.

방금 받은 한 통의 편지 때문이다. 자동차보험 회사에서 보낸 이 편지에는 얼마 전 일어난 사고를 처리하는 데 든 비용을 절반만 보상해 줄 것이란 내용이 담겨 있다. 당신이 지출해야 할 금액은 700달러다. 이것만으로도 충분히 불쾌한 일이지만, 더 중요한 사실은 이런 상황에서 보상을 받을 수 없다면 매달 그렇게 많은 보험금을 내야 하는 이유가 뭘까 하는 회의가 든다는 것이다. 그래서 보험 회사로 전화를 건다. 30분을 기다린 끝에 마침내 연결된 상담원은 이렇게 말한다. "죄송합니다만 제가 어떻게 해드릴 수가 없습니다. 회사 방침에 따라 결정된 것이라서요." 불만에 가득 차 낙담한 당신에게 전화 상담원은 대본에 나온 대로 다음 한마디를 덧붙인다. "제가 도와드릴 다른 문제가 더 있으신가요?"

'당연히 없지.' 당신은 생각한다. '내 차 수리비나 내주는 게 어때? TV에 온종일 나오는 그 시시한 광고에 들이는 돈은 좀 줄이고 고객 서비스에 들이는 시간을 더 늘리란 말이야.' 상대방이 자신의 말에 귀 기울이지 않는다고 느낄 때 우리는 크게 실망한다.

당신은 페이스북 혹은 트위터에 이런 글을 올린다. "내가 가입한 자동차보험 회사 ○○는 정말 형편없어. 예전부터 늘 그런 식이었지." 몇 분 뒤에 누군가 당신의 글에 답글을 달았다는 통지가 온다. 클릭을 해보니 놀랍게도 당신이 가입한 보험 회사에서 보내온 답변이다. "의견 잘 들었습니다. 이메일로 무엇이 문제였는지 자세히 적어 보내주시면 저희가 최대한 신속히 해결해드리겠습니다." 답변을 보고 나니 어쩐지 벌써 기분이 좀 나아진다.

보험 회사가 이처럼 긍정적인 답변을 보낸 이유는 무엇일까? 당신이 공개적으로 글을 올렸기 때문일까? 아마도 그럴 것이다. 중요한 점은 담당자가 회사의 서비스에 대한 당신의 실망을 인식했으며 당신이 올린 글에 주의를 기울이지 않을 수 없었다는 사실이다. 오늘날 고객의 요구나 불만이 세상에 공개되는 것은 매우 간단한 일이 되었고, 이에 따라 기업도 더 이상 고객의 이야기를 묵과하기 어려워졌다. 이제 기업은 고객의 말에 귀 기울이고, 문제가 무엇인지 파악하며, 적절한 대응을 해야 한다.

누구나 자신의 말에 귀 기울여주길 바란다

커뮤니케이션은 50퍼센트의 듣기와 50퍼센트의 말하기로 이루어진다. 하지만 그동안 크고 작은 기업들은 말하기에만 지나치게 치중해왔으며, 심지어 '고함을 지르기까지' 했다. 고객 서비스나 마케팅 리서치 담당자, 포커스 그룹 기획자 등은 고객의 말에 귀를 기울였을지도 모르지만 이러한 '듣기' 활동에 투입되는 예산은 매스미디어를 통한 '말하기'에 드는 예산에 비해 미미한 수준이다. 그러나 이제 역사상 처음으로 기업들은 소셜 미디어를 통해 그들 자신 및 경쟁사에 관한 고객의 대화를 광범위하게 들을 수 있게 되었다.

고객 간에 자발적으로 이루어지는 흥미로운 '수다'를 포착하기에 유리한 여건이 갖추어진 것이다. 경영자는 자사가 해결해야 할 문제에 관해 잠재적 고객들이 어떤 논의를 벌이는지 확인할 수 있고, 기업과 무관한 문제를 놓고 기존 고객들이 나누는 대화를 들으며 그들을 더 깊이 이해할 수도 있다. 벤더, 파트너, 심지어 경쟁사의 고객을 파악하는 것도 과거 어느 때보다 손쉬워졌다. 기업이 수집하는 데이터, 그리고 소셜 미디어를 통해 접하는 대화의 양은 그야말로 믿기 어려울 만큼 방대해졌다.

소셜 네트워크에서 '대화에 참여한다'는 것은 매력적인 일인데, 페이스북과 트위터는 한쪽의 이야기만 일방적으로 전하는 방송 미디어가 아니다. 그것은 참여하여 서로 관계를 형성하는 미디어, 다시 말해 '듣는 네트워크'다. 어떤 대화가 되었든 다른 사람의 말을 전혀 듣지 않고서야 무슨 얘기를 꺼내야 할지 어떻게 감을 잡겠는가?

이성과의 데이트가 잘돼서 연인 사이가 된 사람들에게 물어보라. 단지 상대방의 말을 듣는 것뿐만 아니라 그(혹은 그녀)에게 자신이 진정으로 귀 기울이고 있음을 보여주는 것이 얼마나 중요한지를 말이다. 첫 데이트에서 듣지는 않고 끊임없이 떠들기만 하는 남성은 번번이 실패를 맛볼 것이다. 칵테일파티에서 자기 얘기만 늘어놓는 여성도 마찬가지다. 마케팅 비용 대부분을 말하는 데만 투입하고 듣는 데는 시간이나 자금을 거의 들이지 않는 기업에도 차츰 이러한 원칙이 적용되고 있다. 소셜 미디어는 대규모의 '듣기'를 가능케 한 최초의 커뮤니케이션 채널이다. 당신이 무엇을 판매하든 당신의 고객들은 틀림없이 무언가 이야기를 하고 있을 것이다.

말하기 전에 우선 들어라. 그렇게 '청취자'가 될 때 고객의 대화에 참여할 수 있다.

듣기를 통해 얻는 이점: 듣기가 정말로 중요한 이유는 무엇인가?

당신이 귀 기울이고 있음을 고객(혹은 잠재 고객)이 인정할 때 고객과의 관계가 즉각적으로 강화된다. 고객을 향한 '응답'에 관해서는 뒤에서 더욱 자세히 살펴보겠지만, 단순히 고객의 말을 듣는 데 그치지 않고 그들의 생각을 이해하고 있음을 보여줄 때 고객은 기업이 자신의 말에 귀 기울인다는 기분을 느끼고 더욱 행복해한다. 이는 언제나 반가운 일이다. 고객에게 그러한 공감을 표할 수 없더라도(가령 제약이나 금융처럼 규제가 엄격한 분야에서는 전문가들이 법적으로 허용된 경우에 한하여 법률상 적합한 응답만 할 수 있다) 듣기에는 여전히 몇 가지 이점이 있다. 듣기를 통해 고객이 당신의 제품을 사용하는(혹은 사용하지 않는) 양상을 더 깊이 이해하면 제품 판매 방식이나 고객과의 커뮤니케이션 과정에 중대한 변화를 일으킬 수 있다. 또한 미처 생각지 못했던 새로운 기회를 발견하거나, 성공하리라 예상했지만 고객에게 별다른 의미를 주지 못하고 실패로 끝난 계획들의 문제점을 밝혀낼 수도 있다.

고객에게 중요한 것이 무엇인지 알면 더 나은 할인, 판촉, 콘테스트 등을 기획하여 화제를 불러일으키고 판매를 촉진하는 데 도움이 된다. 고객의 최신 동향을 파악하고 있는 기업은 막대한 비용을 들여 제품을 출시하기 전에 새로운 아이디어를 신중히 테스트하고 신속한 피드백을 받을 수 있다. 사람들이 실제로 원하는 것이 무엇인지 귀를 기울이면 사람들이 좋아할 것이라고 짐작되는 제품이나 서비스를 선전하기 위해 값비싼 광고 캠페인을 벌일 필요도 없어진다. 궁극적인 설문조사 및 포커스 그룹 수단으로서, 사실상 무료이며 1년 365일, 하루 24시간 내내 가동되는 '소셜 네트워크를 통한 듣기'를 반드시 염두에 두기 바란다.

▮ 듣기 vs. 모니터링 ▮

듣기(listening)와 **모니터링**(monitoring)이란 말을 간단히 비교해보자. 많은 기업이 자사에 대한, 자사가 만든 제품이나 경쟁사에 대한 고객의 의견을 살피는 과정을 설명하며 이 두 단어를 섞어 쓴다. 이것을 단지 의미론의 문제로 간주하는 이들도 있겠지만 사실 이 두 단어 사이에는 중요한 차이가 있다. **모니터링**이란 말은 비인격적인 느낌, 조금 오싹

한 느낌을 준다. 모니터링이라는 말을 들으면 아마도 FBI나 감시 카메라 같은 것이 생각날 것이다. 그 밖에도 가령 "기침 조심해(Monitor that cough). 더 심해질 수도 있으니까"와 같은 부정적 상황이 주로 떠오를 것이다. 반면 듣기는 중요한 의미가 담긴 인간적 과정이다. 나는 이제껏 자신의 말에 귀 기울여주는 것을 싫어하는 사람은 본 적이 없다. 당신은 모니터링당하는 것이 좋은가, 아니면 귀 기울여주는 것이 좋은가?

듣는 법

고객(혹은 잠재 고객)이 온라인에서 하는 말을 듣기 위한 무료 도구도 많고 기업용 유료 시스템도 많다. 유료 시스템에 드는 비용은 한 달에 몇 달러에서 수천 달러에 이르기까지 다양하다. 듣기에 대해 아직 익숙하지 않다면 다음과 같은 무료 도구를 먼저 이용해보기 바란다.

- 구글 알리미(Google Alerts)
- 테크노라티(Technorati) 블로그 검색
- 트위터 검색
- 페이스북 검색
- 유튜브 검색
- 트윗비프(TweetBeep)

아무 소셜 네트워크에나 가서 검색창에 어떤 문구나 키워드를 입력하면 사람들이 그 키워드로 무슨 말을 하는지 즉시 확인할 수 있을 것이다. 전국 혹은 글로벌 규모의 브랜드들은 웹 전체를 검색하겠지만 특정 지역 내에서 활동하는 기업은 지리적 필터링을 거쳐 자신들의 활동 범위 내의 게시물만 찾고자 할 것이다. 검색을 할 때는 당신의 브랜드뿐만 아니라 경쟁 브랜드도 찾아봐야 한다는 점을 기억하라. 더욱 중요한 점은 당신의 고객이 사용하리라 생각되는 표현이나 용어를 검색해야 한다는 것이다. 가령 당신이 부동산 중개업자라면 물론 소셜 네트워크에서 당신의 회사를 찾아볼 수도 있다. 하지만 그보다는 소셜 네트워크상의 대화에서 "집을 사고 싶어요"라는 문구를 검색해서 다른 사람들에게 자신이 무엇을 필요로 하는지 알리고 있는 진짜 고객들을 실시간으로 발견하는 편이 더 유익하지 않을까? 만약 당신이 변호사라면 소속 법률 회사의 이름을 찾아볼 수도 있다. 하지만 그보다는 "일을 의뢰할 변호사를 찾습니다"라는 문구를 검색해서 법률 서비스를 찾는 잠재 고객들의 이야기에 귀를 기울이는 편이 더 유익할 것이다.

더 높은 수준의 듣기가 필요하다면, 혹은 방대한 양의 대화를 들어야 하는 브랜드라면 기업용 유료 소프트웨어 솔루션을 고려해보기 바란다. '듣기 플랫폼'에는 수십 종류가 있지만 처음 사용하기에 좋은 것으로는 보커스(Vocus)와 라디안6(Radian6)를 꼽을 수 있다(〈표 1.1〉에 몇 가지 시스템을 소개한다).

표 1.1 **기업용 듣기 시스템의 대표적 서비스**

플랫폼	웹사이트	장점
멜트워터 버즈	Meltwater.com	사용자 생성 콘텐츠에 대한 포괄적 추적 및 분석이 가능하다.
패러처	Parature.com	고객의 의견을 들은 뒤, 그것을 적합한 부서로 전송한다.
라디안6	Radian6.com	소셜 웹 전반에 걸쳐 고객의 이야기를 듣고, 측정하고, 고객과 관계를 형성한다.
시소모스	Sysomos.com	모든 소셜 미디어 대화에 즉각적이고도 무제한적으로 접근할 수 있다.
보커스	Vocus.com	홍보 관리를 위한 주문형(on-demand) 소프트웨어.

*이에 대응하는 국내 서비스로는 펄스K, 소셜보이스가 있다(추천사 384쪽 참조).

이러한 시스템들을 이용하면 소셜 웹에서 오가는 방대한 양의 대화에 체계적이고 손쉽게 접근할 수 있다. 매일, 매주, 혹은 실시간으로 소비자의 의견, 정서, 경쟁 업체 분석 등이 담긴 보고서를 작성할 수도 있다. 라디안6와 같은 솔루션은 '무료' 도구에 비해 월등히 비싸다. 하지만 설문조사나 포커스 그룹 같은 전통적 마케팅 리서치 수단에 비하면 훨씬 저렴하다(그리고 훨씬 유용하다).

소비자의 말을 듣고 있다면 그다음은 무엇인가?

소비자의 말을 통해 얻은 데이터에 대해, 그 데이터로 무엇을 할지에 대해 늘 열린 마음을 유지하는 것이 중요하다. 만약 소비자가 당신의 브랜드나 제품을 부정적으로 이야기한다면 최대한 효율적으로 신속히 문제점을 바로잡아야 한다. 소비자가 새로운 무언가를 요구하면 그것을 개발하여 제공할 길을 찾아야 한다. 이를테면 고객이 당신의 제품을 좋아하긴 하지만 다른 맛이나 색, 디자인을 원할 수도 있다. 혹은 당신이 새로운 도구를 제공해주면 기꺼이 더 많은 돈을 지불할 고객도 있을 것이다. 만약 고객이 당신은 미처 생각지 못한 제품의 장점을 이야기한다면 차후 마케팅 및 커뮤니케이션 자료에서 그것을 강조하는 방안을 고려하라. 정식으로 고객의 말에 귀를 기울이기 시작했다면 그 말에 적절히 응답하기 위한 계획도 수립해야 할 것이다(이에 대해서는 앞으로 이어지는 내용을 통해 상세히 살펴보겠다).

듣지 않았을 때 치러야 할 대가

고객의 말을 듣지 않는다면 작게는 성장과 피해 방지의 기회를 잃을 테고, 크게는 경쟁 업체(고객에게 귀 기울이며 그들의 요구에 응답하는)에 고객을 빼앗길 것이다. 또한 브랜드 평판이 심하게 손상되는 것을 방치하게 될 수도 있다. 사람들이 무슨 말을 하는지 전해들을 즈음에는 이미 효과적으로 대응하고 필요한 변화를 추구하기에 너무 늦은 시점일 터이기 때문이다. 설령 규제가 매우 심한 업종에 몸담고 있어서 고객의 대화에 완전히 참여할 수 없다 해도, 고객의 속내를 파악하여 더 나은 제품이나 서비스 및 절차를 만들어낼 수 있는 그 귀중한 기회를 이용하지 않는 것은 전혀 타당하지 못한 일이다.

나는 윤리적 마케팅 전문가이자 저술가로서 오랫동안 소셜 미디어를 이용해온 셸 호로위츠(Shel Horowitz)와 듣기의 중요성에 대해 이야기를 나누었다. 그는 처음에는 듣기라는 개념을 지금처럼 진지하게 생각하지 않았다고 고백했다.

제가 사람들이 나누는 대화에 처음 끼어들었을 때는 듣기부터 하지 않았습니다. 흥분해서 키보드만 마구 두드렸을 뿐 사람들을 이해하려는 노력은 하지 않았죠. 결국에는 잔뜩 기가 죽어서 슬그머니 빠져나온 뒤 다시는 돌아가지 않았어요. 그때 이후로 저는 여러 대화에 참여했습니다. 대개 저는 2주 전에 올라온 게시물부터 최근 것까지 죽 읽은 다음 제 소개를 하는 것으로 이야기를 시작하죠. 그동안 저는 친절하며 배려심 깊고 도움이 되며 박식하고 매우 정직한, 제법 영향력 있는 조언을 해주는 사람이라는 평판을 쌓아왔습니다.

셸은 현재 자신의 저서 판매량의 15~20퍼센트 정도는 소셜 네트워크와 온라인 커뮤니티에서 사람들의 말을 듣고 대답하는 데 시간을 할애한 덕분에 발생한다고 말한다. 굉장히 많은 판매자들은 새로운 마케팅 채널이 등장할 때마다 듣기에 앞서 말하기부터 함으로써 사실상 그 채널을 무의미한 잡음으로 가득 채우곤 한다. 이메일을 비롯해서 이른바 '상호작용 마케팅'이라고 하는 다양한 형태의 마케팅 채널을 생각해 보라. 그것이 정말 상호작용적인가? 판매자의 말로 가득 차 있지는 않은가? 소셜 네트워크는 판매자에게 커뮤니케이션의 절반을 차지하는 '듣기'를 제대로 활용할 수 있는 거대한 기회를 제공한다.

듣기를 절대 멈추지 마라

말하기 전에 잠시 귀를 기울였다고 해서 잠재 고객이 실제 고객으로 변하는 것은 아니다. 듣기는 언제나 커뮤니케이션 과정의 50퍼센트를 차지한다. 그러므로 판매자는 소셜 미디어를 이용하는 과정에서 듣기 기술과 절차를 끊임없이 향상시켜야 한다. 소비자의 대화에 늘 실시간으로 귀 기울여라. 때때로 최고의 데이트 상대, 친구, 사업가, 판매자는 말하기보다 듣기를 더 많이 하는 사람, 상대방의 이야기를 잘 들어주고 정말 할 만한 가치가 있는 말만 하는 사람이다.

남녀가 데이트를 할 때 보면 언제나 자신은 듣기의 중요성을 안다고 믿는 남성이 있다. 그래서 그는 이렇게 말하며 대화를 시작한다. "당신이 어떤 사람인지 얘기해줘요." 여성은 1분 정도 자기 소개를 한 다음 "이제 당신 차례네요"라고 말한다. 그때부터 그는 귀를 닫고 데이트가 끝날 때까지 자기 얘기만 계속한다. 남성은 자신이 상대방의 말에 귀를 기울였다고 주장할지도 모른다. 하지만 그는 사실상 듣는 시늉만 했을 뿐, 의미 있는 방식으로 듣기를 수행하지는 않았다.

그것은 듣기가 아니다. 고객 및 잠재 고객의 말을 효과적으로 경청하고 그들이 좋아할 만한 조직이 되려면 듣기를 업무 기능 속에 완전히 통합해야 한다.

'듣기'만 할 수 있는 경우: 뉴트로지나 스킨ID

뉴트로지나 코퍼레이션이 개발한 뉴트로지나 스킨ID(Neutrogena skinID)는 개개인의 필요에 맞춘 여드름 해법으로, 미국 지역에서는 엄격한 규제를 받는 분야에 속한 제품이다. 웹사이트상의 소개는 다음과 같다. "뉴트로지나는 개개인의 독특한 피부 특성을 정확히 파악하여 고객 한 명 한 명에게 적합한 도움을 제공하는 여드름 해법을 개발한다는 목표하에 뛰어난 피부과 전문의, 과학자, 리서치 전문가들로 구성된 뉴트로지나 더마톨로지스(Neutrogena Dermatologies)를 조직했습니다. 그 결과 탄생한 것이 바로 개인화된 여드름 해법, 스킨ID입니다." 젊은 층에서 큰 인기를 끄는 이 제품은 소셜 미디어와 더할 나위 없이 잘 어울리긴 하지만 규제 수위가 높은 분야에 속한지라 제품이나 특정 문제에 관해서는 고객과 대화를 나눌 수 없다는 어려움이 있다. 즉 고객과의 대화에 다수의 의료 정보가 포함되는 경우가 흔하다 보니 본사나 대행사 측에서는 법률상의 이유로 질문에 답변할 수가 없고 오직 허가받은 전문가(의사)만 답변이 가능하다.

이런 연유로 뉴트로지나는 소셜 미디어를 통한 듣기에 우선순위를 두고 있다. 뉴트로지나 스킨ID에는 블로고스피어와 웹에서 오가는 방대한 양의 대화를 추적 및 청취하는 일을 전담하는 팀이 있다. 라이커블 미디어의 도움을 바탕으로 뉴트로지나는 스킨ID 팬들이 페이스북에 남긴 수천 건의 글을 수집하고 분석한다. 우리가 답변할 수 있는 글은 일부에 불과하지만 브랜드 팀은 전체를 빠짐없이 살핀 다음 사람들의 정서, 의견, 의문을 토대로 모든 마케팅 채널에서의 브랜드 커뮤니케이션을 적절히 조정한다.

법적으로 허용되는 범위 내에서만 답변을 달아도, 심지어 고객의 말을 듣고 있다는 사실만 알려도 고객과의 관계는 강화된다. 〈그림 1.1〉에서 메나(Mena)는 멕시코에서도 스킨ID를 구할 수 있으면 좋겠다는

그림 1.1　뉴트로지나 스킨ID의 페이스북 담벼락 스냅샷

 Mena ▦ I REALLY want to get your products but they're not available in Mexico yet. I hope this changes soon because Neutrogena is the only line I can use on my skin and I'm guessing Skin ID is going to do wonders. When is it coming to Mexico or when are you going to accept international orders? I love the brand tho, so I'll wait! :D
July 8 at 2:23am · Comment · Like · Flag

> **Neutrogena skinID** Thank you for your interest in skinID. Unfortunately skinID is only available in the Continental U.S. and Canada. We are currently working on expanding our distribution so that we are able to ship to international locations. We will be sure to let our fans know as soon as there are any changes!
> July 8 at 11:43am · Like · Delete

Write a comment...

 Laurenzilla Immadinosaur ▦ its my 2nd day on skin Id and so far its great! sure i dont see much diffrence but my face feels cleaner and it smells better! my # is 14.32.38 so far so good! # 14 smells soooo good but i cant quite put my finger on the smell! cuecumbers maybe? im not sure but i have always been a fan of the neutrogena company, i hav...
See More
July 7 at 1:31pm · Comment · Like · Flag

> **Neutrogena skinID** Lauren, that's great to hear! We are so glad that skinID has you on your way to healthy-looking skin. Thanks for being a fan!
> July 7 at 2:28pm · Like · Delete

 Laurenzilla Immadinosaur ▦ your welcome!
July 7 at 4:46pm · Like · Delete · Flag

 메나: 이 제품을 정말 갖고 싶은데 멕시코에서는 아직 구할 수가 없어요. 이곳에서도 얼른 살 수 있게 되었으면 좋겠어요. 제 피부에는 뉴트로지나 제품만 쓸 수 있는데 스킨ID는 효과가 굉장히 좋을 것 같거든요. 이 제품이 언제쯤 멕시코에 들어올까요? 아니면 언제쯤 해외 주문을 받으실 건가요? 저는 뉴트로지나를 사랑해요, 그러니 기다릴게요! :D

> **뉴트로지나 스킨ID:** 스킨ID에 관심을 가져주셔서 고맙습니다. 유감스럽게도 스킨ID는 미국 본토와 캐나다에서만 구입이 가능합니다. 저희는 현재 유통망을 확대하여 그 밖의 지역으로도 제품을 출하하려고 준비 중입니다. 변화가 생기는 대로 팬 여러분께 꼭 알려드리겠습니다!

로렌질라: 이제 이틀째 스킨ID를 쓰고 있는데 지금까지는 아주 훌륭해요! 눈에 보이는 변화는 크지 않지만 얼굴이 깨끗해지는 느낌이 들고 향도 좋네요! 제 번호는 14.32.38이고 현재까지 아주 좋아요. 14번은 어떤 냄새인지 꼭 집어서 말할 수는 없지만 향기가 정말로 좋아요! 확실치는 않지만 오이 같은 느낌이랄까? 아무튼 저는 전부터 항상 뉴트로지나 사의 팬이었어요...

> **뉴트로지나 스킨ID:** 로렌, 정말 잘됐네요! 스킨ID 덕분에 피부가 점점 건강해 보인다니 저희도 기쁩니다. 팬이 되어주셔서 고맙습니다!

로렌질라: 천만에요!

글을 남겼다. 우리는 즉시 그녀의 말에 귀를 기울이고 있음을 알렸다 (공개된 글이므로 다른 사람들도 모두 볼 수 있다). 비록 그녀가 원하는 답변은 아니었지만 말이다. 로렌질라(Laurenzilla)가 스킨ID 사용 소감을 올렸을 때도 우리는 그녀 개인에게 감사하다는 답변을 보냈고, 그녀는 곧 "천만에요"라고 응답했다. 이처럼 놀라울 정도로 간단한 일이지만 여전히 이렇게 하지 않는 기업들이 많다.

듣고 응답함으로써 고객 정서를 더 깊이 이해하게 되고 고객 충성도도 더 높아진다. 결국 그들은 그 기업의 제품을 더욱 열렬히 지지할 것이다. 간단한 일이다. 고객이 말하면, 기업은 듣고 인정한다. 고객은 더욱 만족하게 되고 공개된 대화를 지켜보는 다른 사람들 역시 만족을 느낀다. 당신이 소비자라면 공개적으로 고객의 이야기에 귀 기울이는 회사와, 소셜 네트워크를 통한 대중과의 직접 소통을 게을리해서 고객 이야기를 등한시하는 것처럼 보이는 회사 중 어느 회사의 제품을 구입하겠는가?

리드 창출을 위한 IBM의 듣기: 수백만 달러어치의 리드

IBM은 컴퓨터, 테크놀로지, IT 컨설팅 등을 전문으로 하는 미국의 다국적 기업이다. 세계에서 네 번째로 큰 테크놀로지 기업이며, 두 번째로 가치 있는 글로벌 브랜드이기도 하다. 이마케터닷컴(eMarketer.com)과의 인터뷰에서 IBM 웹사이트 팀 소속의 에드 린드 2세(Ed Linde II)는 IBM이라는 거대 기업이 소셜 웹상의 고객 목소리를 듣기 위해 어떤 공식적 조치를 취했는지 설명했다.[1]

우리에겐 '리슨 포 리드(Listen for Leads)'라는 프로그램이 있습니다. 자원한 직원들로 구성된 '탐구자'라는 팀이 소셜 미디어 사이트들을 둘러보며 사람들의 대화를 듣고 매출 가능성이 있는지 판단합니다. … 탐구자들은 대화에 귀를 기울이며 자세히 검토합니다. 가령 이런 대화가 오갈 수 있죠. "서버가 낡아서 교체할 생각이에요.", "이런 상황에서는 어떤 저장 장치를 사용하는 것이 좋을지 추천 바랍니다.", "RFP(Request For Proposal : 제안요청서. 발주 기업이 프로젝트를 담당할 업체를 최종 선정하기 전에 후보로 선별된 업체에게 보내는, 자사 프로젝트에 관한 요구 사항을 체계적으로 정리한 문서–옮긴이)를 보내려고 하는데 참고가 될 만한 견본 RFP 가지고 계신 분 없나요?" 이는 누군가가 어떤 제품을 구입하려 한다는, 혹은 구매 과정에 돌입했다는 단서를 제공해줍니다.

우리는 이와 같은 리드(lead : 잠재 고객, 상품에 대한 고객의 구매 의향 등을 뜻한다–옮긴이)를 발견하여 그것을 '리드 개발 판매원'에게 연결하고자 노력합니다. 이들은 리드와의 대화를 통해 판매 기회의 타당성을 판단하고 승인하도록 교육받은 전화 판매원입니다. 이 절차를 거친 다음에는 적절한 판매 자원이 업무를 넘겨받아 후속 조치를 취합니다. …

저는 리슨 포 리드가 지금까지 우리가 실시했던 계획 가운데 최고라고 말합니다. 우리는 이 현명한 듣기 과정을 통해 수백만 달러어치의 리드를 찾아냈고 수많은 거래를 성사시켰습니다. 또한 앞으로 더욱 많은 거래가 이루어지리라 예상합니다. 이 분야는 장차 거대하게 성장할 것입니다.

린드의 말에 따르면, IBM은 소셜 미디어를 통한 듣기 프로그램만으로 '수백만 달러어치의 리드를' 발견했다. 그들은 IBM에 관해 이야기하는 고객에게만 귀를 기울인 것이 아니라, 키워드와 문구를 활용하여 스스로 잠재 고객임을 드러낸 사람들의 말까지 들었다.

당신이 듣기에 투입할 수 있는 자원은 IBM 같은 기업에 비해 훨씬 적을 수도 있다. 하지만 IBM이 수백만 달러어치를 발견한다면 당신도 어느 정도의 자원을 투입하여 나름의 몫을 얻을 수 있을 것이다. 기억하라. 당신이 귀 기울여야 하는 대상은 리드뿐만이 아니다. 당신은 제품이나 서비스에 관한 잠재적 문제나 도전, 고객 정서, 고객 질문, 경쟁 업체에 관한 이야기도 유심히 들어야 한다. 회사 규모에 따라 당신은 사실상 무한한 양의 대화와 의견을 접하게 될 것이다.

실천 과제

1. 당신의 잠재 고객들이 사용할 법한 문구를 다섯 가지 적어라. 각각의 문구를 트위터와 페이스북에서 검색하라.

2. 당신의 브랜드, 제품, 서비스, 경쟁 업체를 트위터, 페이스북, 유튜브에서 검색하라. 사람들이 어떤 말을 하는지 목록을 작성하라.

3. 소셜 웹을 통해 정기적으로 사람들의 이야기를 들을 공식적 · 비공식적 계획과 시스템을 개발하라. 또한 당신의 조직이 듣기를 통해 얻은 통찰과 지식을 유익하게 활용할 방안을 결정하라.

듣기는 언제나 대화의 50퍼센트가 되어야 한다

듣기는 소셜 미디어에서 가장 중요한 기술인 동시에, 더 매력적이고 흥미진진한 다른 일들과 함께 시작했을 때 잊어버리기 쉬운 기술이기도 하다. 그러니 당신이 어떤 일을 하든 일단 듣기를 시작한 다음에는 결코 멈추지 마라. 설령 말을 시작했다고 해도 그것이 듣기의 중단을 뜻하지는 않는다. 실제로는 그 반대다. 들을 대화가 점점 고갈되어간다는 생각이 들면 검색어의 폭을 넓혀 새로운 수용자, 곧 아직은 당신의 존재조차 모르지만 앞으로 알게 될 사람들을 찾아라. 분명 성과가 뒤따를 것이다. 그리고 당신의 회사는 소셜 미디어 칵테일파티에서 '가장 멋진(그리고 가장 성공적인) 존재'가 될 것이다.

'25~54세 여성'은 이제 그만

: 표적 수용자를 더욱 효과적으로 규정하라

나는 2009년 3월에 열린 사우스바이사우스웨스트(SXSW) 인터랙티브(Interactive) 회의에서 친구들과 함께 내가 '하이퍼타게팅(hypertargeting)'이라 명명한 개념에 대해 이야기를 나누고 있었다. 하이퍼타게팅은 기업이 개개인의 소셜 미디어 프로필, 활동, 네트워크를 참고하여 마케팅 및 광고 역량을 보다 구체적인 집단에 집중할 수 있다는 발상이다. 당시 이미 페이스북, 트위터, 링크드인은 수억 명에 달하는 사람들의 방대한 데이터를 보유하고 있었다. 이와 같은 소셜 미디어 사용자의 프로필과 그들이 남긴 글을 이용하면 전보다 한층 효과적인 광고와 마케팅이 가능하다. 페이스북만 보더라도 사용자의 나이, 성별, 교육 수준, 결혼 여부, 관심사, 직책, 고용 사업체 등을 토대로 구체적 표적을 설정할 수 있다. 예컨대 맥주 회사의 경우 이전에는 '21~34세 남성'이라는 광범위한 소비자층을 대상으로 마케팅을 수행해야 했다면 이제는 특정한 지리적 범위 내에서 관심사에 '음주', '파티', '바'를 설정해둔 21~23세의 남성을 손쉽게 발견할 수 있다. 창의적 소셜 디자인 대행사 제스3(JESS3)에서 일하는 내 친구 레슬리 브래드쇼(Leslie Bradshaw)는 우연히 하이퍼타게팅에 관한 대화를 듣고 자신이 생각했던 '나노타게팅(nanotargeting)'이라는 개념을 이야기하며 내 견해에 동조했다. 그녀가 제시한 개념은 하이퍼타게팅과 비슷하지만 검색 기준을 아주 좁혀서 수억 명 가운데 한 명의 개인을 표적으로 삼는 것이었다.

'멋지군.' 나는 생각했다. 그날 밤 서둘러 호텔 방으로 돌아온 나는 페이스북 광고 플랫폼을 열고 표적 설정 옵션을 이리저리 만져서 광고를 하나 만들었다(〈그림 2.1〉). 라이커블 미디어의 직원으로, 뉴욕 시에 거주하는 31세의 기혼 여성에게 보내는 것이었다. 광고 카피는 다음과 같았다. "캐리, 당신을 사랑해. 그리고 보고 싶어. 어서 텍사스에서 돌아와."

이 광고의 표적 수용자(target audience : 광고 메시지의 전달 대상이 되는 집단-옮긴이)는 한 명이다. 페이스북을 이용하는 수억 명 가운데 단 한 사람만 볼 수 있었다. 물론 내 아내이자 비즈니스 파트너인 캐리는 이 광고를 보자마자 굉장히 기뻐하며 마음에 들어 했다. 그리고 소셜 미디어 마케팅 회사의 파트너라면 누구나 했을 법한 일을 했다. 그녀는 라이커블 미디어의 직원으로, 뉴욕 시에 거주하는 31세의 기혼 남성을 위한 광고를 만들었다. "고마워, 데이브. 나도 당신을 사랑해. 이거 정말 멋지다." 우리는 그 이후로 줄곧 서로에게 나노타게팅된 페이스북 광고를 보내고 있다.

당신이 나와 같은 소셜 미디어 광이거나 배우자 혹은 친구에게 감

그림 2.1 나노타게팅 광고

I Love You Carrie

I love you and miss you
Carrie. Be home from
Texas soon.

사랑해, 캐리

캐리, 당신을 사랑해.
그리고 보고 싶어.
어서 텍사스에서 돌아오길.

동을 주려는 경우가 아니면 단 한 명의 표적 수용자를 대상으로 광고를 하는 일은 없을 것이다. 하지만 이런 가능성에 대해서도 고려해보기 바란다. 당신의 브랜드는 지역 내 최대 기업의 CEO나 벤처 캐피털 회사의 투자 관리자와 유익한 방향으로 관계를 형성하고 있는가? 주요 벤더나 협력사의 마케팅 부장을 나노타게팅하면 그(혹은 그녀)가 무엇을 필요로 하고 기대하는지 더 깊이 살펴볼 수 있을 것이다.

필요로 하는 표적 수용자의 수가 한 명이든 열 명이든, 100명, 1,000명, 100만 명이든 이제는 불과 몇 년 전만 해도 불가능했던 방식으로 그들의 관심을 끌 수 있다. 표적 수용자를 찾았으면 일단 그들에게 귀를 기울이고(1장 참고), 그들이 무엇을 원하는지 파악한 다음, 그 요구에 부응하여 제품과 서비스를 공급하라. 소셜 미디어를 이용함으로써 당신은 수용자와 관계를 형성하고, 나아가 그들이 소셜 미디어를 통해 직접 제품이나 서비스를 구매하도록 할 수 있다.

과거에 판매자는 광범위한 인구통계학적 기준을 토대로 신문, 잡지, TV, 라디오를 통해 수용자층에 다가갔다. '18~34세 소비자', '25~54세 여성', '뉴욕 시에 거주하는 55세 이상의 남성' 등이 그러한 예다. 하지만 지금에 와서 볼 때 이러한 범주 구분은 대체로 너무 광범위했다. 더욱 구체적인 범주화가 이루어진다면 표적 수용자층에 곧바로 다가가 관계를 형성할 수 있을 것이다. 당신의 표적은 누구인가? 아이를 둔 부모인가, 독신자인가? 스포츠 팬 전체인가, 하키 팬인가? 주요 시장 전부를 무대로 하는가, 몇몇 특정 시장 내에서만 활동하는가?

 전통 방식을 고수하는 판매자들은 소셜 미디어의 출현과 그것을 통해 적확한 고객을 발견하는 데 회의적 시각을 보일 수도 있다. 그들은 케이블TV를 이용하면 특정 분야, 가령 실내장식이나 요리 같은 분야에 관심 있는 사람들을 대상으로 제품을 판매하는 데 아무런 문제가 없다고 주장할 것이다. 또한 그들은 B2B, 즉 기업 간 거래 영역에서는 업계 전문지나 회의가 자신에게 꼭 맞는 틈새 수용자를 찾는 최선의 방법이라고 믿을 것이다.

 분명 업계 전문지나 케이블TV를 이용하면 이전의 공중파 TV나 라디오에 비해 더욱 효과적인 표적 설정이 가능하지만, 전문 독자를 대상으로 한 출판물과 잡지 등은 현재 급속히 쇠퇴 중인 미디어다. 또한 내가 아는 사람들은 대부분 어떤 채널을 보든 DVR 기술을 이용하여 광고는 전부 건너뛰면서 방송을 시청한다. 광고 없이 특정 수용자층을 대상으로 하는 팟캐스트(podcast)나, 음악 및 뉴스 블로그, 판도라(Pandora) 같은 사용자 친화적 온라인 음악 청취 사이트의 등장으로 전통적인 라디오 방송을 열심히 듣는 사람들은 점점 줄어들고 있다. 전통적 미디어를 통한 표적 설정이 과거보다 나아졌다고 해서 그것이 최선이라는 의미는 아니다. 당신의 제품과 서비스에 꼭 맞는 완벽한 수용자를 찾아줄 최선의 길이 있는데 그보다 못한 방법에 안주할 이유가 무엇이겠는가? 몇 가지 사례를 통해 페이스북, 링크드인, 트위터에서 이러한 이상적 수용자를 찾는 과정을 살펴보자.

페이스북: 당신이 원하는 만큼 많은 사용자에게 다가가라

현재 페이스북에 등록된 사용자 수는 8억 명이 넘는다. 페이스북에 광고를 내는 데는 물론 돈이 든다. 보도에 따르면, 페이스북은 지난 2010년 광고 수입으로 12억 달러 이상을 벌어들였다.[1] 그러나 페이스북의 셀프서비스 방식 광고 플랫폼은 현재 무료다(페이스북 광고에 대해서는 제15장에서 자세히 살펴볼 것이다). 즉 누구든 원하기만 하면 자신에게 필요한 표적 설정 기준을 정하고, 페이스북 사용자 가운데 그 기준에 부합하는 사람이 몇 명이나 되는지 무료로 손쉽게 조사할 수 있다는 의미다. 다시 말해 아무런 광고를 내지 않더라도 페이스북에 정확한 기준을 입력하는 것만으로 수억 명 중에서 당신이 필요로 하는 사람들을 찾아낼 수 있다.

광고주가 이용할 수 있는 다양한 검색 기준을 보여주는 스크린샷을 소개한다(〈그림 2.2〉). 성별, 나이, 위치 등의 기본 기준을 입력하면 전통적 미디어를 이용할 때와 같은 방식으로 수백만 명의 사람들을 금방 표적으로 설정할 수 있다(혹자는 페이스북은 젊은 사람들만 쓰는 것 아니냐고

그림 2.2
기본 표적 설정 기준

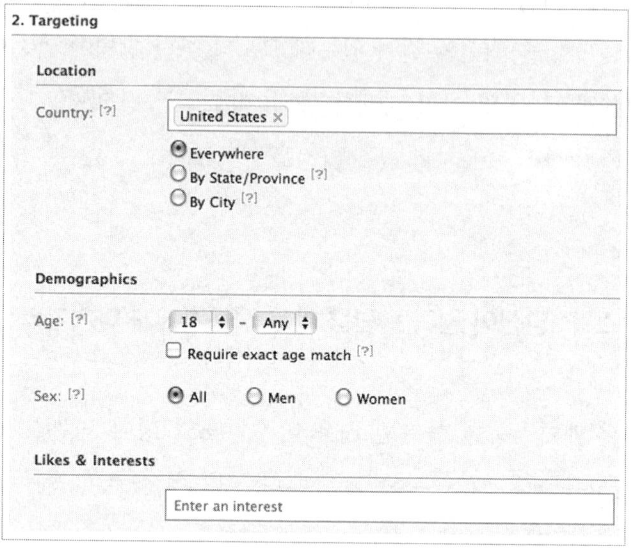

하겠지만 미국 내 60세 이상 사용자 수만 해도 2,000만 명이 넘는다).

매우 일반적인 기준이긴 하지만 나이, 성별, 위치만으로 수용자를 찾는 경우에는 이 방식으로 손쉽게 결과를 얻을 수 있다. 그러나 여기서 더욱 깊이 파고들어 최적화된 결과를 얻으려면 다른 기준을 추가로 이용할 필요가 있다. 두 가지 핵심 기준에 초점을 맞추어보자. 그것은 곧 '관심사'와 '직장'이다(〈그림 2.3〉).

'관심사' 항목에서는 최소한 100명 이상의 사용자가 자신의 프로필에 입력한 내용을 검색할 수 있다. 주의할 점은 검색 가능한 관심사의 종류가 그야말로 수십만 가지에 달한다는 사실이다. 그러므로 가령 '요리'에 관해 찾을 때는 좀 더 구체적으로 '이탈리아 요리', '중국 요리',

그림 2.3 **관심사와 직장을 기준으로 한 표적 설정**

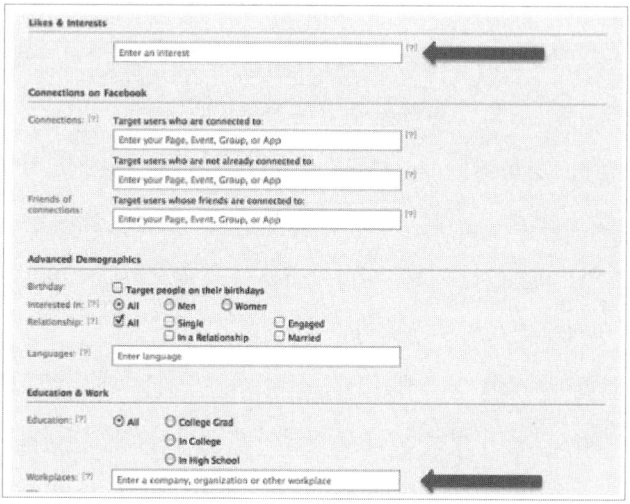

'프랑스 요리'라고 입력하는 편이 효과적이다. '굽기(baking)'에 관해 찾는다면 '파이 굽기'나 '케이크 굽기'라고 입력하면 될 것이다. 물론 요리 관련 키워드는 이 밖에도 대단히 많다. 만약 당신이 식품 업계 종사자라면 이러한 키워드가 표적 수용자를 발견하는 강력한 수단이 된다. 당신이 이탈리아 요리용 제품을 판매하는지, 중국 요리 레스토랑에 향신료를 공급하는지, 밀가루 회사를 운영하는지에 따라 선택하는 키워드도 달라질 것이다.

요가 센터를 운영한다면 근처 거주자들 중 관심사에 '요가'를 입력한 이들을 표적으로 설정해보라. 현재 제공하는 서비스 혹은 계획 중인 서비스 종류에 따라 '비크람(Bikram) 요가'나 '레이키(Reiki)' 같은 키워드를 이용하면 더욱 구체적인 표적 설정이 가능하다. 만약 당신이 비영리단체의 대표라면 '자선 활동'에 관심을 둔 수천 명을 표적으로 설정해보라. 거기서 한 단계 더 나아가 당신의 단체와 관련된 구체적 목표를 검색하거나 비슷한 성격의 일을 하는 다른 비영리단체 사람들과 지역적·세계적으로 연락을 취할 수도 있다.

'관심사' 항목에는 직책도 포함된다. 따라서 소매점 바이어(retail buyer: 소매점에서 판매할 제품들을 계획·구매하는 일을 한다—옮긴이), 유통업자, 인사 담당자, 기자, 의사, CEO 등을 검색할 수 있다. 이 기능은 B2B 영역에서 특히 유용하다.

기억하라. B2B 영역에서도 당신이 마케팅하는 대상은 회사가 아닌 사람이다. 그들이 바로 회사를 이끌어갈 의사결정을 내리기 때문이다. 마케팅 대상을 무엇으로 생각하느냐에 따라 중요한 차이가 생긴다. 라이커블 미디어는 브랜드 관리자, 최고마케팅경영자(CMO), 마케팅 부장을 표적으로 삼음으로써 B2B 비즈니스에서 큰 성장을 이루었다. 가령 뉴트로지나와 거래를 성사시킬 당시 우리는 그 회사의 마케팅 부장 및 관리자를 대상으로 페이스북 광고를 했다. 그 결과 뉴트로지나 측은 우리에게 관심을 보이며 연락을 취해왔고, 한 달 만에 우리 고객이 되었다. 그로부터 2년이 지난 지금까지도 그 관계는 여전히 견고하다.

'직장' 항목에서는 페이스북 사용자 다수가 자신의 고용 사업체로 인정한 직장명을 검색할 수 있다. 이 기능은 어떤 지역의 사업체가 지리적으로 가까이에 있는 동종의 더 큰 회사들을 조사할 때 매우 유용한 안내자 역할을 한다. 예를 들어 우리 고객 중에는 샌프란시스코에서 활동하는 척추 교정 전문의가 있는데, 그는 인근 회사의 직원들을 대상으로 영업을 한다. 또한 이 기능은 내부적 마케팅 및 커뮤니케이션에도 활용된다. 회사 내 전 직원에게 "여러분 모두 아주 잘하고 있습니다. 앞으로도 계속 훌륭한 성과를 기대합니다"라는 페이스북 메시지를 보내는 것이 그러한 예에 해당한다. 이 기능에 창의적으로 접근하라. 그러면 당신의 조직에 가장 적합한 활용법을 발견하게 될 것이다.

'직책' 항목과 '직장' 항목을 결합하면 핵심 수용자를 정확히 찾아낼 수 있다. 포춘 500대 기업에서 최고정보책임자(CIO)만 검색하거나, 지역 내 상위 5개 업체의 부동산 중개업자를 표적으로 삼는 경우 등을 상상해보라.

당신이 몸담은 조직이 작은 회사든, 거대 브랜드든, 비영리단체든, 정부 기관이든 페이스북을 이용하면 완벽한 표적 수용자를 발견할 수 있을 것이다. 나는 지금까지 페이스북에 표적 수용자가 존재하지 않는 조직은 본 적이 없다. 전 세계 수억 명 가운데 당신에게 필요한, 즉 당신의 조직이 뜻을 이루는 데 필요한 사람들을 발견하고 귀 기울이며 그들의 관심을 끌어라.

링크드인: 전문가만을 표적으로 삼아 효과를 극대화하라

페이스북이 전체 사용자 수억 명을 자랑한다면, 링크드인은 수천만의 전문가 및 기업 사용자를 자랑한다. 만약 당신이 B2B 영역에 속해 있다면 링크드인의 상세한 표적 설정 옵션은 충분히 살펴볼 만한 가치가 있다. 링크드인의 검색 역시 나이, 성별, 위치 같은 일반적 정보는 물론 찾고자 하는 대상을 더욱 정확히 결정하기 위한 직책, 분야, 근속 연수, 회사 규모 등의 기준을 이용한다.

소프트웨어 판매자들은 IT 전문가를 표적으로 삼을 것이다. 재무 설계 업체는 영업소가 위치한 지역에서 C-레벨(CEO, CMO, CIO 등 기업의 부문별 책임자급 경영자를 뜻한다-옮긴이) 고위 경영진을 찾으려 할 것이다. 우리 회사는 링크드인을 이용하여 라이커블 미디어의 영업소가 있는 뉴욕, 보스턴, 시카고에서 고위 마케팅 전문가들을 물색했다. 사실 일부 전문가, 특히 고위 전문가의 경우에는 여전히 페이스북을 사용하지 않는다. 이런 사람들까지 온라인에서 모두 찾고자 한다면 링크드인은 좋은 출발점이 될 것이다.

인구통계학적 정보는 잊어라: 트위터에서의 표적 설정

지금까지 페이스북과 링크드인 광고 플랫폼의 인구통계학적 정보를 이용한 놀라운 표적 설정 능력에 대해 이야기했다. 그렇다면 사람들이 명확하게 드러낸 실제적 필요를 바탕으로 표적을 정하는 것은 어떨까? 다시 말해 누군가가 당신이 제공하는 서비스나 제품을 필요로 한다는 사실을 안다면 그의 나이나 직업, 관심사에 신경 쓸 이유가 어디 있겠는가? 구글을 이용해도 그런 사람들을 찾을 수 있겠지만 '대화'를 발견하는 것에 관하여 현재 선두를 달리는 플랫폼은 트위터다. 모든 트윗은 기본적으로 공개되어 있다. 날마다 무려 9,500만 개 이상의 엄청난 트윗이 생성된다![2] 트위터를 이용할 때는 인구통계학적 리서치가 아닌, 사람들이 실제로 주고받는 말을 토대로 표적 수용자를 발견한다.

예를 들어 연예 전문 변호사이거나 연예 전문 법률 회사의 마케팅 부서에서 일한다고 하자. 그러면 영화 제작자나 배우 등 당신의 서비스를 필요로 한다고 생각되는 사람들을 표적으로 정할 수도 있겠지만, 〈그림 2.4〉에 나온 것처럼 트위터 검색을 이용할 수도 있다. 이 사례에서는 키워드 '연예 전문 변호사 필요'를 입력하자 지난 18시간 동안 실제로 변호사를 구했던 사람들이 세 명 발견되었다!

이 세 명의 리드가 가져올 잠재적 수익은 대다수 법률 회사에 얼마만큼의 의미가 있을까?

아직까지 트위터 검색을 해본 적이 없다면 잠시 시간을 내서 시도해보기 바란다. 트위터닷컴의 검색창으로 가서 "(당신의 제품이나 서비스 혹은 분야) 필요" 또는 "(당신이 제공하는 무언가)를 찾습니다"라고 입력해보라. 실제적으로 당신의 제품이나 서비스를 원하는, 당신에게 꼭 맞는 표적 수용자가 많다는 사실에 기쁜 마음으로 깜짝 놀라게 될 것이다. 이 방법은 사람들이 흔히 찾는 저가의 상품뿐만 아니라 고급 서비스나 제품(예컨대 보석류, 부동산, 금융, 기타 전문적 서비스)을 판매하는 이들도 얼마든지 효과를 볼 수 있는 최고의 표적 설정 수단이다. 당신의 말을 듣고 싶어 하고, 당신이 해결할 수 있는 문제로 어려움을 겪고 있는 사람들만 골라서 그들과 소통할 수 있다고 생각해보라. 트위터상에서 표적을 찾는 데 들인 시간은 금방 보답을 가져올 것이다. 이제 수용자가 무엇을 원할지 추측은 그만하고 검색을 시작하라. 그리고 그들의 말에 귀를 기울여라.

그림 2.4   연예 전문 법률 회사 트위터 검색

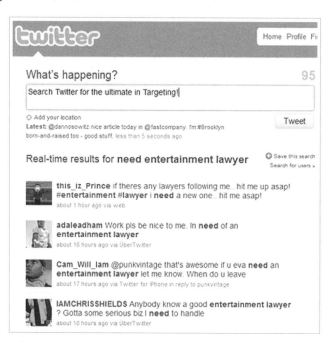

'연예 전문 변호사 필요'에 대한 실시간 검색 결과

 this iz_prince: 저를 팔로잉하는 분 중에 혹시 변호사이신 분은… 빨리 연락 주세요! #연예 #변호사 연예 전문 변호사가 필요합니다… 가급적 빨리 연락 주세요!

 adaleadham: 저 좀 도와주세요. 일해주실 분을 찾습니다. 연예 전문 변호사가 필요해요.

 Cam_Will_lam: @punkvintage 그거 멋지네요. 연예 전문 변호사가 필요하시면 알려주세요. 언제쯤 떠나세요?

 IAMCHRISSHIELDS: 좋은 연예 전문 변호사 아시는 분 있으세요? 심각한 문제가 좀 생겨서 처리할 필요가 있거든요.

▎ 당신이 소비자라면 판매자가 어떤 방식으로 다가오는 것을 반기겠는가? ▎

잠시 판매자가 아닌 소비자의 입장에서 생각해보자. 당신은 광범위한 표적의 일부가 되는 것이 좋은가? 즐겨 시청하는 TV 프로그램 중간에 끊임없이 끼어드는 자동차 광고를 보는 것이 좋은가? 아니면 당신이 정말로 새 차를 사고 싶어서 그런 관심을 표현했을 때 광고나 마케팅 자료를 보는 것이 좋은가? 이와 마찬가지로, 단지 독신자라는 이유만으로 데이트 사이트 광고를 보고 싶어 하거나, 단지 여성이라는 이유만으로 백화점 세일 소식을 듣고 싶어 하는 사람은 없을 것이다. 또한 남성이라고 해서 성 기능 관련 회사에서 퍼붓는 광고 세례를 무조건 반기지도 않을 것이다. 그렇다. 소비자가 기업이 보내는 메시지를 반기는 것은 그 메시지가 자신의 특정한 필요나 관심에 부합할 때에 한해서다. 이제 소셜 네트워크를 통한 더욱 구체적이고 정확한 표적 설정이 가능해졌으니 다시 판매자의 마음으로 돌아가 그 기회를 최대한 활용하기 바란다.

당신의 표적 수용자에 대해 얼마나 잘 알고 있는가?

지난 수십 년 동안 마케팅 정보와 리서치에는 수많은 발전이 이루어져왔다. 하지만 오늘날처럼 구체적인 표적을 설정할 수 있게 되기 전까지는 표적 수용자를 그렇게 자세하게 찾아낼 필요성도 못 느꼈을 것이다. 예를 들어 예전에도 당신의 수용자층이 스포츠를 매우 좋아한다는 사실은 파악할 수 있었을 테지만, 어쩌면 그들은 여러 가지 스포츠

중에서 특정 종목을 유난히 더 선호할지도 모른다. 또는 젊은 여성들이 당신의 제품을 즐겨 찾는다는 사실을 알았겠지만, 페이스북이나 트위터 검색을 적절히 이용하기 전에는 21~22세 여성이 23~24세 여성보다 제품 구매 가능성이 훨씬 높다는 점은 몰랐을 것이다. 이제는 전보다 훨씬 정확한 표적 설정이 가능해졌으므로 언제든 설문조사와 리서치를 실시하여 제품 및 서비스의 실질적 수용자가 누군지 정확히 파악할 수 있다.

이미 몇몇 기업은 남들보다 더욱 구체적으로 명확하게 규정된 표적 수용자층을 보유하고 있지만, 당신 역시 언제든 '누가 우리의 이상적 수용자인가?'라는 개념을 개선하고 발전시킬 수 있다. 아마도 당신은 자사의 제품이나 서비스를 찾는 사람들의 집단이 하나가 아니라는 사실을 발견할 것이다. 예컨대 거대한 글로벌 브랜드들은 몇 가지 일정한 범주에 속하는 다수의 고객을 보유하고 있다. 어쩌면 여성 변호사들은 가정주부보다 당신의 제품을 구매하는 데 더 많은 돈을 쓸 수도 있다. 만약 당신이 이와 같은 상세한 정보를 모른다면 언제든 물어보라. 페이스북 팬이 1,000명 있다면 그들에게 좋아하는 스포츠가 무엇인지 질문하라. 어떤 이유에서인지 열 명 중 아홉 명이 야구를 선호하는 것으로 밝혀졌다면 지역 내 어린이 야구 팀을 후원하는 방안을 고려해볼 수도 있을 것이다. 소셜 미디어는 표적 수용자의 발견을 돕고 이 집단(들)에 대한 통찰을 제공할 것이다.

마케팅 비용의 낭비는 이제 그만

마케팅 담당자들이 흔히 하는 말이 있다. "광고에 들인 돈 가운데 절반은 효과를 발휘한다. 문제는 그것이 어느 쪽 절반인지를 모른다는 점이다."

검색 마케팅과 소셜 미디어의 등장으로 이제 당신이 이미 알고 있는 고객, 그리고 고객이 될 가능성이 가장 높은 잠재 고객을 정확히 표적으로 설정하는 것이 가능해졌다. 이렇게 찾아낸 고객은 직감이나 마케팅 리서치에 대한 모호한 이해를 바탕으로 찾아낸, 고객이라 짐작되는 사람들과는 다르다. 물론 더 광범위한 사람들에게 마케팅 메시지를 전하고 인지도를 높인다는 명목으로 기존 미디어에 계속해서 광고비를 지출할 수도 있다. 하지만 소셜 미디어를 이용하면 더욱 좁은 범위의, 하지만 고객이 될 가능성은 훨씬 높은 수용자에게 집중하게 된다. 이 유일무이한 표적 수용자층을 일단 발견하고 나면 귀중한 마케팅 비용을 설명 책임(accountability : 마케팅의 결과를 측정하여 그 데이터를 바탕으로 마케팅의 효과나 타당성을 해명할 수 있음을 뜻한다-옮긴이)과 집중력이 낮은 미디어에 쏟아붓고 싶다는 생각이 말끔히 사라질 것이다.

표적 설정은 대화의 시작일 뿐이다

우리가 지금 하는 이야기는 혹시 당신의 제품이나 서비스를 원할지도 모르는 고객을 제때에 발견했으면 하는 막연한 희망을 품고 몇 번이고 광고를 되풀이하는 마케팅이 아니다. 우리는 구체적으로 설정된 적절한 수용자를 발견하고, 그들을 대화에 참여시키고, 그들이 뭔가를 구매할 준비가 되었을 때 당신의 제품이 명백하고도 당연한 선택이 되도록 하는 마케팅을 이야기하고 있다. 만약 당신이 올바른 표적 설정을 하고 그렇게 해서 발견된 이들과 적절한 관계를 구축했다면, 구매 시점이 되었을 때 그들은 TV나 라디오 광고에 관심을 기울이거나 검색을 하지 않을 것이다. 그들은 이미 당신을 알고, 신뢰하고, 좋아하고 있을 테니 곧장 당신을 찾을 것이다. 물론 이는 물리적 제품의 판매에만 해당되는 얘기가 아니다. 라이커블 미디어는 섬유근육통 & 피로 센터(Fibromyalgia & Fatigue Centers, FFC)와 협력하여 섬유근육통 및 만성피로증후군에 시달리는 사람들을 FFC와 연결해주는 일을 한 적이 있다. 다음 사례를 통해 우리가 어떤 조치들을 취했는지 살펴보기 바란다.

섬유근육통 & 피로 센터: 어려움에 처한 사람들을 표적으로 삼은 경우

수백만 명의 미국인이 섬유근육통 및 만성피로증후군으로 고통 받고 있다. 우리 고객인 미국 FFC는 전국적으로 손꼽히는 치료 기관 중 한 곳이다. 그들은 의사와 간호사 및 상담사, 그리고 전국 12개 장소를 이용한 집단 지원 등을 통해 환자들에게 도움을 제공한다. 이들 질병은 대체로 35~60세 여성들이 주로 앓는다. 과거 FFC는 그들의 도움을 필요로 하는 사람들에게 전달되기를 바라며 일반 대중을 대상으로 TV, 라디오, 인쇄 매체 광고를 실시했다.

하지만 이런 종류의 광고는 비용이 많이 들뿐더러 낭비도 심하다. 그래서 우리는 더 좁은 범위의 표적을 설정하는 계획을 세웠다. 우리는 페이스북을 이용하여 관심사에 '섬유근육통'을 입력한 사람들을 표적으로 삼았다. 몇몇 의사나 연구자를 제외하면 관심사에 이 질병을 올려놓은 사람들은 본인이나 가족이 이 질병을 앓고 있다고 추정했던 것이다. 또한 트위터에서 정기적으로 '섬유근육통', '항상 피곤하다',

'만성피로', '왜 이렇게 피곤하죠?'와 같은 키워드로 검색을 하며 이들 질병에 대해 이야기하는 사람들을 찾았다.

그에 못지않게 중점을 둔 부분이 하나 더 있었다. 우리는 페이스북에 '파이브로(Fibro) 360'이라는 커뮤니티를 개설하여 섬유근육통이나 만성피로증후군을 겪은 사람은 누구든 자신의 경험담을 올리고 서로 도우며 이 질병에 관한 뉴스, 조언, 연구 결과, 정보 등을 얻을 수 있게 했다. FFC 웹사이트나 전화번호를 소개하는 온라인 광고 및 마케팅 메시지는 전혀 링크하지 않았다. 그 대신 우리의 활동과 관련된 모든 커뮤니케이션을 페이스북 커뮤니티에 연결했다. 9개월 뒤 놀라운 결과가 나타났다. 수만 명의 사람들이 커뮤니티에 가입했던 것이다.

현재 이 커뮤니티에는 날마다 수백 명이 접속해서 서로 이야기를 나누고 있으며, 추가적인 도움을 원하는 사람들은 FFC를 찾는다. 그렇게 해서 지금까지 수백 명이 FFC에서 치료를 받았고, FFC는 매출이 20퍼센트 이상 상승했다. 페이스북 덕분이었다.

라이커블 미디어의 표적 설정

우리 회사가 이제까지 소셜 미디어를 이용하여 실시한 B2B 표적 설정 가운데 가장 성공적이었던 사례는 바로 우리 자신, 라이커블 미디어를 위한 것이었다. 라이커블 미디어는 다른 수많은 대형 업체에 비해 규모는 작을지 모르나 페이스북에서 받은 1만 6,000개 이상의 좋아요를 바탕으로 세계 어느 마케팅 대행사 못지않은 두터운 팬층을 보유한 회사로 성장했다. 팬의 수보다 더 중요한 것은 그들이 누구인가 하는 점이다. 처음부터 우리는 '최고마케팅경영자', '마케팅 부사장', '브랜드 관리자', '마케팅 부장' 등의 직책에 있는 사람들만을 표적으로 삼았다. 이들 핵심 의사결정자들은 우리에게 꼭 필요한 고객이다. 그래서 우리는 그들에게 맞추어 광고 내용을 조정하는 등 노력을 집중했다. 그들은 우리의 팬이 되었고 시간을 두고 우리와 교류했다. 그 결과 그들 중 다수가 전화나 이메일을 통해 거래를 요청해왔다.

당신의 조직에서 메시지를 전하려 하는 대상이 누구든 페이스북과 트위터를 이용하면 발견할 수 있다. 〈표 2.1〉에는 몇 가지 회사의 유형과 그들에게 적합한 수용자(두 가지 소셜 미디어를 모두 이용하는)가 소개되어 있다.

표 2.1 다양한 회사의 표적 수용자

회사	표적 수용자
부동산 코치	전국의 부동산 중개인
플로리다 남부의 바닷가 호텔	결혼식 장소를 물색 중이며, 비교적 추운 북부 지방에 사는 여성
이동통신회사	경쟁사의 문제점에 대해 트위터상에서 불평하는 사용자
새로 문을 연 쇼핑 센터	쇼핑 센터를 중심으로 반경 약 16킬로미터 내에 거주하는 주민 중 관심사를 '쇼핑'이나 '새로운 물건 사기'로 정해둔 사람
고양이 용품 제조 회사	프로필에 '고양이', '고양이 애호가', '고양이를 기릅니다'라는 내용을 입력해둔 사용자
작가	비슷한 스타일의 글을 쓰는 작가들의 팬
홍보 회사	도시 내 상위 100대 회사에 소속된 홍보 관리자 및 책임자

당신에게 꼭 맞는 고객은 누구인가? 당신은 표적 수용자를 얼마나 구체적으로 설정할 수 있는가?

실천 과제

1. 당신에게 꼭 맞는 표적 수용자에 대해 기술하라. 고객(및 잠재 고객)의 폭을 가능한 좁혀서 구체적으로 정의하라. 그들의 나이와 성별은 어떤가? 그들은 기혼인가, 약혼 상태인가, 독신인가? 어디에 사는가? 관심사는 무엇인가? 직책은 무엇인가? 어디서 일하는가? 무엇에 대해 이야기하는가? 이들 질문 가운데 몇 가지의 답이 '아무래도 상관없다'로 나오더라도 무방하다. 당신의 고객이 누구인지, 누가 고객이길 바라는지 최대한 자세히 그려보라.

2. 수용자를 규정했으면 소셜 네트워크에서 그들을 찾아보라. 페이스북 광고 플랫폼을 이용하여 당신이 적은 기준 전부에 부합하는 사람들이 얼마나 되는지 확인하라. B2B 분야에 몸담고 있다면 링크드인에서 직책이나 분야로 검색하라. 고객이 할 것이라 예상했던 말을 키워드로 입력하여 트위터와 페이스북에서 검색하라.

3. 마케팅 예산의 사용처 가운데 너무 광범위한 수용자층을 대상으로 지나치게 많은 비용이 투입되고 있는 곳은 어디인지 적어라. 광범위한 집단을 대상으로 한 마케팅 및 광고 지출을 줄이고 소셜 네트워크를 통해 더 구체적으로 표적을 설정하려면 어떻게 해야 하겠는가?

서두르면 일을 그르친다: 전통적 마케팅과 광고를 단번에 폐기할 필요는 없다

이 장을 읽고 나서, 너무 광범위한 수용자층을 대상으로 한다는 이유로 즉시 광고 예산을 전액 삭감하는 일은 없으리라 믿는다. 그럴 필요는 없다. 하지만 기존 광고비를 어느 정도 줄인 다음, 소셜 네트워크를 통해 꼭 필요한 사람들, 즉 앞으로 당신의 고객이자 지지자가 되어줄 사람들을 찾아내는 일을 시작할 필요는 분명 있다. 그들을 발견하고 대화 속으로 끌어들여라. 그러면 그들이 구매할 준비가 되었을 때다른 누구보다 당신을 우선 선택할 것이다.

소비자처럼 생각하고
행동하라

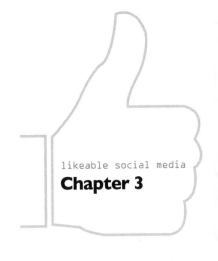

방해받는 것을 좋아하는가? 온라인에서 뭔가를 읽고 있는데 다음 단락 한가운데 팝업 배너가 나타나면 기분이 좋은가? 회사에서 한창 프로젝트에 몰두하고 있는데 전화벨이 울려서 받아보니 어떤 판매원이 물건 선전을 늘어놓으면 기분이 어떤가?

회의, 클럽, 모임에서 강연을 할 때면 나는 청중(대부분 판매자다)에게 소비자의 입장이 되어보라는 말을 자주 한다. 그리고 이렇게 묻는다. "라디오 광고를 즐겨 듣는 분 계신가요?"

아무도 손을 들지 않는다.

"TV 광고를 즐겨 보시는 분은요?"

이때는 대개 두어 명이 손을 들지만, 나중에 알고 보면 광고업 종사자인 경우가 많다.

"페이스북을 하시는 분은 얼마나 되죠?"

여러 개의 손이 공중으로 치솟는다. 대략 청중의 50~90퍼센트가 손을 든다.

페이스북이, 혹은 각종 소셜 미디어들이 나온 지 얼마 안 된 새로운 것이어서, 그럴듯해 보이는 신제품이어서 이런 현상이 일어나는 것일까? 나는 그렇게 생각하지 않는다. 이런 현상은 기본적으로 사람들이 미디어를 이용하여 휴식을 취하고 즐거움을 얻으며 다른 사람들과 교류하길 바라기 때문에, 그리고 방해받지 않기를 바라기 때문에 일어나는 것이라 믿는다. 다음은 오늘날 이용되는 몇 가지 마케팅 및 광고 수단이다. 소비자의 입장이 되어서 이것을 경험했을 때 어떤 기분이 들지 생각해보라.

- 다이렉트 메일
- 잡지 광고
- TV 광고
- 라디오 광고
- 포장(시리얼 상자에 적혀 있는 "무료 장난감이 들어 있어요" 등의 문구)
- 거리에서 건네주는 광고 전단
- 고속도로의 옥외 광고판
- 통화가 연결되기를 기다릴 때 들려오는, 회사 웹사이트를 방문해달라는 내용의 자동 메시지
- 휴대전화 문자메시지 광고
- 극장에서 예고편도 시작하기 전부터 나오는 10분짜리 광고

- 신청한 기억도 없는데 끊임없이 날아오는 홍보 이메일
- 집과 회사로 걸려오는 텔레마케팅 등의 광고 전화

광고 및 마케팅 수단은 우리가 어디에 있든 거의 모든 곳에서 찾아볼 수 있다. 거실의 TV든, 공중 화장실이든, 고속도로를 달릴 때든, 시내 거리를 걸을 때든, 직장 전화든, 개인적으로 사용하는 휴대전화든 광고로부터 자유로운 곳은 없다! 몇몇 광고는 재미있고 흥미로우며 설득력 넘치기도 하지만, 소비자 관점에서 볼 때 대다수 광고는 단지 달갑지 않은 방해물일 뿐이다.

그렇다면 판매자가 할 일은 무엇인가? 소비자를 발견하는 과정에서 그 성가신 광고들의 끝없는 행렬에 합류하지 않으려면 어떻게 해야 할까?

판매자처럼 생각하기를 중단하고 소비자처럼 생각하는 것, 당신이 해야 할 일은 이것뿐이다.

경험 법칙: 고객이 정말로 원하는 것은 무엇인가?

페이스북 메시지를 보낼 때마다, 트위터에 글을 올릴 때마다, 이메일을 쓰거나 라디오 또는 TV 광고를 만들 때마다 자신에게 다음과 같은 질문을 하기 바란다.

- 이 메시지를 받는 사람은 진심으로 이것을 가치 있다고 느낄까, 아니면 짜증스럽고 방해된다고 느낄까?

- 내가 소비자라면 이 메시지가 반가울까?

소비자 입장에서 생각했을 때 '그렇다'라는 대답이 나온다면, 즉 메시지에 충분한 가치가 있어서 진심으로 받고 싶다는 생각이 든다면 그 메시지는 고객에게 보낼 만한 것이다. 반면 메시지에서 소비자에게 줄 진정한 가치는 전혀 발견할 수 없고 단지 짜증만 불러일으킬 것이라는 생각이 든다면 그런 메시지는 보내는 의미가 없다. 굳이 돈과 시간, 노력을 들여서 소비자가 원하지도 않는 대중 광고, 마케팅, 정보 소음을 초래할 이유가 어디 있겠는가?

물론 어떤 메시지를 보내든 어느 정도의 웹 트래픽, 문의 전화, 인지도 및 매출 상승은 발생할 수도 있다. 하지만 그럼으로써 당신은 브랜드가 손상될 위험도 감수해야 한다. 설령 전통 방식인 매출 위주의 마케팅 메시지와 전략을 이용하며 매출을 끌어올린다 하더라도, 장기적으로 보았을 때 결국 성공하는 것은 고객과 긍정적이고 유익한 방식으로 커뮤니케이션하는 조직이다. 오늘날 그러한 커뮤니케이션을 하기 위한 가장 효과적인 길은 소셜 미디어가 제공하는 도구들을 활용하는 것이다.

페이스북 뉴스피드의 탁월함

페이스북에 로그인하면 '인기글(Top News)'을 보여주는 뉴스피드(News Feed) 화면으로 이동하게 된다. '인기글'은 페이스북 친구, 가입한 그룹, 좋아하는 페이지 등 페이스북 내의 사회적 연결망으로부터 발생한 정보의 흐름을 표시한다. 이곳에 친구들과 관련된 정보가 하나도 빠짐없이 게시되는 것은 아니다(모든 글을 보려면 '최신글(Most Recent)' 메뉴로 들어가면 된다). 하지만 인기글은 페이스북에 로그인했을 때 기본적으로 뜨는 화면이라는 점에서 사용자의 눈에 가장 먼저 들어오는, 정보의 주요 원천이라 할 수 있다.

페이스북 뉴스피드의 탁월한 점은 다음 세 가지 요인을 토대로 사용자 개개인의 요구에 맞춘 콘텐츠를 제공한다는 것이다.

1. 콘텐츠가 얼마나 최근에 만들어졌는가?
2. 콘텐츠를 공유한 사람 혹은 조직과 사용자의 관계가 얼마나 긴밀한가?
3. 콘텐츠에 답글이나 좋아요가 얼마나 많은가?

판매자에게 가장 중요한 항목은 3번이다. 회사의 콘텐츠가 사용자들의 뉴스피드에 표시되는 데 직접적 영향을 미치는 부분이기 때문이다. 콘텐츠에 흥미를 보인 사람이 많을수록, 혹은 콘텐츠와 관련된 제품이나 서비스를 통해 긍정적 경험을 한 사람이 많을수록 좋아요도 많이 받을 것이며, 그럴수록 뉴스피드에서 더욱 눈에 잘 띄게 될 것이다.

〈그림 3.1〉은 뉴스피드 최적화(News Feed Optimization) 알고리즘을 설명하는 공식으로, 에지랭크(EdgeRank)라 한다. 이 공식은 페이스북의 엔지니어 루치 생비(Ruchi Sanghvi)와 아리 스타인버그(Ari Steinberg)가 2010 f8 개발자회의에서 발표했다.

그림 3.1 **뉴스피드 최적화**

$$\sum_{edges\ e} u_e w_e d_e$$

u_e 에지가 시작되게 한 사용자(글이나 사진 등의 콘텐츠를 게시한 사람을 가리킴–옮긴이)와 그것을 본 사용자 사이의 친밀도

w_e 에지 종류에 따른 가중치(글 포스팅, 답글, 좋아요, 태그 등)

d_e 에지가 시작된 뒤 시간이 얼마나 경과했는가에 따른 감쇠 요인

우리는 페이스북의 에지랭크, 즉 뉴스피드 알고리즘을 좀 더 알기 쉬운 말로 설명하기 위해 〈그림 3.2〉와 같은 다이아몬드 반지 그림을 이용하기로 했다. 상태 업데이트, 일반적 업데이트, 다른 사이트 링크, 동영상 등 페이스북에 올라오는 모든 것은 하나의 대상(object)으로 간주된다. 이 대상을 멋진 다이아몬드 반지라고 생각하자.

당신이 올린 글이나 업데이트는 반지의 중앙, 곧 다이아몬드 자체다. 다른 사용자가 답글이나 좋아요를 통해 그것에 반응했다면 그는 다이아몬드의 윤곽(edge)을 더욱 뚜렷하게 다듬은 것이다. 다른 사용자와의 상호작용이 활발할수록 다이아몬드의 윤곽은 한층 더 예리해지고(컷, 클래리티, 컬러가 좋아진다), 윤곽이 예리할수록 그 콘텐츠가 당신과 관계를 맺고 있는 사용자들의 '인기글' 목록에 표시될 가능성도 높아진다. 그들은 당신의 콘텐츠를 보고 당신 및 당신의 다이아몬드 반지와 상호작용할 것이다(아마 그들은 그 찬란함에 감탄을 금치 못할 것이다!). 그럼 완벽한 다이아몬드 반지를 만들기 위한 기준, 즉 뉴스피드 최적

그림 3.2	페이스북 에지랭크에 관한 설명

화를 좌우하는 세 종류의 에지가 무엇인지 좀 더 자세히 살펴보자.

1. **콘텐츠가 게시된 지 얼마나 되었는가?** 이 에지를 최적화하려면 팬, 친구, 잠재 고객이 페이스북을 사용하는 시간대가 언제인지 파악해야 한다. 예컨대 주 고객이 10대라면 그들이 학교에 있을 시간인 평일 아침이나 이른 오후에 콘텐츠를 올려서는 안 될 것이다. 그러나 오전 9시부터 오후 5시까지 일하는 직장인이 표적이라면 아침에 콘텐츠를 올리는 것이 유리할 수도 있다. 직장인 사용자들은 아침에 자리에 앉아 그들의 페이지를 확인할 가능성이 높기 때문이다. 만약 고객 대부분이 교사라면 수업을 마치고 자신의 책상 앞에 앉아 근무할 시간인 오후 3시부터 5시 사이에 업데이트를 하는 편이 좋

을 것이다. 하지만 일반적으로는 주말에 페이스북을 하는 사용자들이 많은 편이다. 주말에도 출근하는 회사는 적은 편이니 콘텐츠를 공유할 가장 좋은 시간은 주말이라 할 수 있다.

2. **이 사용자는 당신과 자주 교류하는가?** 어떤 사용자가 페이스북 광고를 통해 당신의 페이지를 좋다고 했지만 페이지를 방문한 적은 전혀 없고, 그의 친구들 중에도 당신의 페이지에서 당신과 교류하는 이가 없다면, 그는 당신이 올린 콘텐츠를 전혀 보지 않을 가능성이 높다. 만약 어떤 사용자가 당신의 페이지를 때때로 방문하고, 좋아요 버튼을 누르기도 하고, 당신의 회사에서 올린 사진까지 본다면 당신의 콘텐츠가 그 사용자의 뉴스피드에 표시될 가능성은 극적으로 높아진다. 이 구조를 유념하기 바란다. 당신이 콘텐츠를 올린 직후에 좋아요를 받는 것이 중요한 이유가 바로 여기에 있기 때문이다. 일단 누군가를 참여시키는 데 성공해서 당신과 그 소비자 사이에 대화가 형성되고 나면 그때부터는 이것을 계속 지속·확대해 갈 수 있다.

3. **콘텐츠에 대한 반응이 얼마나 적극적인가?** 이 에지는 가장 간단하면서도 가장 중점을 둬야 할 부분이다. 페이스북의 알고리즘은 답글과 좋아요의 수를 토대로 대상의 흥미나 적절성 수준을 판단한다. 반응이 좋은 대상일수록 사용자들의 뉴스피드에 표시될 가능성도 높아진다. 이는 갈수록 강력한 가속도가 더해지는 순환적 개념이다. 즉 충분한 수의 답글과 좋아요를 받은 콘텐츠는 뉴스피드의 꼭대기로 올라갈 테고, 그럼으로써 더 큰 규모의 긍정적 반응을 유발할 것이다. 반면 콘텐츠가 게시되고 나서 빠른 시간 안에 관심을

끌지 못하면 뉴스피드의 꼭대기로 올라가지 못하고 사실상 보이지 않는 상태로 남아 있게 될 것이다.

에지랭크를 당신에게 유리하게 이용하려면

페이스북의 뉴스피드 알고리즘은 가히 혁명적이라 할 만하다. 사람들이 보고 싶어 하지 않는 TV 광고가 방송에서 사라지고, 첫 수신자 몇 명이 열어보지 않은 다이렉트 메일은 저절로 발송이 중단되며, 긍정적인 반응을 얻지 못한 이메일은 당신의 수신함에 들어오지 않는다고 상상해보라. 페이스북은 사용자가 신경 쓸 가치가 없는, 나아가 부정적 반응을 보일 쓸모없는 정보들을 걸러내는 효과적인 시스템을 만들어냈다. 이로써 기업 및 개인은 다른 사람들과 공유할 콘텐츠를 만들 때 극도로 주의를 기울일 수밖에 없게 되었다. 사용자 입장에서는 대단히 반가운 일이며, 소비자가 무엇을 원하고 무엇을 원치 않는지 이해하고 있는 판매자와 광고주로서는 강력한 도구를 얻은 셈이다. 사례를 하나 살펴보자.

대기업 A는 세계적인 스니커즈 브랜드로서, 수백만 달러의 광고비를 지출하여 페이스북 팬층을 100만 명 규모로 성장시켰다. A와 비슷하지만 규모는 훨씬 작은 당신의 회사는 보유한 자원이 A에 비해 부족한 터라 현재 불과 5,000명의 팬을 보유하고 있으며 그중 절반은 대기업 A의 팬이기도 하다.

대기업 A는 팬들에게 다음과 같은 전통의 마케팅 메시지를 보낸다. "우리 웹사이트에서 새롭게 출시된 러닝화를 확인하시고 지금 즉시 구매하세요!" 좋아요 버튼을 누르거나 답글을 남긴 사람은 몇 명 되지 않는다. 이 회사는 수용자를 참여시키는 데 실패했다. A의 업데이트를 볼 사람들은 몇 백 명에 불과할 테고, 그것은 사용자들의 '인기글' 목록에 올라가지 못할 것이다.

하지만 당신의 회사는 대기업 A가 메시지를 보낸 바로 그 시각에 회사 웹사이트로 연결되는 링크를 첨부하여 다음과 같은 내용의 업데이트를 한다. "들뜬 마음으로 주말을 기다리는 분들은 '좋아요'를 클릭하세요! 누구 달리기하러 갈 사람?" 당신은 더욱 개인화된, 친절하면서도 부담은 덜 주는 메시지로 사용자들을 참여시키고자 한다. 당신은 그냥 "신발을 구입하세요"라고 말하지 않는다. 당신 회사의 업데이트는 충분한 수의 답글과 좋아요를 받아 수천 명 사용자의 뉴스피드 꼭대기에 하루 동안 머문다. 이는 더 많은 수의 클릭과 더 높은 매출을 발생시킨다. 더욱 중요한 사실은 사용자들이 남긴 답글이 하나의 대화로 이어져 다음번 업데이트의 성공을 도울 것이라는 점이다. 당신은 대기업 A를 이겼다. A가 전통적 마케팅에 매달려 있는 동안 당신은 소비자 입장에서 생각하여 그들을 참여시킴으로써 소중한 수용자층을 구축했다.

당신의 소비자가 좋아하는 것은 무엇인가?

중요한 문제는 "당신의 소비자가 진정으로 좋아하는 것은 무엇인가?"이다. 그들이 무엇에 관심을 두는지 심사숙고하라. 그들은 무엇을 중요하게 여기는가? 그들로 하여금 진심으로 좋아요 버튼을 누르게 함으로써 당신을 사용자들의 눈에 더욱 잘 띄게 해줄 콘텐츠는 무엇인가? 사람들에게 좋아해달라고 요청하기만 해서는 당신의 콘텐츠를 지속적으로 알리기 어렵다는 점을 유념하라. 그러한 메시지는 얼마 지나지 않아 당신도 익히 알고 싫어하는 전통적 마케팅 전략들만큼 짜증스러운 것이 될 터이기 때문이다.

해답을 찾으려면 당신이 소비자에 대해 이미 알고 있는 사실 쪽으로 시선을 돌려라. 만약 아는 것이 없다면 물어라!

이를테면 당신이 남성 위주의 고객 기반을 보유하고 있다고 가정해보자. 당신은 이들 소비자가 열성적인 스포츠 팬일 것이라 생각하지만 어느 종목, 어느 팀을 제일 좋아하는지는 확실히 모른다. 그렇다면 페이스북에서 이런 질문을 해볼 수 있다. "한 해 동안 열리는 대형 스포츠 이벤트 중에서 무엇을 가장 좋아하세요? 지난 시즌에는 어느 팀을 응원하셨어요?" 고객 다수가 슈퍼볼(Super Bowl)을 제일 좋아한다면서 응원하는 미식축구 팀을 밝혔다면, 설령 당신의 제품이 미식축구와 무관하다 해도 앞으로는 스포츠와 관련된 콘텐츠도 올리는 편이 좋을 것이다.

만약 당신이 소비자라면 무엇을 접했을 때 좋아요 버튼을 클릭하거나 답글을 남기겠는가? 식욕을 돋우는 사진? 재미있는 동영상? 당신에 관한 아무도 몰랐던 사실? 사용자들이 절대 긍정적으로 반응하지 않는 것 한 가지는 회사의 최근 손익계산서, 신규 채용, 신제품 등에 관한 언론 보도 자료다. 다른 용도로 필요해서 그런 정보에 관심을 보이는 이들이 있을지도 모르지만, 그들은 당신이 페이스북에서 표적으로 삼을 집단이 아니다. 페이스북 수용자들은 그런 정보에 관심을 두지 않는다. 페이스북과 트위터를 비롯한 모든 소셜 네트워크는 방송 미디어가 아니다. 이 점은 아무리 강조해도 지나침이 없다. 당신이 할 일은 소비자를 참여시키는 것이지 일방적인 방송을 하는 것이 아니다!

중요한 것은 브랜드가 아닌 고객이다

과거 전통적 판매자들은 고객과 양방향 대화를 나누는 호사를 누리지 못했다. 하지만 그들에게는 '포로가 된 수용자'가 있었다. 전통적 판매자들은 대중이 지갑을 열 때까지 그들의 머리 위로 마케팅 메시지들을 정신없이 퍼부었다. 가령 당신의 나이가 현재 40세 이상이라면 졸리 그린 자이언트(Jolly Green Giant) 시엠송을 알 것이다. 그 노래가 훌륭한 곡이라서가 아니다. TV와 라디오를 통해 워낙 많이 듣다 보니 배우지 않을 수가 없었던 것이다.

마인드셰어(mindshare)는 복잡한 마케팅 및 광고 세계에서 고객들이 당신의 제품이나 서비스를 얼마만큼 생각하는가를 나타내는 개념이다. 오로지 브랜드, 제품, 특징과 유용성만 강조하는 마케팅으로는 더 이상 고객의 마인드셰어를 얻을 수 없다. 무엇보다 당신은 고객이 말을 하도록 하거나 이미 그들이 나누고 있는 대화에 참여해야 한다. 그들이 말을 하고 있고 당신이 그들 뉴스피드의 꼭대기에 있다면 약간의 마인드셰어를 얻은 셈이다. 마인드셰어는 고객이 언제든 선뜻 외면할 수 있는 유료 광고보다 훨씬 값진 것이다. 메시지는 당신의 고객에 관한 것이 되어야 한다. 그들의 희망과 꿈은 무엇인가? 그들은 무엇을 하고, 무엇을 듣고, 무엇을 이야기하고, 무엇을 공유하고 싶어 하는가? 그들에게 실질적으로 의미 있는 것은 무엇인가?

이 교훈은 기업이 쉽게 배울 수 있는 것이 아니다. 이것을 습득하려면 마케팅, 광고, 홍보에 관해 기업이 알고 있던 기존 지식을 상당 부분 버려야 하기 때문이다. 그들은 이런 의문을 제기할 것이다. "그럼 우리의 브랜드는 어떡합니까? 어떻게 우리 브랜드나 회사와 아무 관계도 없는 메시지를 보내는 데 귀중한 마케팅 자금과 시간을 투자할 수 있겠습니까?"

중요한 것은 결과다. 페이스북 뉴스피드를 떠올려보라. 메시지가 온통 브랜드 이야기뿐이라면 사람들은 그 메시지에서 흥미나 의미를 발견하지 못한다. 결국 그들은 메시지에 눈길조차 주지 않을 것이다. 메시지에 브랜드에 관한 내용이 전혀 담겨 있지 않더라도 사람들이 답글을 달고 좋아요 버튼을 누른다면 당신의 페이스북 페이지 이름은 지속적으로 팬들의 눈에 띄며 관심을 모을 것이다. 그럼으로써 당신의 브랜드는 사람들의 뉴스피드 꼭대기뿐만 아니라 그들의 마음속에서도 가장 높은 위치를 차지할 것이다. 두 가지 실제 사례를 통해 고객의 입장에서 생각하고 소셜 미디어를 적절히 사용하여 그들을 참여시키는 것이 어떤 위력을 발휘하는지 살펴보자.

더 팸퍼드 셰프: 팬들이 좋아하는 콘텐츠를 요리하라

더 팸퍼드 셰프(The Pampered Chef, TPC)는 미국에서 가장 규모가 크고 유명한 직판 업체 중 한 곳이다. 시카고에 본사를 둔 이 회사는 독립적으로 활동하는 상담원들로 구성된 대규모의 판매 인력을 보유하고 있으며, 이들 상담원은 하우스 파티를 비롯한 각종 행사를 통해 조리 및 식사 용품을 판매한다. 팸퍼드 셰프는 단체 자격으로 페이스북에 가입했다. 다른 직판 업체들은 이미 자사의 페이스북 페이지를 만들고 수천 명의 팬을 확보한 상태였다. 팸퍼드 셰프는 페이스북 내에서 회사의 존재감을 신속히 확대하길 원했다. 그러나 그들의 경쟁사를 비롯한 많은 회사들이 팬 페이지를 만든 초창기에 좋아요를 받기 위해 대대적인 광고를 실시했던 것과는 달리, 그들에게는 페이스북 광고에 투입할 예산이 없었다.

팸퍼드 셰프 팀원들은 고객들이 어떤 콘텐츠를 좋아하고 싫어할지 신중히 숙고한 끝에 팬 페이지, 애플리케이션, 콘텐츠 달력 등을 만들었다. 브랜드나 판매에 관한 내용은 없었고 오직 소비자 위주의 내용만 담긴 콘텐츠였다. 예를 들어 그들은 음식 조리법을 올리거나 조리법 콘테스트를 개최하는가 하면, 사용자들이 멋진 식사 경험담이나 요리 사진을 공유하도록 장려했다. 가상 선물 애플리케이션을 이용하면 맛있는 케이크 사진을 생일이나 기타 축하일을 맞이한 친구의 페이스북 담벼락에 올릴 수도 있었다. 물론 넓게 보자면 이 모든 콘텐츠 역시 회사의 브랜드 및 사명과 관련된 것이었다. 하지만 이들의 콘텐츠는 분명 브랜드가 아닌 소비자를 중심에 두고 있었으며, 소비자의 흥미를 최대한 자아내도록 고안되었다. 그 결과 소비자와의 상호작용을 통해 수백 개의 답글과 좋아요를 받은(《그림 3.3》) 팸퍼드 셰프는 팬들의 뉴스피드 꼭대기에 머물며 소비자들의 더 많은 시선과 마인드셰어 및 클릭, 그리고 매출 상승을 이끌어냈다.

광고비를 한 푼도 쓰지 않았음에도 첫 2개월간 10만 명 이상의 사람

그림 3.3 팸퍼드 셰프가 올린 페이스북 글

The Pampered Chef Hey pampered friends, we want to hear from you! In honor of our 30th anniversary, tell us what your favorite Pampered Chef recipe is! (Pssst...did you know you could win your own Pampered Chef business? Enter to win our Your Life. Your Way. Sweepstakes through the Join Us tab today!)

October 18 at 12:17pm · Like · Comment

👍 Amy Slife and 370 others like this.

💬 View all 303 comments

더 팸퍼드 셰프: 팸퍼드 친구 여러분, 의견을 들려주세요! 팸퍼드 셰프의 30주년 기념일을 맞이하여, 저희가 제공한 조리법 가운데 여러분이 가장 좋아하는 것은 무엇인지 알려주세요! (잠깐… 여러분이 직접 팸퍼드 셰프 사업을 시작할 수도 있다는 것, 알고 계셨어요? 저희와 함께 여러분의 인생, 여러분의 길을 찾으세요. 바로 오늘 '가입하기' 탭을 눌러서 여러분의 행운을 시험해보세요!)

들이 그들의 페이지를 좋아했으며, 현재는 수백 명이 날마다 올라오는 업데이트에 답글을 단다. 소비자들은 팸퍼드 셰프가 매일 올리는 풍성한 콘텐츠를 좋아할 뿐만 아니라 그것을 다른 사람들과 공유하기도 한다. 이는 결국 점점 더 많은 사람들을 팸퍼드 셰프 페이지로 끌어들이는 효과를 낳는다. 회사 측은 초기 페이스북 참여에서 발생한 수익이 어느 정도인지 밝히지 않았지만, 매출액 또한 굉장히 좋아할 만한 수준이었으리라 확신한다.

오마하 스테이크: 스테이크 판매보다 소비자가 좋아할 만한 '테이블 토크'가 먼저다

오마하 스테이크는 미국 유수의 스테이크 및 포장육 판매 업체로, 80개 이상의 소매점은 물론 카탈로그와 전화 및 인터넷 주문을 통해서 제품을 판매한다. 사람들은 일상적인 식사용으로, 혹은 친구나 가족의 생일 같은 날을 축하하기 위한 선물용으로 이 회사의 제품을 구입한다. 가족 소유 기업 형태로 90년 넘게 경영되어온 이 회사는 전통적으로 직접 마케팅 및 직접 판매에 중점을 두고 브랜드를 강조해왔다. 표면상으로는 소셜 미디어적 사고방식과 극명한 대조를 이루는 방식인 셈이다.

하지만 소셜 미디어가 출현하자 곧 오마하 스테이크의 경영진은 브랜드가 아닌 소비자에게 초점을 맞춘 콘텐츠 제작이 중요하다는 점을 깨달았다. 고객층의 연령대와 관심사가 광범위하다는 문제가 있었지만 결국 페이스북 사용자 가운데 오마하 스테이크의 제품을 구매하는 가장 전형적인 소비자는 스포츠와 연예에 관심이 많은 40~65세 남성이라는 결론이 내려졌다. 이에 따라 오마하 스테이크는 이들 소비자의 마음을 끌기에 가장 적합한 콘텐츠를 제작하여 공유하기 시작했다. 스테이크, 식품, 선물에 관한 콘텐츠도 일부 있었지만 다수의 콘텐츠는 골프 코스, 미식축구, 옛날 영화, 60년대 음악 등 소비자의 흥미를 자아낼 내용으로 채워졌다. 또한 '테이블 토크(Table Talk: 식탁에서의 잡담-옮긴이)'라는 코너도 도입해서 함께 논의할 만한 적절한 화제나 질문을 제시하기도 했다.

골프나 영화가 오마하 스테이크와 무슨 관계가 있었을까? 아무 관계도 없었다. 하지만 그들의 소비자가 이야기하고 싶어 하는 것과는 많은 관계가 있었다. 소비자의 취향에 맞춘 적절한 콘텐츠와 '테이블 토크' 코너는 답글과 좋아요의 수를 늘렸고, 이는 더욱 두터운 팬층을 구축하는 결과를 낳았다. 사람들의 뉴스피드 꼭대기에 나타나는 콘텐츠가 늘어날수록 오마하 스테이크가 얻는 마인드셰어도 커졌다.

현재 오마하 스테이크의 고객 일인당 연간 구매량은 과거 어느 때보다 높다. 오마하 스테이크는 이 모든 성과가 페이스북 페이지 덕분이라고 믿는다.

실천 과제

I. 당신의 고객 대다수가 좋아하는 것이 무엇인지 적어라. 당신의 회사나 제품에 관한 것은 빼고 그들의 관심사에 중점을 두라. 소비자 입장이 되어서 생각했을 때 당신은 어떤 콘텐츠를 보면 좋아요 버튼을 누르겠는가? 그러한 콘텐츠의 예를 열 가지 적어라.

2. 과거 종이로 된 마케팅 자료에서 사용되었던 메시지를 소셜 웹에 맞게, 더욱 가치 있고 흥미로운 자료가 되도록 고쳐 써라. 메시지는 간결하고 상냥해야 하며, 판매자 입장에서 보내고 싶은 것이 아닌 소비자 입장에서 받고 싶은 것이어야 한다.

3. 소셜 네트워크뿐만 아니라 모든 마케팅 및 커뮤니케이션 자료에서 사용할 만한 가치 있는 콘텐츠를 만들어낼 계획을 고안하라. 판매자가 아닌 소비자 입장에서 생각한다면 당신이 이용해온 기존의 이메일 마케팅, 다이렉트 메일, 웹 콘텐츠, 광고 카피에서 어떤 부분을 변화시키겠는가? 당신이 행하는 모든 커뮤니케이션에서 더 나은 콘텐츠를 창출할 수 있겠는가?

방해되는 존재가 아닌 좋아할 만한 존재가 되라

우리는 날마다 쏟아지는 수많은 마케팅 메시지 속에서 살고 있다.

당신에게는 그토록 난무하는 메시지들을 뚫고 가장 높은 곳으로 올라갈 기회가 있다. 이 기회는 더욱 창의적인 방해물이 아닌, 사람들이 정말로 받아보길 원하는 콘텐츠를 창출할 때 실현될 것이다. 페이스북의 뉴스피드는 당신에게 소비자처럼 생각하고, 소비자가 진정으로 즐기고 귀중하게 여길 콘텐츠를 공유하도록 요구한다. 적어도 페이스북에서 소비자의 눈에 안 띄는 판매자가 되지 않으려면 사람들이 좋아할 만한 존재가 되어야 한다.

기존 고객에게
첫 번째 팬이
되어달라고 요청하라

likeable social media
Chapter 4

당신은 회사를 위해 페이스북 페이지와 트위터 계정을 만들었다. 또한 유튜브 채널을 개설하고, 블로그를 시작했으며, 회사 웹사이트에 페이스북 페이지를 알리는 버튼도 달았다. 당신은 소셜 미디어의 '대화에 합류하기 위해' 필요한 모든 일을 하고 있다.

하지만 결과는 아직까지 비참한 수준이다. 팬 수는 회사 규모를 감안했을 때 우스꽝스러울 만큼 적고 대화를 나누는 상대는 당신 자신뿐이다(그래, 어쩌면 당신 옆자리에 앉은 동료가 대화에 참여할 수도 있겠다). 당신이 귀에 못이 박히도록 들었던 소셜 미디어의 가능성은 전혀 실현될 기미가 보이지 않는다. 무엇이 잘못되었는지, 소셜 네트워크의 성공으로 이어지는 올바른 길을 가려면 어떻게 해야 하는지 알 수가 없다. 당신 회사의 페이스북 팬들은 모두 어디에 있을까? 왜 사람들은 좋아요

도장을 찍어주지 않는 것일까?

걱정할 필요 없다. 회사의 규모가 어느 정도든 간에 페이스북에서 다수의 팬을 얻고, 대규모의 트위터 팔로어를 거느리며, 블로그와 유튜브 구독자를 늘리는 것은 결코 저절로 이루어지는 일이 아니다. 나쁜 소식은 팬, 친구, 팔로어를 확보하려면 많은 노력을 기울여야 한다는 것이고, 좋은 소식은 다른 모든 회사 역시 그렇게 해야 한다는 것이다. 마케팅에 매년 수백만 달러를 쓰지만 페이스북 팬 수는 500명도 채 안 되고 공식 트위터는 아예 없는 국제적 브랜드들도 있다. 그러니 지금 처한 상황이 어떻든 당신은 좋은 회사에 몸담고 있는 것이며, 아직 문제를 개선할 시간도 남아 있다.

현재의 인터넷은 사람들이 끊임없이 웹 서핑을 하던 5년 전과는 전혀 다르다. 이제는 웹에서 그런 식으로 정보에 접근하지 않는 사람들이 많다. 정보가 필요할 경우 사용자들은 웹 대신 페이스북과 트위터를 비롯한 여러 소셜 네트워크를 서핑하며 다른 사람들의 추천을 받은 콘텐츠를 찾는다. 2010년 11월 기준으로 전체 인터넷 페이지 뷰의 4분의 1은 페이스북닷컴에서 이루어졌다.[1] 이러한 결과는 대기업이든 신생 기업이든 이미 그 기업의 제품이나 서비스를 알고 있는 경우가 아니라면 사람들이 어떤 기업의 첫 번째 페이스북 팬이나 트위터 팔로어가 될 가능성은 낮다는 것을 의미한다.

그렇다면 소셜 미디어상에서 당신의 첫 번째 지지자가 되어줄 사람은 누구일까? 당신의 가장 강력한 자산은 고객, 직원, 파트너, 벤더다. 하지만 이 자산을 최대한 활용하려면 우선 그들에게 소셜 네트워크를 통해 회사를 지원해달라고 요청하고 그 이유를 알려야 한다. 당신의 현 지지자들에게 소셜 네트워크의 이점을 설명하라. 회사가 반드시 소셜 미디어 계획과 함께 나아가야 하는 이유를 이야기하라. 그들이 어떤 행동을 취해야 회사의 마케팅 및 광고 활동에 도움이 되는지 설명하고, 그들의 참여가 이 과정에서 얼마나 소중한 것인지 확실히 이해시켜야 한다.

좋아요는 링크보다 중요하다

10년 전에 회사 웹사이트를 만들 때, 당신은 수천 명의 낯선 사람들이 그곳을 방문하리라 기대하지 않았다. 당신은 다른 마케팅 계획과 자산을 이용하여 사람들을 웹사이트로 끌어들이는 한편, 되도록 많은 곳에 URL과 링크를 퍼뜨렸다. 사람들은 때때로 그것을 확인했고, 그러다 콘텐츠에 흥미를 느끼고 당신을 충분히 신뢰한 이들은 홈페이지에 잠시 머물거나 제품을 구매하기도 했다. 혹시 다른 관련 회사가 당신의 콘텐츠를 유용하다고 판단한 경우에는 합의하에 각자의 웹사이트를 서로 링크하기도 했다. 이러한 링크 걸기는 '링크 가치'를 높이고, 검색 엔진의 효과를 최대한 활용하며, 웹사이트 트래픽을 늘리려는 기대를 바탕으로 이루어졌다. 그러나 오늘날에는 좋아요가 링크보다 더 중요하다. 물론 사람들을 당신의 웹사이트로 끌어들이면 회사를 알리는 데 도움이 되고, 나아가 제품을 판매할 수도 있다. 하지만 사람들로 하여금 페이스북에서 당신을 좋아하게 하면 장기적 성공에 기여할 두 가지 필수적 효과를 거둘 수 있다.

첫째, 좋아요 버튼을 누르는 사람들은 당신이 그들의 신뢰를 배신하지 않는 한 계속해서 당신의 업데이트를 확인하고 기꺼이 당신과 대화를 나누려 한다. 둘째, 사람들은 좋아요 버튼을 누르며 당신을 자신의 친구 전원에게 소개하고 지지한다. 페이스북 사용자들은 평균적으로 130명의 친구가 있다. 따라서 좋아요 버튼을 한 번 누를 때마다 당신의 브랜드는 130명 이상의 잠재 고객에게 노출되는 것이다. 어떤 사람이 당신의 웹사이트를 방문할 때마다 그 사실을 130명의 친구들에게 알린다고 상상해보라("이봐 친구들, 나 방금 이 사이트를 방문했어. 한번 가봐, 정말 멋져!"). 트위터 팔로어와 유튜브나 블로그 구독자 등의 여타 소셜 네트워크 사용자 사이에서도 같은 현상이 일어나긴 하지만 페이스북만큼 수치가 높지는 않다. 또한 페이스북만큼 자연발생적으로, 바이러스가 번지듯(viral: 바이러스 같은 성질을 띤다는 의미의 'viral'은 네트워크 사용자가 이메일을 비롯한 각종 매체를 통해 자발적으로 어떤 기업이나 제품에 관한 이야기를 널리 퍼뜨리는 현상을 가리킨다. 바이러스처럼 자기 증식적이며 빠르게 확산된다고 해서 붙은 명칭이다—옮긴이) 입소문이 퍼지지도 않는다.

간단히 말해 좋아요를 많이 받은 콘텐츠일수록 더 자주 사람들의 눈에 띌 것이며, 콘텐츠를 접하고 이용하는 사람들의 수는 시간이 갈수록 점점 더 늘어날 것이다. 페이스북의 검색 최적화에서 좋아요는 오랫동안 지속적으로 효과를 발휘한다. 어떤 사용자가 당신의 페이지에서 좋아요 버튼을 눌렀다면 그의 친구 중 누군가가 장차 검색을 할 때 그 사실이 표시된다. 만약 당신이 변호사인데 고객 중 한 명이 페이스북에서 좋아요 버튼을 눌렀다면, 앞으로 언제든 그의 친구가 변호사를 검색하다가 당신을 발견했을 때 당신의 이름 옆에는 고객의 추천 글이("당신의 친구 존은 밥 변호사를 좋아합니다") 붙어 있을 것이다. 만약 당신이 어린이용 자동차 보조의자 제조 업체의 대표인데 한 엄마 고객이 당신의 제품을 좋아한다고 했다면, 그녀의 친구들이 어느새 그 지지 의사를 발견할 테고 그 어떤 광고보다 강력한 힘을 발휘할 것이다.

좋아요를 받는 법: 가치 제안을 개발하라

이 책을 읽기 전에도 아마 좋아요 기능의 위력과 중요성은 알고 있었을 것이다. 이제 문제는 '어떻게 해야 사람들이 당신을 좋아하게 할 수 있는가?'이다. 그러려면 현재 당신의 브랜드가 얼마나 유명하든지 간에 고객, 직원, 벤더, 파트너에게 가치 제안을 해야 한다. 즉 당신의 팬이 됨으로써 얻을 수 있는 일종의 이익을 알려주어야 할 것이다. 그들에게 그저 좋아해달라고만 하지 말고 그렇게 함으로써 그들이 얻는 이익이 무엇인지 이야기하라. 어떤 면에서 그것은 당신이 아닌 그들을 위한 일이기도 하다는 점을 알려라.

다음 두 가지 콜투액션(call to action: 고객이 어떤 행동을 하도록 유도 또는 요청하는 메시지로, 궁극적으로 구매 행위를 이끌어내는 것을 목적으로 한다-옮긴이)에 대해 생각해보자.

페이스북에서 우리를 좋아해주세요

Facebook.com/LikeableMedia

VS.

소셜 미디어에 관한 질문이 있으시면 언제든 물어보세요
Facebook.com/LikeableMedia

첫 번째 것은 전적으로 브랜드 중심적이다. 이미 우리를 알고 애정을 가지며 신뢰하는 사람이 아닌 이상 저 문구를 읽고 우리 회사를 좋아하기로 할 이유가 있겠는가? 반면에 두 번째 것은 소비자 중심적이며, 이미 우리에게 애정을 갖고 신뢰하는 사람뿐만 아니라 우리를 안 지 얼마 되지 않은 고객이나 잠재 고객의 행동까지 이끌어낼 가능성이 높다. 페이스북에서 좋아요를 누르지 않으면 그 회사의 담벼락에 질문 등을 올릴 수 없다는 사실을 아는가? 아마 질문을 올리기 위해 방금 좋아요 버튼을 누른 사람들도 그 점은 생각해본 적이 없을 것이다. 페이스북 페이지에서 사람들의 활동을 장려하기 위해 행하는 모든 조치는, 표면적으로 좋아요 버튼을 눌러달라는 요청이 없더라도 사실상 좋아요를 장려하는 것이다. 예컨대 오레오(Oreo)는 제품 포장에 다음과 같은 문구를 넣었다. "적시느냐 마느냐?(과자를 우유나 커피에 적셔 먹는 것을 뜻한다-옮긴이) Facebook.com/Oreo에서 알려주세요." 소비자들이 의견을 밝히도록 유도하고 있을 뿐 오레오의 온라인 콘텐츠를 좋아해달라는 말은 없다. 그럼에도 1,700만 명 이상의 사람들이 페이스북에서 좋아요 버튼을 눌렀다.

가치 제안은 그 대상이 누구냐에 따라 달라질 수 있다. 가령 직원들이 회사의 페이지를 좋아하도록 하려면 CEO에게 질문하는 코너를 만드는 것이 효과적일 것이다. 반면에 고객을 대상으로 할 때는 할인 혜택이 좋은 인센티브가 될 것이다.

가치 제안으로 고객들을 끌어들인 뒤 기회가 있을 때마다 그들에게 그 가치 제안을 비롯한 다양한 혜택을 제공한다면, 고객은 팬으로 탈바꿈할 것이다. 상황이 흥미진진해지는 것은 바로 그때부터다.

사람들이 페이스북에서 당신을 좋아하고 트위터에서 팔로어가 되어야 할 이유가 무엇인가? 그렇게 함으로써 그들은 어떤 가치를 얻는가? 그것을 간결하고 이해하기 쉬운 콜투액션으로 요약하려면 어떻게 해야 하는가? 답은 당신의 비즈니스 혹은 조직 성격에 따라 달라진다. 다음은 라이커블 미디어의 고객들이 실제로 사용하는 콜투액션의 몇 가지 예다. 사람들이 당신을 좋아해야 할 이유를 생각하는 데 도움이 될 것이다.

- Facebook.com/VerizonFiOS에서 여러분의 의견을 알려주세요.
- Facebook.com/1800Flowers에서 경품도 받고 대화에 참여하세요.
- Facebook.com/NYCquits에서 무료로 금연 지원을 받으세요.
- Facebook.com/striderite에서 당신 같은 다른 엄마들과 교류를 나누세요.
- Facebook.com/UnoChicagoGrill에서 대화에 참여하세요.
- Facebook.com/NYCcondom에서 무료로 콘돔을 받으세요.

초점을 맞춰야 할 부분은 당신이 아닌 당신의 고객이다. 웹이 단기간에 너무 거대해져서 사람들을 웹사이트로 끌어들이려면 방문할 만한 이유를 제공해야 했던 것과 마찬가지로, 페이스북에서도 사람들이 당신을 좋아하게 하려면 그럴 만한 이유를 제공해야 한다. 설령 그 사람들이 당신의 고객이라 할지라도 말이다. 반드시 가치 제안을 개발하

표 4.1 **소비자가 페이스북의 팬 페이지를 좋아하는 10가지 이유**

1. 할인 혜택도 받고 광고도 보려고
2. 그 브랜드를 지지한다는 사실을 친구에게 보여주려고
3. '공짜 물건(무료 견본, 쿠폰 등)'을 받으려고
4. 그 회사의 활동에 관한 정보를 얻으려고
5. 앞으로 실시될 프로젝트에 관한 정보를 얻으려고
6. 다가올 세일에 관한 정보를 얻으려고
7. 그냥 재미로
8. 독점 콘텐츠를 이용하려고
9. 그 회사에 대해 더 깊이 알고 싶어서
10. 그 회사의 주요 활동 분야와 관련하여 공부할 것이 있어서

*코트윗 & 이그젝트타깃(CoTweet & ExactTarget)의 보고서를 토대로 했다.[2]

고, 그것을 고객(및 잠재 고객)과의 커뮤니케이션에 통합해야 한다. 〈표 4.1〉을 보라.

좋아요를 받는 것은 누구에게나 매우 중요하지만, 소규모 기업이나 신생 기업에게는 특히 더 중요하다. 그러한 무료 소셜 미디어와 입소문 마케팅을 이용하여 이제 막 출발한 회사를 한층 효과적으로 성장시킬 수 있기 때문이다. 회사의 영향권에 있는 모든 이들에게 좋아해달라고 요청하기를 주저하지 마라. 다만 그 수용자가 누구든 반드시 그들을 위한 가치를 창출한 이후에 요청을 해야 한다. 그들에게 타당한 이유를 주지 않는다면 누구도 당신을 좋아하지 않을 것이다. 또한 당신이 먼저 좋아해달라고 요청하지 않는 한 누구도 좋아요 버튼을 누르지 않을 것이다. 그러니 그들에게 가치와 기회를 제공하라. 그러면 당신의 벤더, 파트너, 직원, 친구들은 기꺼이 당신의 편이 될 것이다.

어디서 좋아요를 요청해야 하는가?

최대한 많은 곳에서 잠재적 팬들에게 가치를 제공하고 당신을 좋아해달라고 요청해야 한다. 고객에게 콜투액션을 보낼 만한 경로를 몇 가지 소개하자면 다음과 같다.

1. 당신의 웹사이트
2. 회사 이름으로 보내는 이메일
3. 직원들의 이메일 서명
4. 명함
5. 광고 책자
6. 영수증
7. 일반 우편물
8. 회사로 걸려오는 전화
9. 회사에서 외부로 거는 전화
10. 제품 포장(오레오의 경우처럼)
11. 회사 내에 비치된 안내 표지판

일반 우편물이나 광고 책자와 같은 비교적 낡은 기법들도 포함돼 있지만 당신의 온라인 소셜 네트워크에 직접적으로 연계시킨다면 이들 기법에도 당신과 소비자 모두에게 유용한 새로운 생명력과 용도가 생길 것이다.

문자메시지로 좋아요 보내기

어디든 컴퓨터를 가지고 다니는 사람들은 많지 않지만 휴대전화는 누구나 거의 항상 지니고 있다. 페이스북에는 '문자메시지로 좋아요 보내기(Text to Like)'라는 잘 알려지지 않은 기능이 있는데, 근처에 컴퓨터가 없는 사람들도 당신의 페이지를 좋아하게 할 수 있는 강력한 도구다. 페이스북 계정에 연결된 휴대전화를 이용하여 '좋아요 (페이지 이름)' 형식으로 문자메시지를 작성한 다음 FBOOK(32665)으로 보내면 좋아요 버튼을 누른 것과 같은 효과가 발생한다. 믿어지지 않는다고? 당장 시험해보기 바란다. 휴대전화를 꺼내어 "좋아요 라이커블 미디어"라고 써서 32665번으로 보내라. 그러면 우리 회사에 소셜 미디어나 이 책에 관한 질문을 올리고 신속한 답변을 받아볼 수 있을 것이다. (이 기능을 사용하기 위해서는 페이스북과 제휴된 통신사들과 '문자 활성화'를 자신의 설정을 통해 해야 하는데, 적극적 제휴가 이루어진 다른 나라들과는 달리 국내의 경우는 LG U⁺밖에 제휴가 되어 있지 않다. 한국에서는 Book을 나타내는 2665번이 할당되어 있으나, 페이스북의 소개 시기와 스마트폰의 보급 시기가 겹쳤기에 국내에서는 사실상 거의 쓰이지 않는 유명무실한 기능이 되었다. 이 기능을 널리 광고하기에는 통신사 커버리지가 너무 좁았다-감수자 주)

이 기능은 오프라인 매장을 두고 제품을 판매하는 각종 사업체, 그 밖의 소매점이나 레스토랑, 정부 기관 등에 커다란 영향을 미칠 수 있다. 식품점이나 백화점에서 줄을 서서 기다리다가 계산대 근처에서 "저희 매장으로 '좋아요' 문자메시지를 보내주시면 다음 구매 때 20퍼센트를 할인해드립니다"라는 안내문을 보았다고 하자. 일반 소비자 입장에서는 무척 흥미로운 제안을 받은 셈이고, 이미 그 매장에서 자주 쇼핑하는 고객이라면 더욱 구미가 당길 것이다. 판매자는 이와 같은 마케팅 및 광고를 고객 경험에 통합시킬 방안을 숙고해야 한다.

장기적 안목에서 이러한 활동을 펼친다면 풍부한 보상을 받을 수 있다. 물론 당장의 매출보다 좋아요를 받는 데 초점을 맞추면 판매량과 판매 속도가 다소 낮아질 수도 있다. 하지만 페이스북 소셜 그래프의 위력 덕분에 한 사람이 당신을 좋아한다고 할 때마다 당신은 평균 130명의 잠재 고객을 얻게 된다. 만약 좋아요를 보낸 고객이 몇 주 뒤에 친구 한두 명과 함께 당신의 매장을 다시 찾는다면 처음 한 사람에게만 제품을 판매하고 끝내는 것보다 한층 가치 있는 일 아니겠는가? 당장의 매출보다 좋아요를 받는 데 초점을 맞추는 판매자는 결국 더 많은 장기적 기회를 창출해내는 셈이다.

새로운 인터넷 매출 주기가 탄생하다

불황이 장기화되고, 갈수록 특정 업종에 대한 편중이 심화되며, 인터넷에서 이루어지는 모든 클릭이 측정 가능해짐에 따라 판매자들은 웹과 이메일 마케팅을 통해 가입자 수와 매출을 끌어올려야 한다는 강박관념에 빠져들게 되었다. 하지만 뒤로 한 걸음 물러나 당장의 매출과 좋아요의 가치를 비교해보면 장기적 안목이 더 큰 수익을 가져온다는 사실을 깨달을 것이다.

이커머스: 당장 판매할 것인가, 당장 좋아요를 받을 것인가?

일반적으로 이커머스(e-commerce) 사이트는 수십, 수백, 수천 가지의 제품을 취급하며 그중 상당수는 선물용으로 판매된다. 이러한 사이트들은 방문자들로 하여금 최대한 많은 물품을 쇼핑카트에 담도록 하기 위해, 즉 당장의 매출을 극대화한다는 목표로 텍스트와 그래픽 하나하나를 치밀하게 최적화한다. 소셜 웹이 출현하기 전에는 이 전략도 타당성이 있었다. 하지만 이 사이트를 다른 방향으로, 다시 말해 방문자들이 최대한 많은 제품에 대해 좋아요 버튼을 누름으로써 좋아하는 제품을 다른 사람들에게 알릴 수 있도록 최적화한다면 어떨까? 좋아요 기능은 각 방문자의 기호를 영구적으로 기록하는 역할을 한다. 따라서 방문자의 친구들이 사이트를 찾아와 그가 좋아한다고 표시한 제품을 생일 선물로 구입할 수도 있다. 회사 입장에서 보면 당장의 매출은 줄어들 수도 있지만 장차 '전환율(conversion rate: 웹사이트 방문자 가운데 제품을 구매하는 등의 행동을 취하는 사람의 비율)'을 크게 높일 여건을 갖추게 될 것이다.

당신이 소비자라면 온라인에서 남편이나 아내에게 줄 선물을 고를 때 그(혹은 그녀)가 이미 관심을 보인 제품을 구매하지 않을 이유가 있겠는가?

전문적 서비스: 새로운 소개 방식으로서의 좋아요

현재 치과의사, 변호사, 회계사, 기타 전문직 종사자들의 웹사이트는 소비자가 전화를 걸도록(당장 행동을 취하도록) 설득하는 데 주력하고 있다. 하지만 만약 그들이 좋아요를 발생시키는 데 초점을 맞춘다면 어떻게 될까? 모든 전문직 종사자들이 시간을 내서 고객에게 이렇게 이야기하는 것이다. "저희 서비스에 만족하셨고 그 경험을 다른 이들에게 알리고 싶으시면 페이스북에서 좋아요를 눌러주십시오." 혹은 "궁금한 점이 있으시면 저희 페이스북 페이지에 질문을 남겨주십시오." 그러면 즉시 유용한 네트워크가 형성되기 시작할 것이며, 그들이 더 많은 사람들에게 알려지는 것은 물론 그들을 깊이 신뢰하는 고객층도 구축될 것이다. 1년 전만 해도 변호사나 회계사를 찾으려는 사람들은 주로 구글 검색을 이용했다. 검색어를 입력하면 구글 측에 비용을 지불하고 검색 결과 첫 페이지에 이름을 올린 전문가들이 나타났다. 하지만 이제는 변호사나 회계사를 찾을 때 페이스북 검색으로 믿을 만한 친구나 동료가 추천한 전문가를 찾을 수 있다. 변호사나 의사를 온라인에서 무작위로 고르는 것과 친구의 추천에 따라 고르는 것, 당신이라면 어느 쪽을 택하겠는가?

에드 주커버그 박사 (심지어 치과의사도 좋아할 만한 존재가 될 수 있다)

치의학 박사 에드워드 주커버그(Edward Zuckerberg)는 뉴욕 돕스페리에서 영업 중인 치과의사다. 또한 그는 페이스북의 설립자 겸 CEO 마크 주커버그(Mark Zuckerberg)의 아버지이기도 하다. 환자들에게 '고통 없는 닥터 Z'로 통하는 주커버그 박사는 어떤 종류의 비즈니스든 소셜 미디어를 적절히 활용하면 그 혜택을 누릴 수 있음을 보여주는 증인이다. 그동안 치과의사들은 항상 입소문을 통한 추천과 소개에 의존하여 고객을 늘려왔다. 하지만 이제는 소셜 미디어를 이용해 전보다 훨씬 매끄럽고 효과적으로 고객을 유치할 수 있다.

솔직히 대다수 사람들은 치과 가기를 달가워하지 않는다(미안해요, 닥터 Z). 당신이 나와 비슷한 사람이라면, 당신 역시 치과 가는 것을 조금이라도 즐겁게 여기기보다는 그럭저럭 참아낼 만한 필요악 정도로 생각할 것이다. 때문에 영리한 치과의사들은 접수대에 친절한 직원을 배치하고, 벽을 화사하게 칠하고, 재미있는 잡지와 읽을거리를 비치하고, 어린아이를 위한 장난감을 준비하는 등 병원을 최대한 '참을 만한 곳'으로 만들고자 많은 노력을 기울여왔다. 실제 병원을 방문하는 사람들에게 더 나은 경험을 제공하려는 이러한 노력들에 덧붙여, 주커버그 박사는 자신의 병원을 페이스북에서 더욱 좋아할 만한 곳으로 만들기 위한 조치들도 취했다.

처음 병원에 들어서면 다음과 같은 내용이 적힌 안내문이 보인다. "저희가 마음에 드세요? 그럼 페이스북 Facebook.com/PainlessDrZ에서 좋아요 버튼을 누르시거나 문자메시지 '좋아요 PainlessDrZ'를 32665번으로 보내시고 대화에 참여해주세요." 좋아요를 유도하는 데는 이 조치 하나가 다른 99퍼센트의 치과들이 취하는 그 어떤 방법보다 효과적이다. 대기실에 앉아 있는 사람들은 이른바 포로가 된 수용자다. 즉 이 대기 시간은 고객을 온라인 팬으로 전환할 절호의 기회인 셈이다. 하지만 전환 기회는 이것이 전부가 아니다.

주커버그 박사의 치과에서 예약 환자에게 보내는 알림 메일에는 치과 방문에 관해 궁금한 점이 있으면 페이스북을 통해 질문해달라는 콜투액션이 포함되어 있다. 또한 처음 방문하는 환자에게는 전화를 걸어 "저희 치과에 대해 더 자세히 알고 싶으시면 페이스북 페이지에 있는 소개 글을 봐주세요"라고 권유한다. 이러한 노력은 주커버그 박사의 치과를 처음 방문하는 환자들의 마음을 한결 편안하게 해줄 뿐만 아니라 더 많은 좋아요를 이끌어내는 수단이 되기도 한다.

지금까지 1,000명 이상의 환자가 닥터 Z의 페이스북 페이지에서 좋아요 버튼을 눌렀고, 덕분에 20명 이상의 새 환자를 얻었다. 심지어 나는 누군지 모를 페이스북 친구가 보낸 다음과 같은 메시지를 받기도 했다. "주커버그 박사를 좋아하신다고 한 것을 봤어요. 그분, 괜찮은 치과의사인가요?" 나는 "그럼요!"라고 답장했다.

다음 주에 그녀는 주커버그 박사의 치과를 찾아갔다.

기존 고객을 팬으로 전환하지 않으면 어떻게 될까?

기존 고객을 팬으로 전환하는 데는 리스크가 뒤따른다. 노련한 인터넷 판매자들은 소비자로부터 좋아요를 받는다고 해서 투자 대비 수익이 보장되는 것은 아니라고 주장할 것이다. 또한 페이스북에서 더 많은 좋아요를 받는 데 집중하면 자연히 당장의 매출은 감소할 수밖에 없다고 강조할 것이다. 그들의 주장에 따르면, 누군가가 좋아요 버튼을 누를 때마다 그만큼 '즉시 구매' 버튼을 누르는 사람은 줄어든다. 옳은 말일 수도 있다. 마케팅 전략의 초점을 좋아요 쪽으로 옮길 경우 처음에는 당장의 매출에만 집중할 때보다 전환율이 감소할 수도 있다. 하지만 어쩔 수 없는 일이다. 소셜 미디어 세상에서 존재감을 키우고자 한다면 시간과 에너지를 들여 우선 낮은 곳에 달린 과일, 즉 기존 고객을 비롯한 당신을 아는 사람들을 끌어들여 그들의 지지부터 받아야 한다. 일단 그 일에 성공하고 나면 그때부터 당신의 제품을 구매할 다른 팬과 팔로어도 생길 것이다. 하지만 처음에는 기존 고객에서 출발해야 한다.

우노 시카고 그릴: 한 통의 이메일로 10만 명의 팬을 얻다

우노 시카고 그릴은 가정 친화적 성격의 대규모 레스토랑 체인이다. 미국 전역에 점포가 있긴 하지만 대체로 북동부와 중서부 지역에 집중되어 있는 편이다. 딥디시(deep-dish) 피자로 유명한 우노는 매주 수천 명의 고객에게 다양한 종류의 점심 및 저녁 메뉴를 판매한다. 우노가 페이스북 페이지를 만든 지는 1년이 넘었지만 2010년 9월까지 우노의 페이지를 좋아하는 사람들은 3만 명에 불과했다. 분명 나쁘지 않은 수치이긴 하나 우노 매장을 찾는 고객의 수를 감안하면, 그리고 칠스(Chill's)나 애플비즈(Applebee's) 같은 경쟁 업체가 보유한 팬 수와 비교하면 결코 만족할 만한 수준이 아니었다. 우노 시카고 그릴은 팬 수를 대폭 늘리길 원했다.

우노는 자사 웹사이트와 매주 보내는 이메일 하단에 우노를 좋아해 달라는 콜투액션을 넣었다. 그러나 우노는 단순히 기존 고객에게 좋아요를 요청하기보다는 강력한 가치 제안이 담긴 정성 어린 이메일을 보낼 때 훨씬 효과적으로 고객의 행동을 이끌어낼 수 있으리라 판단했다. 그들은 전체 팬 수가 10만 명에 도달하면 모든 팬들에게 무료 애피타이저를 제공하겠다는 결정을 내렸다. 10만 명이면 지난 1년에 걸쳐 생겨난 팬의 세 배가 넘는 규모였다.

우노의 이메일에는 레스토랑을 방문하라거나 예약을 하라는 등의 콜투액선도 쿠폰도 없었다. 오직 다음과 같은 요청만 있었다. "페이스북에서 저희를 좋아해주시고 친구들과 함께 무료 애피타이저를 드세요. 팬 수가 10만 명이 되면 팬 전원에게 무료로 애피타이저를 드립니다."

메시지가 발송된 지 24시간도 안 돼 새로 1만 명 이상의 팬이 생겼다. 그리고 3개월 만에 목표였던 10만 명에 도달했다. 이 한 통의 이메일이 평소만큼의 매출을 발생시키지는 못했지만, 장기적으로 볼 때 그것은 중요한 문제가 아니었다. 수천 명의 사람들이 우노를 찾아 무료 애피타이저를 즐겼으며, 그들 중 대다수는 계속 매장에 머물며 저녁 식사와 디저트까지 먹었다. 그 결과 팬이 되어달라는 이메일을 보냈을 당시보다 훨씬 높은 매출을 올렸다. 한 통의 이메일이 커다란 보상을 가져다준 셈이다.

실천 과제

I. 팀원들과 함께 매출이 아닌 **좋아요**를 얻기 위한 가치 제안을 개발하라. 고객이 페이스북에서 당신을 **좋아해야** 할 이유는 무엇인가? 그럼으로써 그들은 어떤 이익을 얻는가? 가치 제안을 짧고 기억하기 쉬운 콜투액션으로 만들어 내려면 어떻게 해야 하는가? 직원, 벤더, 파트너에게 어떤 가치 제안을 제공할 것인가?

2. 브레인스토밍을 통해 이 콜투액션을 기존 마케팅 및 커뮤니케이션 관행에 통합시킬 다양한 방법을 모색하라. 떠오르는 것은 무엇이든 적어라. 그런 다음 즉시 실시할 수 있는 것은 무엇이며 시간을 두고 실시할 것은 무엇인지 결정하라. **좋아요**를 이끌어낼 방안을 운용 가능한 수준으로 구체화하라.

3. 고객을 비롯한 모든 이들에게 페이스북에서 당신을 **좋아하고** 트위터에

서 당신의 팔로어가 되어야 할 이유를 15초 길이의 엘리베이터 피치(elevator
pitch: 제품, 서비스, 조직, 가치 제안 등을 엘리베이터를 타는 정도의 짧은 시간 안에 설
명할 수 있도록 요약한 것–옮긴이)로 작성하여 설명하라. 그 이유는 당신이 **소비
자 입장**에서 생각했을 때도 공감할 수 있는 것이어야 한다.

소셜 미디어에서 좋아할 만한 존재가 되는 길을 여는 것은 기존 고객이다

일단 기존 고객이 당신을 좋아하게 되면 그때부터는 콘텐츠와 광고
및 홍보 활동을 활용할 추진력, 그리고 소셜 그래프에서 자연스럽게
발생하는 바이러스적 성질을 활용할 추진력이 생기기 시작한다. 하지
만 그것이 이루어지기 전까지는 외부와 단절된 진공 상태에서 듣고 말
할 수밖에 없을 것이다. 고객에게 그저 당신을 좋아해달라고만 하지
말고 왜 당신을 좋아해야 하는지 설명하라. 당신이 아닌 그들을 중심
에 두어라. 그러면 당신이 갈망하는 좋아요와 팔로어를 확보하여 소셜
미디어 네트워크와 매출 모두를 성장시킬 수 있을 것이다.

고객을 참여시켜라

:고객과 당신 사이에, 그리고 고객들 사이에
 진정한 대화를 조성하라

대학 시절 대형 강의실에서 한 번에 두 시간씩 이어지던 수업을 들은
적이 있는가? 아마 그런 수업 말고 훨씬 더 작은 강의실에서 워크숍이
나 토론 위주로 진행된 수업도 들었을 것이다. 어떤 유형의 수업이 더
욱 값지다고 느꼈는가? 말을 많이 하고, 친구들과 의견을 나누고, 더
많은 것을 배운 수업은 어느 쪽이었나?

  아무리 훌륭한 교수의 강의라 해도 대형 강의실에서 진행되는 수업
에는 분명 조는 학생들이 있었다. 하지만 수업을 진행하는 강사가 시
시해 보인다 해도(가령 대학원생이나 담당 조교가 수업을 맡은 경우) 소규모
토론 수업에서는 틀림없이 뭔가 배우는 점이 있었을 것이다. 수업에
적극적으로 참여해서 생각하고 이야기하며 의견을 나누었기 때문이
다. 함께 수업을 듣는 학생들과의 대화를 통해 아마 당신은 교수나 강

사에게서 배우는 것만큼이나 많은 것을 배웠을 것이다.

　참여적인 수업이 학생에게 더 큰 가치를 제공하는 것과 마찬가지로, 돋보이는 기업 및 단체는 소비자에게 끊임없이 자신의 말만 늘어놓기보다는 소셜 미디어를 이용하여 의미 있는 방식으로 고객을 참여시키고 대화를 장려한다. 조직과 소비자 사이, 소비자와 소비자 사이의 커뮤니케이션을 조성하는 기업은 과거 어느 때보다 모든 사람들이 긴밀히 연결되어 있는 오늘날의 세상에서 누구보다 큰 이익을 거두어들일 것이다.

아기에게 말하듯 하지 말고 어린아이와 대화를 나누듯이

　고객이 공개적으로 진정 참여하는 21세기형 모델은 과거의 마케팅 및 커뮤니케이션 모델과는 크게 다르다.

　당신이 자녀를 둔 부모라고 가정하자. 자녀가 아기일 때와 조금 자라 어린아이가 되었을 때 당신이 자녀에게 말하는 방식이 어떻게 달라질지 생각해보라. 아기는 당신의 말을 듣고 대답을 할 수 없다. 비언어적 단서를 통해 자기 기분은 드러낼 수 있겠지만 말이다. 꼭 당신의 말을 이해하는 것도 아니다. 그래서 훌륭한 부모인 당신은 아기에게서 반응을 이끌어내기 위해 '쇼'를 벌인다. 즉 아기의 미소나 웃음, 그 밖의 당신이 바라는 결과가 나올 때까지 아기에게 익살맞은 표정을 짓거나, 큰 목소리나 유치한 목소리로 말을 걸거나, 노래를 불러주는 것이다. 이 상황은 과거의 TV 광고와 비슷하다(아마 지금도 그럴 것이다). 광고 방송의 목적은 시청자의 관심을 끌고 일정한 반응을 야기하는 것이다. 그 목적을 위해 TV 광고는 흔히 유머, 폭력, 놀라움, 노래 등을 이용한다.

아기가 말을 할 수 있을 만큼 자라면, 모든 부모들이 알다시피 부모와 자녀 간의 역학 관계에 변화가 생긴다. 반가운 소식(동시에 반갑지 않기도 한 소식)은 자녀가 당신의 말에 대답을 할 수 있게 되었다는 점이다. 이제 당신은 아이에게 언어적 표현을 할 때마다 즉시 언어적 피드백을 받는다. 아이가 당신의 말을 알아들었는지, 그 말을 따를지 말지도 알 수 있다. 물론 때때로 부모는 아이가 하는 말이나 말을 하는 방식이 마음에 들지 않을 때도 있다. 하지만 부모로서 당신은 아이의 말에 반응해야 한다. 아이가 무엇을 표현하려 하는지 이해할 수 있게 됨에 따라 당신은 '앞으로 아이와 어떻게 소통할 것인가?'라는 문제에 대해 더 큰 책임과 의무를 짊어진다. 이제 당신은 아이에게 단지 말을 하는 것이 아니라 아이와의 관계를 형성해갈 것이다. 당신은 남은 인생에서 계속 이어질 대화에 참여한 것이다. 이것은 부모로서 당신이 해야 할 일의 일부분이다.

이 비유를 소셜 미디어의 출현으로 급속히 시대에 뒤떨어진 것이 되고 있는 마케팅 및 광고 형태와 관련지어 생각해보라. TV 광고와 같은 시끄럽고 비용도 많이 드는 광고 포맷은 더 이상 대화를 지배하지 못한다. 이미 TV 광고에는 대화가 존재하지 않기 때문이다. 대화는 소셜 네트워크에 존재한다. 그 대화에 수용자들을 직접 참여시킴으로써 당신은 현명하고 유연하게 그들의 말에 귀 기울이는 이들만이 수용자의 마음을 얻으리라는 사실을 깨달을 것이다. 현명한 판매자는 대화의 조성과 발전을 돕는다. 결코 뭔가를 강요하려 들지 않는다. 일방적으로 자신의 말만 늘어놓는 판매자는 소비자의 지지를 얻기 어렵다. 반면에 소비자를 참여시킨 판매자는 앞으로 평생 이어질 대화의 일부분이 될 것이다. 또한 이는 판매자의 책무 중 하나이기도 하다.

고객 관계 성장시키기

그렇다면 '참여한다(being engaged)'는 것의 진정한 의미는 무엇일까?

참여한다는 것은 고객이 하려는 말에 진정으로 관심을 두는 것을 뜻한다. 당신은 모든 종류의 피드백을 간절히 원할 것이다. 그것으로부터 더 나은 조직을 만드는 데 필요한 중요한 데이터를 얻을 수 있음을 알기 때문이다. 당신 회사의 직원 한 명 한 명은 자신의 모든 관심, 지성, 에너지를 당면한 직무와 고객에게 집중하는 동시에 회사의 사명과 핵심 가치를 지켜야 한다. 이메일이나 페이스북 혹은 트위터 메시지는 누구나 보낼 수 있지만 고객과 실질적으로 관계를 구축하려면 헌신과 집중이 필요하다.

단지 지금 '해야 할 일'이라고 해서, 책에서 봐서, 매출을 올려줄 것 같다는 생각이 든다고 해서 소셜 웹에 '참여할' 수는 없다. 참여하기 위해서는 우선 소셜 네트워크를 적극적으로 성장시키려는 노력이 고객과의 관계를 더 깊고 확고하게 만들어줄 것임을 진심으로 믿어야 한다. 고객 및 잠재 고객에게 깊은 관심을 두고 그들과 견실한 유대를 구축하는 것이 목표가 되어야 한다.

두 남녀가 결혼을 하기로 약속했을 때 우리는 그들이 '약혼했다 (engaged)'고 한다. 마찬가지로 고객과 관계를 형성하기로 결정한 기업은 진정으로 고객의 말이나 생각 또는 감정에 관심을 기울이기로 약속을 한 것이다. 이와 같은 관계는 여러 기업들이 고객을 바라보고 그 가치를 평가하는 기존의 방식에 근본적 변화를 요구할 것이다. 고객 서비스 부서를 만들거나 외부에 위탁하기보다는 당신이 직접 고객이 무슨 생각을 하는지, 그들의 기분은 어떤지, 당신에게 무엇을 바라는지 파악할 필요가 있다.

핵심 가치로 돌아가라

대다수 기업이 적어도 처음 설립될 당시에는 선의를 바탕으로 출발한다. 많은 경우 기업가가 처음 회사를 세우게 된 동기는 어떤 문제에 대한 해법을 제시하기 위해서다. 즉 기업이 처음부터 반드시 사람들을 돈이나 통계 수치로만 바라보는 것은 아니다. 하지만 조직이 성장해감에 따라 경영은 점점 더 어려워진다. 그렇게 되면 진정으로 온 힘을 다해 고객을 돕겠다는 처음의 마음가짐을 잃고 회사의 근본 및 핵심 가치로부터 이탈하기도 쉬워진다.

당신의 회사는 지금 어떤 상태인가? 진정으로 고객에게 관심을 기울이고 그들의 피드백을 소중히 여기는가? 회사의 마케팅 부문은 대형 강의실의 노교수처럼 활동하는가, 아니면 학생들을 이끌어 함께 깨달아가며 배우는 젊고 열의에 찬 조교처럼 활동하는가? 자신의 회사를 솔직하고 정확하게 평가하기는 어려울지도 모른다. 하지만 소셜 미디어 시대, 즉 고객과 직접적 관계를 구축하는 것만이 성공에 이르는 유일한 길인 이 시대에 살아남으려면 반드시 해야 하는 일이다.

만약 당신의 회사가 늙고 지친 대학교수 같은 상태라면 어떻게 해야 할까? 다행스러운 사실은 당신의 회사만 그런 것이 아니라는 점이다. 반면 다행스럽지 못한 사실은 회사가 지지자들과 진지한 관계를 구축하고 '소비자의 요구, 필요, 바람에 부응한다'는 처음의 핵심 가치로 돌아가려면 고위 경영진의 많은 노력과 헌신이 필요하다는 점이다. 정해진 규칙들을 따르면 분명 참여한 것처럼 보일 수는 있다. 하지만 단지 그렇게 보이기만 해서는 소비자에게 관심이 있는 척 가장만 하는 회사로 알려질 위험도 있다. 소셜 웹을 통해 오랫동안 지속될 관계를 형성하는 데는 진정성이 꼭 필요하다.

신뢰와 충성심에 입각한 커뮤니티를 구축하라

고객에게 귀 기울이고 관계를 형성하는 데 전념하면 당신과 고객 사이에, 그리고 고객과 고객 사이에 진정한 충성심과 신뢰감이 조성된다. 앞서 언급한 대학 비유를 떠올려보라. 대형 강의실의 수업에서 모든 학생이 지켜보는 가운데 교수의 견해에 마음 편히 반대 의견을 내놓을 수 있겠는가? 또 누군가가 반대 의견을 이야기한 뒤 그 의견을 지지한다고 편안하게 말할 수 있겠는가? 아마 당신뿐 아니라 대부분 학생이 마음 편히 그렇게 하기는 어려울 것이다. 날마다 교수 혼자서 이야기하고 학생들은 가만히 들으며 필기만 하게 되는 이유가 여기에 있다. 이러한 환경에서는 가치 있는 관계 혹은 학습을 경험하기가 어렵다.

하지만 강사가 수업 첫날에 모든 견해와 비판은 존중되며 대화와 반대 의견을 환영할뿐더러 장려한다고 분명히 밝힌, 또한 강사가 모든 학생의 이야기에 관심이 있음을 보여주고 학생들 역시 강사의 뜻에 관심을 보이는 소규모 토론 수업에서는 존중과 신뢰를 바탕으로 한 커뮤니티가 조성된다. 이 강사가 조교든 대학원생이든 전임 교수든, 그는 단순히 청중에게 강의를 하는 것이 아니라 토론을 창출하고자 하는 것이다. 학생들은 훨씬 편안한 마음으로 자신의 의견을 거리낌 없이 밝힐 수 있는 자율성을 부여받을 것이다. 그들은 아마 강사가 자리를 비우거나 수업이 끝난 뒤에도 대화를 이어가곤 할 것이다.

이와 같은 수업은 교수가 일방적으로 지식을 전수하는 수업보다 훨씬 큰 가치가 있는 커뮤니티를 구축한다. 만약 당신이 이러한 방식으로 진정한 커뮤니티를 구축하고 고객을 참여시킨다면, 그 커뮤니티는 당신의 브랜드에 지금 예상하는 것보다 한층 값진 가치를 가져다줄 것이다. 고객 및 잠재 고객의 마음을 끌고 그들을 브랜드 커뮤니티에 참여시키면 당신과 고객 사이에 신뢰감과 충성심이 생겨난다. 진실하고 참여적인 브랜드 커뮤니티는 블로그, 트위터, 유튜브 등 온라인 어느 곳에서나 살아남을 수 있다. 하지만 대다수의 브랜드 커뮤니티는 지배적 소셜 미디어 사이트인 페이스북 페이지에 존재한다. 브랜드 커뮤니티는 일반적으로 기업에 의해 시작되지만 적절히 운영되어 고객이 대화에 참여하면 자체적으로 생명력을 얻어 크게 도약할 수 있다. 당신이 팬에게 얼마나 적절히 이야기하느냐에 따라, 즉 제품 홍보보다는 대화를 촉진하는 데 얼마나 성공하느냐에 따라 당신의 커뮤니티가 얼마만큼 성장할지, 또 고객이 어느 정도로 당신을 신뢰하고 소중히 여길지가 결정된다.

고객 서비스 문제를 해결하는 고객

참여적 커뮤니티 구축으로 얻는 이점 중 하나는 고객들이 서로를 돕는다는 점이다. 페이스북이나 트위터에 고객들이 질문을 올리고, 피드백을 공유하고, 기업 및 다른 고객들과 상호작용할 수 있는 공간이 조성되면 신뢰와 충성심이 생겨나 커뮤니티 성장에 기여할 것이다. 당신이 제때에 진실한 태도로 고객의 질문에 답변한다면 그들은 그 점에 주목하고 높이 평가할 것이다.

소비자들이 접속하고, 불만을 토로하고, 정보를 공유하고, 배우고 성장할 공간이 제공될 경우 그들은 당신이 커뮤니티에 헌신하고 있음을 깨닫고 당신에게도 그러한 헌신을 돌려줄 것이다. 그때부터는 당신의 회사를 잘 모르는(하지만 매우 중요한 잠재 고객일 수도 있는) 누군가가 커뮤니티를 찾아와 질문을 올렸을 때 당신이 나서기 전에 커뮤니티의 다른 구성원이 먼저 답변을 할 수도 있다. 때로는 불만을 느낀 고객이 찾아와 항의하면 당신이 요청하지 않아도 커뮤니티 구성원들이 당신을 지지할 것이다. 손익 측면에서 이러한 요소들은 어느 정도의 가치를 발휘할까? 참여적 커뮤니티는 당신의 회사에 직원과 주주를 뛰어넘는 또 다른 이해관계자들을 탄생시킨다. 이들 이해관계자는 소셜 네트워크를 비롯한 곳곳에서 당신에 대한 지지를 보여줄 것이다. 회사의 명성과 인지도는 높아지고, 그 결과 당신의 온라인과 오프라인 커뮤니티는 번창할 것이다.

참여: 말하기는 쉽지만 실행하기는 어렵다

참여적 회사가 된다는 비전이 있다 해도 참여를 실제로 행동에 옮기기란 단지 논의만 하는 것에 비해 훨씬 어렵다. 당신이 작은 기업이나 단체의 리더가 아닌 한 즉각적으로 참여에 전념하기는 불가능할 것이다. 참여를 실행하려면 고위 경영진이 고객과의 상호작용 확대 및 커뮤니티 구축에 온 힘을 기울일 필요가 있다.

고객과 충실한 관계를 형성하지 않으면 당신의 회사에 커다란 피해가 발생할까? 적어도 당분간은 그렇지 않을 것이다. 하지만 점점 투명해져가는 소셜 세계에서 진정으로 참여하여 고객에게 관심을 두지 않는다면 회사 규모에 관계없이 단 한 건의 형편없는 고객 경험으로 회사의 평판이 완전히 무너지고 치명적인 손해를 입을 수도 있다. 만약 당신 회사의 고위 경영진이 참여적 커뮤니티 구축의 필요성을 아직 이해하지 못했다면 그들에게 '유나이티드가 기타를 부수네' 사례를 들려주기 바란다.

2009년 7월, 컨트리 가수 데이브 캐럴(Dave Carroll)은 유나이티드 에어라인(United Airlines) 비행기를 탔다가 자신의 기타가 망가지는 일을 당했다. 데이브는 보상을 요구했으나 유나이티드 측은 보상은커녕 사과조차 하지 않으려 했다. 데이브는 신속히 '유나이티드가 기타를 부수네' 동영상을 만들어 유튜브에 올려서 회사의 무책임을 비판했다. 동영상은 즉시 히트했다. 하루 만에 10만 명 이상이 그 동영상을 감상했다. 유나이티드의 대변인은 그제야 캐럴에게 전화를 걸어 기타 비용을 주겠다고 했지만, 그는 유나이티드의 제안을 거절하고 그 돈은 자신의 이름으로 자선단체에 기부하라고 요구했다. 유나이티드는 유튜브, 페이스북, 트위터 등을 통해 동영상에 공개적으로 대응하지 않았다. 동영상이 게시된 지 4일 만에 조회 수는 100만 회를 돌파했고, 이 사건은 전국 뉴스에도 보도되었다. 그 무렵 유나이티드 에어라인의 주가는 10퍼센트 하락하여 주주들에게 1억 8,000만 달러에 달하는 손해를 입혔다. 하지만 1년 반이 지나 동영상 조회 수가 900만 회를 넘어선 이후에도 유나이티드는 소셜 미디어를 통해 이 문제에 대처하지 않았다. 그들의 브랜드 평판은 여전히 손상된 상태다.

만약 유나이티드 에어라인에 소셜 미디어를 이용한 참여적 커뮤니티가 있었다면 피해가 그 정도로 심각해졌을까? 유나이티드에 대해 충성심을 느끼는 소비자가 많았더라면 온라인 위기가 심각해질 때 그들이 나서서 이 회사를 지지했을 것이다.

이외에도 비슷한 사례들은 무수히 많다. '모트린 엄마들(Motrin Moms: 지난 2008년 방송된 진통제 모트린 광고는 엄마들이 모트린을 복용하면 아기를 안고 다님으로써 생기는 통증을 막아준다는 내용을 담고 있는데, 아기를 짐처럼 여기고 아기 엄마들을 비하하는 뉘앙스를 풍겨서 소셜 네트워크에서 논란이 일었다-옮긴이)'이나 '잠든 컴캐스트 기술자(Comcast Technician Sleeping: 케이블 모뎀을 교체하기 위해 고객의 집을 방문한 컴캐스트 기술자가 본사의 연락을 기다리다가 소파에서 잠든 모습을 고객이 촬영하여 유튜브에 올렸다-옮긴이)' 등이 대표적인 예다. 이것 말고도 분명 유사한 사례가 더 있을 것이다. 사전에 미리 고객에게 관심을 기울이며 헌신한다면 어쩔 수 없이 참여할 수밖에 없는 상황은 모면할 수 있다.

비영리단체와 정부를 위한 참여

고객 참여는 기업에 값진 역할을 할 뿐 아니라 비영리단체와 정부에도 매우 중요하다. 소셜 미디어는 이러한 조직들이 이용하기에 안성맞춤이다. 비영리단체가 사명을 성공적으로 완수하려면, 또는 정부 조직이 성공적으로 계획에 착수하려면 지지층의 참여가 반드시 필요하다. 과거 비영리단체와 정부는 목표를 이루기 위해 오프라인에서 운동을 펼쳐야 했다. 서로를 지지하며 사명을 완수할 온라인 커뮤니티와 같은 호사는 누릴 수 없었다. 하지만 이제 유력한 비영리단체나 지방 정부는 페이스북이나 트위터 등을 이용하여 참여적 커뮤니티를 구축하고, 이를 통해 과거 어느 때보다 신속하고 효율적으로 모금을 하거나 긍정적 변화를 일으킬 수 있다. 당신의 회사에서도 이와 같은 효과를 누리려면 어떻게 해야 할까? 온라인에서 운동을 발전시키려면 어떻게 해야 할까?

뉴욕 시 금연 프로그램: 우연히 하게 된 참여

뉴욕 시 보건부(NYCDOH)는 세계에서 손꼽히는 대도시 중 한 곳인 뉴욕 시의 시민들에게 봉사하는 정부 기관이다. 뉴욕 시 보건부는 정부로부터 자금을 조달받아 다양한 공중보건 계획을 운영하는데, 그중 규모가 가장 큰 것은 금연 프로그램으로 담배를 끊으려 하는 이들에게 시에서 무료로 니코틴 패치를 지급하는 계획이다. 무료 패치를 받고자 하는 뉴욕 시민이 311번(뉴욕 시를 비롯한 여러 도시에서 긴급 상황이 아닌 평상시에 정부 서비스를 요청하기 위한 번호다)으로 전화를 건 다음 프로그램 참여에 필요한 자격을 갖추었는지 확인하는 일련의 질문에 대답하면, 집 주소로 패치가 발송된다. 뉴욕 시 보건부는 라이커블 미디어와 함께 일하기 전 몇 년 동안 무료 패치 프로그램을 시민들에게 알리기 위해 TV 광고, 라디오 광고, 지하철 포스터, 온라인 배너 광고 등 다양한 종류의 1차원 미디어(linear media: 수용자와의 상호작용이 불가능한 단방향 미디어—옮긴이)를 이용했다.

뉴욕 시 보건부가 페이스북을 처음 사용할 당시의 목표는 더 많은 뉴욕 시민들이 311로 전화를 걸게 한다는 것이었다. 보건부는 페이스북 페이지(Facebook.com/NYCquits)를 만든 뒤, 날마다 콘텐츠를 올리고 뉴욕 시민들이 올리는 질문과 의견에 응답하며 커뮤니티 구축에 힘썼다. 그 결과 보건부가 전통적 미디어에 투입한 비용은 지난해에 비해 줄어들었음에도 걸려오는 전화의 건수는 오히려 늘었다.

하지만 이 밖에도 뉴욕 시 보건부가 예상치 못했던 더욱 중요한 성과가 또 하나 있었다. 담배를 끊으려는 사람들이 서로를 돕는 온라인 협력 집단이 탄생한 것이다. 금연을 시도하는 수천 명의 뉴욕 시민들이 페이스북 페이지를 통해 상호작용을 하기 시작했다. 어떤 이는 일주일에 한 번, 어떤 이는 날마다 글을 올렸다. 사람들은 동기를 부여하고 격려하는 말을 서로 나누고 금연에 관한 조언과 정보를 공유하면서 필요한 도움을 주고받음으로써 유대를 형성해갔다. 보건부는 뜻하지 않게 참여적 커뮤니티를 조성하여 이 커뮤니티가 아니었으면 서로 낯선 사람에 지나지 않았을 시민들의 상호작용을 이끌어낸 셈이었다. 시민들은 진정으로 존중받는다는 기분, 누군가가 자신의 말을 경청해준다는 기분을 느끼면서 금연이라는 어려운 과제를 함께하며 서로를 돕는 데 관심을 기울였다.

보건부는 커뮤니티를 주시하다가 필요한 경우에 개입하여 스팸 메시지를 제거하거나, 시민들의 요청에 따라 '공식적' 조언과 지원을 제공하기도 한다. 하지만 금연하려는 시민들을 서로 돕고, 프로그램에 대해 널리 알리고, 보건부의 사명 완수에 기여하는 것은 주로 커뮤니티 구성원들이다. 이 커뮤니티는 보건부로부터 최소한의 방향만 제시받으며 지금도 계속해서 성장하고 있다.

스트라이드 라이트: 엄마들의 참여를 통해 변화를 이끌어내다

일정한 명분이나 사명이 있는 비영리단체 혹은 정부 조직은 운동을 펼치기가 비교적 쉽다. 하지만 믿음이나 공통의 관심사를 토대로 하나가 된 열정적 커뮤니티의 잠재력 또한 과소평가할 수는 없다. 이러한 온라인 집단 중 하나가 바로 엄마들의 모임이다. 이들은 대개 뭔가를 서로 공유하는 데 열성을 보인다.

스트라이드 라이트(Stride Rite)는 미국 전역에서 아기와 어린아이용 신발을 공급하는 유수의 신발 브랜드다. 이 회사의 제품은 소매점은 물론 온라인에서도 판매된다. 지난 2009년 회사는 페이스북에 더욱 참여적인 커뮤니티를 구축하기로 결정했다.

스트라이드 라이트는 이미 많은 사람들이 친근감을 느끼며 좋아하는 강력한 브랜드를 보유하고 있었다. 즉 고객과 브랜드 사이의 결속은 견고한 상태였다. 그러나 참여적 커뮤니티를 성공적으로 구축하려면 더욱 강력한 결속(엄마와 아기 사이의, 그리고 엄마들 사이의 결속)을 이용할 필요가 있었다. 이는 회사의 전략적 사고에 근본적 변화를 요구했다. 애초 계획했던 것보다 제품에 대한 강조는 줄이고 아이와 엄마들에게 더 중점을 둔 커뮤니티를 만들어야 했기 때문이다.

스트라이드 라이트가 계획한 온라인 대화는 2009년 말에 힘차게 시작된 뒤로 이 글을 쓰고 있는 지금까지도 왕성하게 발전하고 있다. 이제까지 7만 명 이상의 팬이 페이스북 커뮤니티(Facebook.com/striderite)에 가입했는데 그 대다수는 젊은 엄마들이다. 페이지를 방문해보면 고객들이 브랜드와, 혹은 다른 구성원들과 서로 대화하는 모습을 볼 수 있을 것이다. 대체로 신발 이야기는 드물고 아이에 관한 이야기가 주를 이룬다. 수천 명의 엄마들이 걸음마를 시작한 아기의 모습이 담긴 사진과 동영상을 올리고, 스트라이드 라이트는 언제나 그들의 의견이나 질문 또는 공통 화제에 응답한다. 또한 엄마들은 신발과 아무런 관련이 없는 육아 관련 질문들이 올라올 때마다 서로를 돕는다. 회사 역시 그러한 의견 교환을 적극 환영한다. 엄마들은 자율성을 얻은 기분, 대화에 참여한 기분을 느끼며 스트라이드 라이트 커뮤니티의 일부가 된 것을 자랑스럽게 여긴다. 그 결과 스트라이드 라이트는 제품 판매의 기회도 얻게 되었다. 계획에 착수한 이래 회사의 온라인 매출은 매주 꾸준히 증가하고 있다.

판매에 앞서 참여적 커뮤니티에 중점을 둠으로써 스트라이드 라이트는 7만 명의 브랜드 지지자들을 얻는 동시에 더 큰 장기적 매출을 발생시킬 수 있었다.

1. 당신의 회사가 소비자와 진정한 관계를 형성하는 소셜 미디어 프로그램을 실시하려면 어떤 자원을 투입해야 할지 파악하라. 회사의 규모에 따라, 온라인 소셜 커뮤니티를 조성하려면 기존 직원, 신입 사원, 외부 대행사 등이 많은 시간을 들여야 할 수도 있다. 진정한 참여를 이루고 사람들을 한곳에 모아 대화를 시작하기 위해 당신의 회사가 전념해야 할, 전념할 수 있는 대상은 누구인지 결정하라.

2. 온라인 커뮤니티 관리자를 채용하라. 이 관리자의 주요 임무는 참여적 커뮤니티를 구축하고 성장시키는 것이다.

3. 지금보다 참여적인 커뮤니케이션을 하기 위한 방법 다섯 가지를 적어라. 일방적으로 강의하는 노교수가 아닌 열정적인 워크숍 리더가 되려면 어떻게 해야 하겠는가?

참여의 과정은 하나의 조치에서 시작된다

당신의 조직이 이미 고객과 긴밀한 관계를 형성하고 있든 그것과는 거리가 먼 상태든, 더욱 깊은 참여를 이루는 과정은 한 사람, 하나의 조치에서 시작된다. 회사를 통째로 뒤집을 수 없다고 해서 소셜 미디어를 이용한 브랜드와 고객 간의, 고객과 고객 간의 대화를 조성할 수 없는 것은 아니다. 이제 더 이상은 이런저런 핑계를 대며 시간 끌지 말고 당장 반지를 사서 약혼을 하라(engaged).

부정적인 글에 신속히 응답하라

Chapter 6

당신은 팀원들 및 소셜 미디어 컨설팅 회사와 함께 몇 달에 걸쳐 노력한 끝에 소셜 미디어를 기존 비즈니스에 통합할 계획을 수립했다. 그에 따라 페이스북 페이지, 트위터 계정, 블로그를 만든 당신은 온라인 대화에 합류하여 이제 막 싹을 틔운 커뮤니티를 키워 나갈 생각에 한껏 들떴다. 몇몇 동료들 역시 회사와 고객 간의 관계 형성 과정에서 고객 참여가 중요하다는 사실에 공감하며 당신에게 지지를 보냈다. 그런데 이 모든 것의 발표를 하루 앞둔 날 밤, 당신은 극도로 흥분한 CEO에게서 걸려온 전화를 받는다.

"어디 말해보게. 사람들이 우리 페이스북 페이지에 안 좋은 내용을 올리면 대체 어떻게 할 작정인가? 우리가 그걸 지울 수도 있는 거겠지, 안 그런가? 만약 그런 부정적인 의견을 지울 수 없다면 우리는 아직 페이스북에 대한 준비가 더 필요하다는 게 내 생각일세."

대답은 간단하다. 부정적인 의견에 응답할 각오가 되어 있지 않다면, 그렇다면 맞다. 당신은 아직 페이스북을 할 준비가 되어 있지 않은 것이다. 만약 당신의 회사가 좋은 것, 나쁜 것, 불쾌한 것 모두를 받아들일 각오가 없다면 소셜 미디어는 당신에게 맞지 않는다고 할 수 있다. 하지만 비판에 대처하여 적절히 응답할 준비가 되어 있다면 사람들이 긍정적·부정적 의견을 올리는 소셜 네트워크 커뮤니티가 거대한 자산이 될 것이다.

통제할 수 없음을 받아들여라: 소셜 미디어에 올라오는 고객의 의견은 새로운 형태의 고객 평가표다

전에는 어떤 회사든 자사의 제품이나 서비스에 대해 고객의 의견을 묻는 고객 평가표를 사용했다. 아마 누구나 한 번쯤은 고객 평가표를 작성에서 수거함에 넣어본 기억이 있을 것이다. 소규모 회사나 레스토랑 중에는 아직도 이러한 고객 평가표를 사용하는 곳이 많다. 당신의 회사가 공식적으로 고객 평가표를 사용하든 사용하지 않든, 그것은 페이스북이나 트위터 또는 블로그 같은 온라인 소셜 미디어의 형태로 여전히 존재한다. 고객 입장에서 다행스러운 사실은, 오늘날의 고객은 과거 어느 때보다 커다란 권한을 누린다는 점이다. 어떤 회사나 전문가로 말미암아 부정적 경험을 한 고객은 스마트폰으로 '고객 평가표'를 작성하여 수백 명의 친구는 물론 전 세계의 수많은 사람들과 즉시 공유할 수 있다.

물론 기업 입장에서 생각하면 이는 분명 두려운 상황이다. 앞서 언급된 CEO와 마찬가지로, 마케팅과 홍보 책임자들 역시 질겁할 만한 문제다. 오랜 세월 동안 기업에 대한 대중의 인식을 통제하는 것은 커뮤니케이션 전문가의 몫이었다. 하지만 지금은 트위터 계정이나 페이스북 프로필만 있으면 자그마한 어린아이도 기업 이미지를 완전히 망쳐놓을 수 있다. 그렇긴 해도 판매자로서 당신이 일단 온라인상의 부정적인 글들을 통제할 수 없다는 사실을 기꺼이 받아들이고 나면 사람들의 비판에 대응할 계획을 수립하는 데 착수할 수 있을 것이다.

물론 비판을 외면할 수도 있다. 사람들이 부정적인 이야기를 한다는 사실을 받아들이려 하지 않는 기업들이 여전히 많다. 또한 부정적인 글을 삭제할 수도 있다. 당연한 얘기지만, 당신이 원한다면 당신의 페이스북 페이지에 올라오는 글은 무엇이든 삭제가 가능하다. 회사의 변호사가 부정적인 글이 올라오도록 방치한 웹 콘텐츠 발행사에 문서를 보내 글을 내려달라고 요구할 수도 있으리라.

하지만 사실 회사에 공식적인 페이스북 페이지가 있든 없든 부정적인 글을 완전히 차단할 방법은 없다. 그렇다면 피하기보다는 준비를 해서 부정적 피드백과 비판을 받아들이는 편이 낫지 않겠는가? 만약 당신이 앞의 예에 등장했던 흥분한 CEO와 같다면 너무 급진적이고 해로운 의견으로 들릴 수도 있겠다. 심호흡을 한 차례 하고 마음을 굳게 다지길 바란다.

삭제금지 규칙

삭제금지(Do-Not-Delete, DND) 규칙이란 외설적이고, 상스럽고, 편견에 차 있고, 누군가의 개인적이고 은밀한 정보를 담고 있지 않는 한 소셜 네트워크에 올라온 글을 결코 삭제하지 말라는 규칙이다. 이 규칙을 분명히 설명하려면 우선 이 규칙을 따르지 않았을 경우 벌어질 상황을 예시하는 것이 가장 좋은 방법일 듯하다.

자니 커스토머(Johnny Customer)는 주식회사 콘트롤프릭(Control Freak : '통제광'이라는 의미—옮긴이)의 페이스북 페이지에 다음과 같은 글을 올린다. "방금 내가 내야 할 돈보다 100달러나 더 부과된 청구서를 받았어요. 당신들은 일 처리가 엉망이에요!" 극도로 흥분한 CEO는 그 글을 당장 삭제해서 아무도 못 보게 하라고 지시한다. 글은 즉시 삭제된다. 그날 늦게 로그인한 자니 커스토머는 자신의 글이 삭제되었음을 알게 된다. 그는 회사가 자신의 항의를 검열했다는 사실에 격분하여 '나는 콘트롤프릭이 싫다! 그들을 보이콧한다!'라는 이름의 페이스북 그룹을 새로 만드는 한편, 이 회사에 대한 증오를 주제로 자신의 불쾌한 경험을 상세히 담은 노래를 동영상으로 만들어 유튜브에 올린다. 또한 트위터에 '#콘트롤프릭은형편없어'라는 해시태그(hashtag : 트위터에서 다른 사람들과 한 가지 주제에 대해 토론하고 싶을 때 붙이는 태그—옮긴이)를 붙인 글도 올리기 시작한다.

알고 보니 자니 커스토머는 학교에서 미식축구 팀 주장을 맡고 있으며 지역에서 인기 있는 록 밴드의 리드 싱어이기도 하다. 24시간도 채지나기 전에 수천 명의 사람들이 콘트롤프릭의 페이스북 담벼락에 부정적인 글을 올린다. 설상가상으로 고객들은 주문을 취소하고 매출은 감소한다.

물론 이 이야기는 극적으로 각색된 상황으로, 반드시 그렇게 된다는 말은 아니다. 하지만 아무리 실현 가능성이 높지 않다 한들 이와 같은 위험을 굳이 감수해야 할 이유가 있을까(지난 장의 '유나이티드가 기타를 부수네' 사례를 기억하라)? 요점은 다음과 같다. 즉 당신이 누군가의 글을 삭제했다면 당신은 그에게 "넌 엿이나 먹어"라고 한 것이나 마찬가지다. 이는 마치 누군가가 작성한 고객 평가표를 받아서 읽은 다음 그 사람의 면전에서 박박 찢어버리는 것과 다름없는 행위다. 고객에게 결코 그런 행위를 하고 싶지는 않을 것이다, 그렇지 않은가? 더구나 인터넷은 무한한 세계. 어떤 회사로부터 부당한 대우를 받았다거나 자신의 의견이 묵살되었다고 느낀 사람은 얼마든지 다른 곳으로 가서 불만을 토로하며 감정을 발산할 더 큰 에너지를(그리고 아마도 더 많은 동조자를) 얻을 수 있다.

무응답도 응답이다

일부 경영자들이 부정적인 글을 삭제하는 것 다음으로 선택하는 두 번째 본능적 반응은 아예 무시하는 것이다. 그들은 아마 "무시하고 내 버려두면 잠잠해지겠지" 혹은 "이 문제가 사실이라고 굳이 확인해줄 필요는 없어. 그러면 부정적인 인식만 더 심해질 테니"라고 생각할지도 모른다.

부정적인 글을 삭제하는 것이 고객 면전에서 평가표를 찢어버리는 행동이라면, 부정적인 글을 무시하는 것은 고객으로 하여금 전화기를 든 채 기다리게 하며 아무런 말도 하지 않는 것이나 마찬가지다. 전화를 아예 끊는 것보다는 낫지만 여전히 고객은 당신이 자신들에게 무관심하다는 인상을 받을 것이다. 더 큰 문제는 부정적인 글과 회사의 무응답을 본 다른 이들도 그 글을 올린 사람과 같은 인상을 받는다는 점이다. 고객의 글에 응답하지 않음으로써 당신은 "고객 의견은 우리에게 별로 중요하지 않다"라는 강력한 메시지를 보내는 셈이다. 기존 고객, 잠재 고객, 일반 대중 등 많은 이들이 회사의 무응답을 이러한 의미로 받아들일 것이다. 상황을 이처럼 악화시키지 않으려면 어떻게 해야 할까?

해법: 우선 공개적으로 신속히 응답한 다음 문제는 개인적으로 해결하라

앞서 언급된 상황에서 자니 커스토머는 청구서에 잘못 부과된 100달러의 요금에 대한 답변을 원했다. 그의 글에 회사는 어떻게 대응해야 할까?

우선 회사 담당자 중 한 명이 공개적으로 다음과 같은 글을 올린다. "문제를 겪게 해드려서 죄송합니다, 자니 씨. 저희가 보낸 개인 메시지를 보시고 문제를 해결하셨으면 합니다." 이 글에 이어서 곧바로 자니에게 개인 메시지를 보낸다. "불쾌한 경험을 하시게 해서 죄송합니다, 자니 씨. 계정 정보가 담긴 이메일을 wecare@controlfreakinc.com으로 보내주시면 최대한 신속히 문제를 해결해드리겠습니다."

공개적으로 신속한 답변을 남김으로써 당신은 해당 고객의 불만과 걱정에 대응했을 뿐만 아니라, 다른 모든 사람들에게 당신의 회사는 고객의 말에 귀 기울이며 지체 없이 문제를 해결하고자 노력하고 있다는 메시지도 전달한 셈이다. 또한 특정 고객의 문제를 개인적으로 다룸으로써 회사와 고객 사이에 벌어질 수도 있는(관련 당사자 누구에게도 좋을 것 없고 부정적 상황을 오래 지속시킬 수도 있는) 논쟁이 겉으로 드러나는 것도 막았다. 사과를 할 때는 반드시 고객의 이름을 언급하는 것이 좋다. 이는 고객에게 당신이 그를 이해하고 그에게 귀를 기울인다는 느낌을 주는 데 큰 도움이 된다. 우리는 모두 사람이며 누구나 실수를 저지른다. 아무리 화가 많이 난 고객이라도 이 사실은 인정할 것이다. 그러니 당신이 되도록 신속히 사과하고 문제를 해결하기만 한다면 고객도 금방 당신을 용서할 것이다.

조직 규모에 맞추어 고객의 불평을 제때 처리하기 위한 내부적·외부적 자원을 충분히 확보할 필요가 있다. 만약 예전부터 고객 평가표를 이용해왔다면 이미 평균적으로 어느 정도의 불만이 들어오는지 감을 잡고 있을 것이다. 과거의 고객 평가표는 대개 담당 부서로 보내져 그쪽에서 읽고 답장을 써서 보내는 식으로 처리되었으므로 고객은 일주일 뒤에야 답변을 받곤 했다. 하지만 온라인 세계에서는 모든 일이 훨씬 더 빠르게 이루어진다.

소비자의 입장이 되어 생각하라. 만약 당신에게 불만이나 의문이 있다면 회사 측이 얼마나 신속히 응답하길 예상 혹은 기대하겠는가? 당연히 즉시 응답받고 싶을 것이다. 그러니 당신도 고객에게 그렇게 해야 한다. 경험에 비추어 봤을 때, 부정적인 글이 올라오면 적어도 24시간 이내에 응답할 수 있을 정도의 자원은 반드시 갖춰져 있어야 한다. 설령 그 즉각적 응답이 "죄송합니다. 저희가 문제에 대해 조사한 뒤 72시간 내에 개인 메시지를 보내드리겠습니다"라는 내용에 불과하다 해도, 최소한 당신이 고객에게 관심을 두고 있으며 되도록 신속히 문제를 해결하려 한다는 점만큼은 알린 셈이다. 결국 분노한 고객도 우리와 똑같은 사람이다. 고객은 당신이 그들을 이해하고 그들의 말에 귀 기울여주기를 바라는 것이다.

'죄송합니다'는 유죄를 시인하는 말이 아니다

법무 담당 부서는 판매 담당자들이 페이스북이나 트위터에서 '죄송합니다'라고 말하는 것을 달갑지 않게 여기는 경우가 많다. 변호사들은 사과를 하면 죄를 인정한 셈이 되어 회사가 손해배상책임을 지게 된다고 굳게 믿는 듯하다. 물론 몇몇 분야는 다른 분야보다 규제가 훨씬 심해서 때때로 사과가 불가능한 경우도 있다(가령 1장에서 언급했던 제약 회사는 제품에 관해 온라인상으로 불만이 제기되어도 법적 제한 때문에 사과를 할 수 없다). 하지만 '죄송합니다'라는 말은 고객에게 회사가 자신의 말에 귀 기울인다는 느낌을 주고, 자칫 위태로워질 수도 있는 상황을 완화하는 데 큰 도움이 된다. 범법 행위를 했다고 인정하지 않으면서 사과를 할 수 있는 방법도 많이 있다.

- "이런 일을 겪게 해드려서 죄송합니다."
- "그런 기분을 느끼셨다니 저희도 유감입니다."
- "문제를 겪으셨다니 정말 죄송합니다."
- "많은 불만을 느끼신 것 같군요. 그 점에 대해 사과드립니다."

간결하면서도 진심 어린 사과는 좋은 출발점이 된다. 하지만 그 못지않게 중요한 점은 문제를 해결할 수 있어야 한다는 사실이다. 이는 곧 마케팅 및 홍보 부서가 고객 서비스 팀과 긴밀히 협력해야 고객의 불만을 제때 해결할 수 있다는 의미다. 기억하라, 고객은 당신이 어느 부서에 속해 있는지 신경 쓰지 않는다. 그들은 당신이 문제를 해결해줄 수 있는가 없는가에 관심을 둘 뿐이다. 고객 입장에서는 당신이 홍보 담당 직원이든 고객 서비스 직원이든 다를 게 없다.

온라인에서의 영향력에 따라 응답의 우선순위를 매겨라

"불만을 제기하는 모든 고객에게 응답하라"고 말하기는 쉽다. 물론 이것은 마땅히 기업의 목표가 되어야 하겠지만 언제나 이렇게 할 수 있는 것은 아니다. 규모가 너무 커서 모든 사람의 불만에 답변할 자원이 부족한 기업들도 있다. 이를테면 페이스북과 트위터 같은 온라인 소셜 네트워크 회사들 자체가 바로 그러한 예에 해당한다. 이들 회사는 저마다 수억 명의 사용자를 보유하고 있지만 직원 수는 2,500명 이하다. 이들이 고객의 모든 불만에 일일이 응답하기란 도저히 불가능하다. 만약 당신의 회사도 이런 상황에 처해 있다면 고객이 온라인에서 발휘하는 영향력에 따라 응답의 우선순위를 정하는 방법도 고려해볼 수 있다.

클라우트(Klout.com)를 비롯한 몇몇 서비스는 친구와 팔로어의 수를 토대로 사람들의 온라인상 순위를 매긴다. 예전에 기업들은 유명인이 작성한 고객 평가표에 조금 더 신속히 응답하기도 했다. 이와 마찬가지로 고객의 영향력에 따라 응답 시간에 우선순위를 둘 수도 있을 것이다. 만약 자니 커스토머가 4만 명의 트위터 팔로어를 보유하고 있다면 팔로어가 네 명일 때보다 당신 회사의 평판에 훨씬 심각한 피해를 입힐 수 있다는 것이 냉엄한 현실이다. 이 세상이 이상적 세계라면 당신도 모든 자니 커스토머의 불만에 응답할 수 있겠지만 지금의 당신에게는 그렇게 할 이상적 자원이 없다.

불만을 제기하던 고객이 지지자로

고객의 문제를 얼마나 효율적이고 효과적으로 해결하느냐에 따라 당신의 브랜드를 증오하던 사람을 찬양자로, 그리고 주요 지지자로 탈바꿈시킬 수 있다. 만약 앞에서 등장했던 콘트롤프릭 사가 자니 커스토머에게 즉시 응답하고 그의 불만을 수월하게 해결했다면 어떻게 되었을까? 회사에 대한 자니의 생각도 달라졌을 것이다. 아마도 회사의 태도에 감동받고 만족한 그는 주변 동료들에게 콘트롤프릭 사를 적극 추천했을 것이다. 다음은 불만에 찬 버라이즌 고객에 관한 실제 사례다.

피오스의 적에서 피오스의 팬으로

버라이즌 피오스(FiOS)는 포춘 500대 기업인 버라이즌이 미국의 일부 지역에서 판매하는 TV, 인터넷, 전화 결합 상품이다. 피오스 페이스북 페이지의 팬들은 2008년부터 버라이즌의 마케팅, 홍보, 고객 서비스 자산 역할을 하고 있다. 처음 개설될 당시 이 페이지는 버라이즌 피오스의 마케팅 및 홍보 계획을 위한 지역적 지원을 제공하는 것이 목표였다. 하지만 고객들은 페이지에 게시되는 마케팅 및 홍보 자료보다는 대개 그들 자신이 겪는 서비스 문제에 더 관심을 보이게 마련이다. 또한 그들은 문제를 공개적으로 공유하는 데도 거리낌이 없다. 피오스 팀은 버라이즌의 정책과 절차에 입각하여 언제나 그러한 고객 문제를 신속히 해결하고자 노력해왔다. 이 페이지에서 오간 상호작용 가운데 특히 내 마음에 든 내용은 2009년 3월 22일에 다음과 같은 글을 올렸던 레이 엄스톳-에이놀프(Ray Umstot-Einolf)의 사례다.

> 이봐요 버라이즌, 왜 내 돈을 돌려주지 않는 겁니까!!! 나는 버라이즌 번들에 가입하고 매달 300을 내고 있어요. 그런데 내 서비스 요금은 120이 되어야 맞는 것 아닙니까? 이것 때문에 매달 전화를 하는데 문제는 전혀 고쳐지질 않는군요. 웃기는 건 나와 똑같은 문제를 겪고 있는 사람들이 열 명도 더 된다는 거예요. 처음 얘기한 요금이랑 다른 금액을 청구해놓고 당신들의 잘못을 시인하면서도 돈은 돌려주지 않다니, 이런 거지 같은 경우가 어디 있습니까!!! 곧 소송을 제기할 겁니다. 그럼 좋은 하루 보내십시오, 이런 사기꾼들 같으니!!!

버라이즌의 팀원들은 한숨을 내쉬며 어떻게 대처해야 할지 고민했다. 사실 이런 불평을 여러 사람들이 사실로 믿을 것을 두려워한 나머지 '삭제' 전략을 제안한 사람도 두어 명 있었다. 하지만 침착하게 대처해야 한다는 의견이 우세했던 터라 결국 삭제금지 규칙을 따르기로 했다. 그들은 이렇게 응답했다.

> 문제를 겪게 해드려 정말 죄송합니다, 레이 씨. 일단 개인 메시지를 보냈습니다. 그리고 곧 저희 쪽 사람이 연락을 드릴 겁니다. ―데빈(Devin),

팬즈 오브 피오스(Fans of FiOS)

레이는 고객 지원 팀과 직접 접촉하게 되었다. 며칠이 지난 뒤에도 버라이즌은 레이가 처음보다 더 심한 글을 올리지는 않을까 우려하고 있었다. 그러던 중 2009년 3월 26일에 레이가 다음과 같은 글을 올렸다.

청구서 문제를 해결해준 팬즈 오브 피오스에게 감사를 드리고 싶습니다. 데빈은 아주 멋진 분이었습니다. 도움을 준 그녀에게 고마움을 전합니다. 그녀 덕분에 지역 관리자가 오늘 전화를 했고, 청구서를 검토해서 바로잡아줬습니다. 고맙습니다!!!
그리고 분명히 말하건대, 저는 피오스 서비스가 정말 마음에 듭니다. 익스트림 인터넷(Extreme Internet) 패키지를 통해 뭔가를 다운로드하거나 게임을 즐길 때마다 저는 너무 재밌어서 펄쩍펄쩍 뛰곤 합니다. 버라이즌 피오스에 감사합니다. 우리에게 더 이상 크룩캐스트(Crookcast: 케이블TV 회사이자 인터넷 서비스 제공 업체인 컴캐스트를 비하해서 부르는 말. '크룩'은 사기꾼이란 뜻—옮긴이) 따윈 필요 없어요.

두 개의 글을 올린 레이가 같은 사람이란 사실을 믿기 어려울 정도다. 하지만 분명 레이는 버라이즌과 수천 명의 수용자가 지켜보는 가운데 이 두 개의 글을 올렸다. 증오에 가득 차 광분하던 레이는 불과 며칠 만에 더할 나위 없이 열렬한 지지자가 되었다. 이 사례에서는 고객 서비스와 마케팅이 경계를 허물고 하나가 되었다. 그 덕분에 버라이즌은 막대한 홍보 효과와 더불어 '믿을 수 없을 만큼 만족스러워하는 소비자'라는 성과를 얻었다.

고객에게 놀라움과 기쁨을 주는 응답

사과의 뜻을 담아 응답하고 문제를 신속히 해결하는 것은 필수적인 일이다. 하지만 비공개로 처리되던 과거의 고객 평가표와는 달리 소셜 미디어는 내용이 모든 사람에게 공개된다는 속성이 있는지라 응답의 중요성도 더욱 커진다. 단지 문제를 해결하는 것 이상의, 고객의 기대를 뛰어넘는 대응 방법은 없을까? 이메일을 통해 보너스 선물을 보내거나, 잘못 청구된 금액을 고객에게 미리 알리지 않고 환불한다거나, 다음 달 서비스 요금을 대폭 할인해주는 등의 방법이 있을 것이다. 이밖에 또 무엇이 있을지 창의적으로 숙고하여 시도해보기 바란다. 그러면 그 고객의 다음번 글은 당신의 회사가 얼마나 놀라운 곳인지 극찬하는 내용이 될 수도 있다.

고객에게 놀라움을 선사한 1-800-플라워즈닷컴

1-800-플라워즈닷컴은 온라인이나 전화 주문을 받아 꽃을 비롯한 다양한 선물을 전국 각지의 고객에게 배달하는 회사다. 서비스는 1년 내내 제공되지만 1년 중 가장 바쁜 두 주는, 다들 예상하겠지만, 밸런타인데이와 어머니날 주간이다.

이 회사의 온라인 커뮤니티에서 오가는 대화는 대부분 긍정적인 내용이지만, 때때로 고객의 불만이 제기될 때는 우리 라이커블 미디어가 고객 서비스 팀과 협력하여 대응한다. 두 번의 주요 휴일을 보내는 동안에는 다른 경쟁사들도 저마다 광고에 열을 올리는 터라 매출도 상승하고 경쟁도 치열해진다. 특히 이 기간에 우리는 고객 불만에 반드시 응답하고자 노력한다. 아무리 사소한 불만이라도 금세 눈덩이처럼 불어나 매출에 부정적 영향을 심하게 미칠 수 있기 때문이다.

1-800-플라워즈닷컴은 2010년 주요 휴일을 맞아 페이스북 커뮤니티 쪽의 직원 수를 늘리기로 했다. 하루 24시간, 일주일에 7일 내내 커뮤니티를 주시하며 어떤 불만이 올라오든 한 시간 안에 공개적으로 답변했다. 또한 고객의 문제를 해결하는 데서 한 걸음 더 나아가 해당 고객이 주문한 것보다 더 큰 꽃다발, 더 값비싼 제품을 배달했다. 누군가 이 상황을 악용할 가능성도 있었기에 위험 부담이 따르는 일이었다. 이윤이 줄어들 가능성도 높았다. 하지만 결과는 대성공이었다. 제기된 불만의 수는 과거와 별 차이가 없었지만 플라워즈닷컴은 불만에 신속히 응답했고, 제품이 도착하자 받은 사람이나 보낸 사람 모두 깜짝 놀라며 기뻐했다. 그들 중 다수는 온라인 커뮤니티에 다시 글을 올렸다. 이번에는 전보다 훨씬 긍정적인 내용이었다. 플라워즈닷컴의 추가 지출은 이 중요한 시기에 브랜드 평판을 높이는 데 크게 기여했다.

실천 과제

I. 소셜 네트워크에 올라오는 부정적인 글에 응답하기 위한 자원을 어떻게 배분할 것인지 결정하라. 고객 불만을 처리하는 것은 마케팅 부서의 책임인가, 고객 서비스 부서의 책임인가, 대행사의 책임인가, 아니면 이 세 곳 모두의 책임인가?

2. 고객에게 신속하고 공개적으로 응답하기 위한 계획을 수립하라. 변호사와 협력하여 최대한 고객 친화적이면서 법률적으로도 문제가 없어 보이는 표현을 개발하라.

3. 부정적인 글을 제때 관리하는 데 필요한 자원을 충분히 보유하고 있는지 확인하라. 올라온 글에 응답하는 데 그치지 않고 실질적으로 문제를 해결할 수 있을 정도의 자원을 확보해야 한다.

4. 부정적 상황에 긍정적으로 대응하고, 고객 불만을 해결하여 그들의 마음을 돌리고, '놀라움과 기쁨'을 이용하여 자칫 부정적 결과를 낳을지도 모르는 상황에 변화를 일으킬 방법 다섯 가지를 적어라.

고객 불만은 피할 수 없다는 사실을 받아들이고 신속히 대응하라. 그러면 고객도 당신을 받아들일 것이다

세상에 완벽한 인간은 없다. 그러므로 완벽한 조직도 없다. 당신의 회사도 분명 실수를 저지를 것이며, 소셜 네트워크 덕분에 전 세계에 그 사실이 순식간에 퍼져 나갈 수도 있다. 하지만 당신은 세상에 당신이 얼마나 신속히 고객에게 응답하는지 보여줄 능력도 있다. 사과의 뜻과 해결책을 담아 신속하고 진실하게 응답한다면 당신의 평판에는 아무런 흠집도 생기지 않을 것이다. 이에 더해 고객의 문제를 해결하며 추가적 보상까지 제공한다면 응답 및 고객 서비스를 마케팅 자산으로 탈바꿈시킬 수도 있을 것이다.

긍정적인 글에도
응답하라

"실례합니다." 옷을 잘 차려입은 여성이 당신이 일하는 백화점의 통로에서 말을 건다. "그동안 이 회사가 제게 해준 모든 것에 대해 고맙다는 말을 하고 싶어서요. 저는 오랫동안 이 백화점을 이용해왔고 아주 만족하고 있어요. 이곳은 제 삶에 큰 기쁨을 가져다줬어요. 고마워요, 앞으로도 계속 좋은 서비스 부탁할게요." 당신은 멍한 표정으로 그녀를 바라보다가 매장 어딘가에 불평하는 고객이 있지는 않을까 하는 생각에 급히 몸을 돌려 자리를 뜬다.

물론 결코 일어날 리 없는, 말도 안 되는 상황이다. 만족을 표하는 고객을 그렇게 대할 판매자는 없을 것이다. 아마 당신은 두 팔 벌려 환영의 뜻을 표하며 그녀가 이야기를 더 하도록 권할 것이다.

그렇다, 당신은 행복해하는 고객들을 반갑게 맞이할 것이다. 그들은 당신이 어떤 점을 잘하고 있는지, 당신의 조직이 중요시하는 것이 무엇인지 상기시켜준다. 또한 그들은 계획을 통해서는 얻을 수 없는 마케팅의 가장 중요한 부분이기도 하다. 만족한 고객에게서 비롯되는 입소문과 대화는 예나 지금이나 무엇보다 강력한 마케팅 도구다.

그럼에도 날마다 소셜 네트워크에 올라오는 수백만 개의 긍정적 의견들은 아무런 주목도, 응답도 받지 못하고 있다. 대다수 대기업의 페이스북 페이지를 찾아가보면 사람들이 올린 경험담, 질문, 제품이나 서비스에 대한 칭찬 등이 보일 것이다. 하지만 거의 언제나 답글은 없다. 기업에 이들 게시물을 처리할 자원이 부족한 것일까? 부정적인 글에 대해 방어적 자세를 유지하는 데 너무 중점을 둔 나머지 모든 글에 전혀 응답하지 않기로 작정한 것일까? 기업들은 긍정적인 글에 응답하는 데 어떤 가치가 담겨 있는지 보지 못하는 것일까?

이유가 무엇이든 그들은 실수를 저지르고 있는 것이며, 이는 당신의 회사에 유리한 일일 수 있다. 당신의 조직이 부정적인 글뿐만 아니라 긍정적인 글에도 관심을 기울이기 시작한다면, 그것은 곧 경쟁에서 남들보다 앞서는 것이다. 다른 회사들이 온라인 소셜 네트워크를 통해 고객 및 잠재 고객과 훌륭히 상호작용하지 못하는 상황에서 당신의 회사가 모든 글에 적절히 대응한다면 소비자에게 다른 회사보다 훨씬 좋은 인상을 심어줄 것이다.

감사의 말 한마디가 큰 효과를 발휘한다 – 창의적으로 접근하라!

불만에 찬 고객에게 하는 '죄송합니다'라는 말과 마찬가지로, 좋은 이야기를 해주는 고객에게 하는 '감사합니다'라는 한마디 말 또한 큰 효과를 발휘한다. '감사합니다'에는 "당신은 소중합니다", "우리는 당신의 말에 귀 기울이고 있습니다", "우리는 당신에게 고마움을 느낍니다"라는 의미가 담겨 있다. 이때 고객에게 전하는 말 속에 개성을 부여해서 브랜드 고유의 독특한 성격을 표현한다면 더할 나위 없이 좋다.

소셜 웹상의 브랜드 개성을 개발하라

브랜드 개성은 회사를 대중 앞에 드러낼 때 브랜드에 인간적 특성을 불어넣음으로써 형성된다. 브랜드의 개성은 그 브랜드를 다른 브랜드보다 돋보이게 해주며 당신의 회사에 고유한 특성을 부여하여 소비자와 더욱 직접적이고도 인간적으로 교류할 수 있게 해준다. 예컨대 당신이 고객의 글에 응답할 때 사용하는 어조(또는 단어)는 브랜드의 개성을 형성하는 데 크게 기여한다. 다음은 고객이 올린 긍정적인 글에 감사를 표하는 몇 가지 방법을 나타낸 것으로, 각각 브랜드의 개성을 드러내고 있다.

- "정말 고마워요, 자니. 당신이 최고예요!"
- "시간을 할애해 얘기해주셔서 감사합니다."
- "우리를 좋아해줘서 고마워요. 우리도 당신이 좋아요.☺"
- "피드백에 감사드립니다, 자니 씨. 저희는 늘 귀 기울이고 있습니다."

- "올려주신 글 고맙습니다. 계속해서 좋은 얘기 많이 퍼뜨려주세요!"

오늘날에는 과거 어느 때보다 고객의 긍정적 피드백에 감사를 표하기가 쉬워졌다. 소셜 웹을 통해 고객과 직접적으로 소통하는 동시에 대중에게 표현되는 브랜드 개성에 당신이 진정으로 주의를 기울이고 있음을 보여준다면 기존 고객 및 잠재 고객의 호감을 얻을 것이다.

당신의 브랜드와 잘 어울리는 언어로 응답하라

언어는 브랜드 정체성을 결정하는 중요한 부분이다. 은행이 고객에게 사용하는 언어가 피자 가게의 언어와 같겠는가? 소아과 의사가 환자와 건강 상태를 논의할 때 사용하는 언어가 암 전문의의 언어와 같겠는가? 만약 어떤 대형 브랜드가 10대 청소년 고객을 표적으로 설정해놓고서 성인 대상 광고에서 사용하는 것과 같은 언어를 쓴다면 결과가 어떻겠는가? 고객을 직접 대면할 때 혹은 광고나 마케팅을 실시할 때 대상 고객이 누구이며 회사가 어디에 중점을 두느냐에 따라 다른 언어를 사용하듯, 소셜 네트워크에서 고객에게 응답할 때도 어떤 언어를 사용할 것인지 필히 고려해야 한다.

칠 존: 브랜드의 분위기를 확립한 사례

페이스북이나 트위터에서는 상대방과 얼굴을 맞대고 대화할 때처럼 목소리로 다양한 감정을 전하거나 비언어적 커뮤니케이션을 이용할 수 없기 때문에 글의 어조가 굉장히 중요하다. 다음 두 문장을 읽었을 때 느낌이 어떻게 다른지 생각해보라.

"귀하가 보내주신 피드백에 깊이 감사드립니다.

저희를 지지해주셔서 감사합니다."

VS.

"고마워, 친구. 정말 멋진데!"

당신 회사의 브랜드는 어떤 성격을 띠고 있는가? 진지한가, 아니면 익살맞은가? 다정한가? 유머러스한가? 엉뚱하고 별난가? 따뜻한가? 더 중요한 점은, 당신의 고객 및 잠재 고객은 어떤 부류에 속하는가? 젊고 모험심 강한 성인인가, 아니면 신중하고 진지한 고령자인가? 재미있게 놀기 좋아하는 10대들인가, 걱정 많은 엄마들인가, 시간에 쫓기는 비즈니스 전문가인가, 아니면 그 밖의 범주에 속하는 사람들인가? 수용자의 특성을 고려해 당신이 사용하는 말과 응답 방식을 선택해야 한다. 부정적인 글뿐만 아니라 긍정적인 글을 대할 때도 마찬가지다.

브랜드 특유의 어조가 잘 드러난 페이스북 페이지의 예로는 컴벌랜드 팜즈 칠 존(Cumberland Farms Chill Zone)을 들 수 있다(Facebook. com/ChillZone). 컴벌랜드 팜즈는 미국 북동부 지역을 중심으로 11개 주에 걸쳐 600개의 점포를 보유한 편의점 체인이다. 칠 존은 스스로를 "컵 사이즈에 관계없이 단돈 79센트로 당신이 생각할 수 있는 모든 종류의 음료를—청량음료든 얼린 음료든—혼합할 수 있게 해주는 세계 유일의 장소"로 소개한다. 칠 존은 사실상 10대만을 표적으로 삼고 커뮤니케이션 전반에서 '무례한' 이미지를 브랜드 특성으로 유지하고 있다. 그래서 고객이 칠 존에서 음료를 마신 경험담을 페이스북에 올리면

그림 7.1

Ben ▮▮▮▮ sometimes, I just lay under the faucet and chug chill zone until i pass out
November 1 at 3:43pm · Like · Comment

👍 3 people like this.

Cumberland Farms Chill Zone Hahaha what a baller.
November 1 at 3:50pm · Like · 👍 1 person · Flag

벤: 가끔은 그냥 음료 기계 밑에 드러누워서 기절할 때까지 칠 존을 들이키죠.

컴벌랜드 팜즈 칠 존: 하하하, 멋진 친구군.

회사의 공식 응답에도 "피드백을 보내주셔서 감사합니다"보다는 주로 "멋진데, 친구!", "힘내라!", 혹은 〈그림 7.1〉과 같은 표현이 사용된다.

호의적인 말은 계속 퍼뜨려라

페이스북은 마케팅 역사상 사용자들의 자발적 참여에 의한 입소문 전파 효과, 즉 바이러스적 성격이 가장 강한 플랫폼이다. 대다수 판매자들은 부정적인 글이 확산되는 것을 억누르거나 제한하는 데만 너무 신경을 쓴 나머지 긍정적인 글을 퍼뜨릴 때 발생하는 효과는 제대로 보지 못한다. 사람들은 그들이 알고, 믿고, 좋아하는(일반적인 의미로든 온라인상의 '좋아요'든) 제품 및 서비스를 구매할 가능성이 높다. 따라서 그들은 당신의 회사에 관해 부정적인 것보다는 긍정적인 것을 보고 싶어 한다. 회사에 관한 긍정적 입소문을 더욱 확대하고 촉진하고자 한다면 온라인 소셜 미디어가 그 목표를 대규모로 이룰 수 있는 최선의 수단이 될 것이다.

오프라인 세계에서는 고객이 긍정적 피드백을 보냈을 때가 소개를 요청할 절호의 기회다. "저희에게 소개해줄 만한 친구 분은 안 계신가요?" 혹은 좀 더 완곡하게 "감사합니다. 친구 분들께도 많이 알려주세요"라고 할 수도 있다.

페이스북에서는 칭찬을 들었을 때가 "감사합니다, 이 페이지를 친구들에게도 추천해주세요(프로필 사진 아래의 링크를 클릭해주세요)"라고 말할 최적의 기회다. 페이스북 사용자는 평균적으로 130명의 친구가 있지만 어떤 이들은 친구가 5,000명이나 된다! 따라서 당신의 제품에 만족한 고객에게는 마찬가지로 당신의 페이지에 관심을 두고 지지를 보내줄, 그럼으로써 칭찬의 선순환을 조성할 친구들이 적지 않게 있을 가능성이 높다.

트위터 역시 상황은 비슷하다. 트위터에서 긍정적 피드백을 받았다면 그 사용자에게 답장을 보내고, 리트윗을 부탁하고, 그의 팔로어들에게도 당신을 알려라. 트위터 사용자에게는 평균적으로 120명의 팔로어가 있으며 일부 사용자는 5만 명 이상을 보유하고 있다. 다시 한번 말하지만 트위터에서 받은 하나의 추천은 새로운 팔로어층을 구축하는 데 큰 도움이 될 수 있다.

하지만 당신이 적극적으로 당신을 팔로잉하고 상호작용하는 고객들을 알아보고 그들 한 명 한 명에게 감사하지 않으면 이러한 성과도 결코 이루어질 수 없다는 사실을 유념하라.

온라인상의 상호작용은 대화다 – 이야기를 지속하라

고객 평가표를 사용하던 시절에는 대체로 기업들이 고객의 불만에 대해서만 응답했고, 그중 특히 뛰어난 기업들은 모든 종류의 의견에 답장을 보내기도 했다. 그리고 답장을 보낸 단계에서 커뮤니케이션이 끝났다. 그러나 소셜 네트워크에서는 대화가 영원히 이어진다. 일단 고객이 올린 첫 번째 글에 응답하고 나면, 그 고객과는 이후로도 계속해서 관계를 형성해 나갈 수 있다. 앞으로 상황이 어떻게 전개될지 누가 알겠는가? 고객이 올린 글을 단지 답변만 하고 끝낼 대상으로 보지 말고 지속적인 의견 교환의 과정으로 간주하라. 만족한 고객에 의해 공개적 대화가 시작되었으면 여러 사람의 눈에 잘 띄는 상태로 최대한 오랫동안 지속해야 한다. 대화를 계속 이어 나가려면 어떻게 해야 할까? 긍정적인 글을 올린 고객에게 놀라움과 기쁨을 선사하려면 어떻게 해야 할까?

한 개의 트윗이 일자리로 이어지다

세이지 노스 아메리카(Sage North America)의 에이미 어틀리(Aimee Ertley)가 소개한 사례는 만족한 고객과 대화를 이어가는 방법을 보여 준다. 세이지는 미국 전역에 영업소를 두고 비즈니스 관리를 위한 소프트웨어 및 서비스를 제공하는 그룹이다. 세이지의 피치트리 어카운팅(Peachtree Accounting) 제품 마케팅 팀은 페이스북과 트위터에서 왕성히 활동하며 제품 관련 온라인 커뮤니티 또한 적극적으로 운영하고 있다. 어틀리는 내게 다음과 같은 얘기를 들려주었다.

지난 가을, 앤드루 옐리스(Andrew Yellis)라는 학생이 수업 시간에 우리 회사에 관한 트윗을 올렸어요. 우리 소셜 미디어 팀은 그의 글을 본 다음 답장을 보냈고, 기말 고사를 보는 데 도움이 되길 바란다는 뜻에서 그에게 감사 선물도 전했어요. 그러자 앤드루는 이 일에 대해 블로그에 글을 올리며, 세이지는 "세련된 것이 뭔지 안다"고 했죠.

올해 초, 우리는 소셜 미디어의 위력과 중요성에 관해 내부 회의를 개최하고 그 자리에 앤드루를 초대했어요. 회사에 머무는 동안 그가 인턴 사원 근무에 관심이 있다고 하더군요. 그렇게 해서 앤드루는 우리 회사의 인턴 사원이 되었어요. 올여름에는 놀라운 성과를 보여주기도 했죠. 결국 앤드루는 트윗 하나로 재미있는 선물, 인턴 직, 소중한 경험을 얻은 셈이에요. 그리고 세이지는 훌륭한 여름 인턴 사원과 열성 팬을 얻었죠.

물론 이 모든 일이 정말로 '트윗 하나' 덕분에 일어난 것은 아니었다. 회사가 온라인상의 모든 글에 응답하겠다는 긍정적 태도로 학생의 트윗에 답장을 보내고, 각별한 노력을 기울여 대화를 이어간 덕분에 이루어진 일이었다. 방금 당신의 페이스북 페이지에 글을 올린 고객이 장차 회사의 중요한 직원이 될지 누가 알겠는가?

브랜드 대사의 활동을 촉진하라

모든 소기업은 소수의 열성적인 팬, 즉 회사의 서비스를 깊이 신뢰하고 다른 사람들에게 그 회사를 지속적으로 소개하는 지지자들이 언제나 존재한다는 사실을 안다. 대형 브랜드는 이러한 사람들을 더 많이 보유하고 싶어 한다. 나는 이들을 '브랜드 대사'라 부른다. 브랜드 대사란 어떤 경우에도 당신의 회사를 사랑하는 고객들을 가리킨다. 그들은 특별한 인센티브 없이도, 심지어 당신이 부탁하지 않아도 기꺼이 다른 사람들에게 당신의 회사를 알린다. 만약 당신이 요청한다면 그들은 더욱 적극적으로 입소문을 퍼뜨릴 것이다. 그렇다면 요청을 하지 않을 이유가 어디에 있겠는가?

영화 〈제리 맥과이어(Jerry Maguire)〉에서 로드 티드웰(Rod Tidwell)은 제리 맥과이어에게 이런 말을 한다. "제리 맥과이어, 제 에이전트죠. 넌 내 콴을 대표하는 대사야." 티드웰은 '콴(kwan)'을 '사랑, 존중, 공동체, 그리고 돈까지 포함한 중요한 모든 것'이라 설명한다. 결국 모든 기업이 추구하는 것은 바로 이 특성, 콴이다. 즉 상호 존중을 바탕으로 구축된 커뮤니티(공동체)를 토대로 회사의 재정적 성장을 이루고 충성스런 고객을 얻는 것이 기업들의 바람인 것이다. 브랜드 대사, 이른바 '콴 대사'는 당신만이 갖고 있는 특유의 장점을 사람들에게 알리고 싶어 한다. 당신이 해야 할 일은 그들에게 그렇게 해달라고 청하는 것뿐이다. 오늘날에는 소셜 네트워크 덕분에 사람들에게 얼마나 많은 온라인 친구가 있는지 금방 파악할 수 있다. 온라인 영향력의 크기는 사람마다 천차만별이며 모든 조직은 보유 자원에 한계가 있다. 따라서 브랜드 대사를 찾을 때는 당신을 지지할 뿐만 아니라 친구, 팬, 팔로어도 많은 사람을 선택해야 한다.

일단 브랜드 대사를 발견하고 나면 단지 그들에게 고객이 되어줘서 고맙다고 인사하는 것 외에도 많은 일들을 할 수 있다. 그들에게 인센티브나 특전, 독점 콘텐츠 등을 수여하라. 예컨대 온라인 도구나 제품 견본을 제공해서 그들이 친구들과 함께 나눠 쓰거나 파티(당신의 도움으로 주최한)를 열어 참석자들에게 나누어줄 수 있게 하라. 또한 사진이나 동영상 같은 멀티미디어 콘텐츠를 제공한 뒤, 그들이 자신의 목소리로 제품을 설명하는 내용을 덧붙여 친구 및 팔로어들에게 보여주도록 장려하라. 목표는 당신을 사랑하는 고객의 활동을 촉진하여 그들의 열정을 되도록 자주 다른 사람들과 나누게끔 하는 것이다.

▌ 완전 공개 ▌

당신은 브랜드 대사가 가능한 한 큰 목소리를 내길 바랄 것이다. 하지만 유의해야 할 점이 있다. 브랜드 대사들이 당신에 관해 이야기를 할 때 반드시 당신과의 관계를 완전히 공개하게 하라. 연방통상위원회(Federal Trade Commission)는 리뷰 등을 작성하는 대가로 물질적 가치가 있는 뭔가를 받을 경우 작성자는 그 사실을 공개해야 한다고 요구한다. 예컨대 당신이 운영하는 리조트를 홍보하기 위해 누군가에게 무료로 리조트 여행을 제공하고 그 대가로 리뷰 작성을 부탁했다면 그는 블로그나 페이스북에 글을 쓸 때 그 사실을 분명히 밝혀야 한다. (투명성에 관해서는 9장에서 더 자세히 다룰 것이다.)

(대한민국의 경우에도 공정거래위원회의 「추천·보증 등에 관한 표시·광고 심사지침」 개정으로(2011.8) 파워블로거 등이 광고주로부터 경제적 대가를 받은 경우 추천글에 그 사실을 공개하도록 의무화되었다—편집자 주)

입소문 마케팅은 예전부터 언제나 훌륭한 비즈니스 수단이었지만 소셜 네트워크가 등장한 오늘날만큼 그것을 효과적이고 효율적으로 활용할 수 있었던 적은 없었다. 만약 유명인이 어떤 상점을 방문하면 주인은 그를 극진히 대우하며 소문 좀 많이 내달라고 부탁할 것이다. 소셜 네트워크에서는 모든 고객을 팔로어, 친구, 영향력을 보유한 온라인 유명인으로 간주하는 자세가 중요하다. 물론 당신의 페이스북 담벼락에 글을 쓰거나 당신에 관한 트윗을 올리는 모든 이들이 몇몇 유명인처럼 커다란 영향력을 발휘하거나 유행을 주도할 수 있는 것은 아니다. 하지만 그들에게는 분명 당신을 대신하여 쉽고 빠르게 입소문을 퍼뜨릴 능력이 있다. 특히 당신이 그들에게 감사를 표하며 입소문 퍼뜨리기를 장려한다면 더욱 그럴 것이다. (더구나 일부 사용자들은 어쩌면 온라인에서 이른바 유명인들보다 더 큰 영향력을 행사할 수도 있다!)

비스타프린트: "단 한 명의 고객도 소홀히 하지 않는다"

비스타프린트(Vista Print)는 매사추세츠에 본사를 둔 글로벌 기업으로, 1년에 900만 명 이상의 개인 소비자 및 기업에 다양한 그래픽 디자인 작업, 웹 서비스, 고객 요구에 맞춘 인쇄물 등을 판매하는 회사다. 비스타프린트는 세계 각지에서 들어오는 수백만 건의 주문과, 그 결과 자연스레 올라오는 수많은 긍정적 또는 부정적인 글(대화로 발전할 가능성이 담긴)을 처리해야 한다. 이 점을 감안할 때, 홍보 관리자 제프 에스포지토(Jeff Esposito)가 설명하는 회사의 모토는 상당히 인상적으로 다가온다.

우리 팀의 모토는 "단 한 명의 고객도 소홀히 하지 않는다"입니다. 그리고 말만 그렇게 하는 보통 회사들과는 달리, 우리는 진정으로 이를 실천하고자 합니다. 우리 페이스북 담벼락에 올라오는 모든 글에는 글 내용이 좋든 나쁘든 불쾌하든 모두 답글이 달립니다. 또한 우리는 매출을 발생시키는 데도 이 미디어를 활용하고 있습니다.

비스타프린트의 페이스북 페이지를 보면 에스포지토의 약속이 실제로 지켜지고 운영되고 있음을 알 수 있다(Facebook.com/VistaPrint). 언제 가봐도 주문에 대한 만족감을 표하거나, 불만을 제기하거나, 자신이 받은 제품이나 서비스의 사진을 올리거나, 질문을 하기 위해 많은 사람들이 올려놓은 글이 보인다. 어떤 질문을 올려도 답변을 들을 수 있고 다양한 불만들 역시 반드시 처리된다. 무엇보다 중요한 점은 모든 고객의 글에 하나도 빠짐없이 답글이 달린다는 사실이다. 비스타프린트는 온라인에서 고객에게, 그리고 고객이 하는 말에 세심히 관심을 기울이는 기업이라는 명성을 얻고 있다. 사실 이 회사와 관련하여 긍정적 경험을 한 고객들, 비스타프린트의 환영과 감사를 받은 고객들이 다른 고객의 부정적인 글에 회사보다 먼저 나서서 답글을 다는 경우도 흔하다(〈그림 7.2〉).

부정적인 글이 올라왔을 때 당신과 수천 명의 우호적 고객 중 어느 쪽이 방어에 나서는 편이 낫겠는가? 당신이 소비자라면 한 명의 고객도 빠뜨리지 않고 모든 글에 공개적으로 답변하는 회사와 많은 고객을 무시하는 것처럼 보이는 회사 중 어느 쪽의 제품을 구입하겠는가?

그림 7.2 비스타프린트의 페이스북 담벼락에서는 고객들이 나서서 불만에 응답한다

Kathy ████ DON'T DO BUSINESS WITH VISTA PRINT, THEY TOTALLY SCREWED UP MY ORDER, THEIR QUALITY IS POOR AND THEIR CUSTOMER SERVICE STAFF ARE HORRIBLE, I TRIED TO RESOLVE MY ISSUE WITH A SUPERVISOR AND EVEN THE SUPERVISOR WAS UNABLE TO HELP ME. PLEASE DO NOT ORDER THROUGH VISTAPRINT.
Tuesday at 6:25pm · Like · Comment

Martha ████ I love VISTAPRINT!
Tuesday at 7:10pm · Like · 👍 1 person · Flag

Jo ████ I've only had one bum order by Vistaprint out of the MANY I have placed and I have to say that they were very quick to fix things for me – even though I am in Australia, had ordered from the US and communicated my problem via email. Very happy with my goods to date. We all have the odd bad exprience after all – even companies are human!
Tuesday at 7:31pm · Like · 👍 2 people · Flag

캐시: 비스타프린트와 거래하지 마세요. 이 회사는 제 주문을 엉망으로 처리했어요. 품질은 형편없고 고객 서비스 직원들은 끔찍해요. 관리자에게 얘기해서 문제를 해결하려 했는데 관리자도 도움이 안 되더군요. 부디 비스타프린트에는 주문을 넣지 마시길.

마사: 저는 비스타프린트가 정말 좋아요!

조: 저는 이제까지 비스타프린트에 여러 번 주문을 했지만 잘못된 적은 딱 한 번뿐이었고 그때도 금방 문제가 해결됐어요. 제가 오스트레일리아에 있으면서 미국으로 주문을 한 것이라 문제에 관한 의사소통은 이메일을 통해서 했는데도 말이죠. 지금까지 제가 주문한 제품에 아주 만족해요. 우리는 누구나 이상하고 불쾌한 경험을 할 때가 있죠. 회사도 사람이에요!

실천 과제

1. 응답에 참고할 소셜 브랜드 지침서를 만들어라. 소셜 네트워크상에서 고객에게 응답할 때 브랜드가 어떤 어조를 사용할 것인지 결정하라. 재미있게? 진지하게? 친근감 있게? 전문가다운 느낌으로? 이 어조를 바탕으로 만족한 고객에게 전할 감사의 말을 몇 가지 작성하라.

2. 현재 당신의 회사가 보유한 고객, 팬, 팔로어의 수를 토대로 고객이 올린 모든 글에 응답하려면 어느 정도의 자원이 필요한지 파악하라. 직원들로 하

여금 어떤 방식으로 이 일을 처리하게 할 것인가? 내부적으로 해결할 것인가, 외부 대행사를 이용할 것인가? 야간과 주말에는 어떻게 할 것인가?

3. 충성스럽고 영향력 있는 고객에게 적절한 보상을 제공하여 긍정적 입소문을 퍼뜨릴 공식적·비공식적 방안을 수립하라. 그들에게 어떤 자산을 제공할 것인가? 어느 정도의 기대를 할 것인가? 그들이 법을 준수하여 당신에게 받은 것을 분명히 공개하도록 하려면 어떻게 해야 하겠는가?

모든 고객을 진정으로 소중히 하라

모든 회사가 고객에게 깊은 관심이 있다고 말하지만 실제로는 소셜 네트워크에서 그 주장을 실천하지 않는 회사가 많다. 고객의 전화를 도중에 끊어버리거나 면전에서 고객을 외면하며 자리를 뜰 판매자는 없을 것이다. 마찬가지로 페이스북, 트위터, 그 밖의 온라인 소셜 네트워크 미디어에서도 고객을 무시하는 행동은 하지 말아야 한다. 고객 한 사람 한 사람을 소중히 여겨 최소한 '감사합니다'라는 인사라도 전할 때 당신의 회사가 진정으로 고객에게 관심을 두고 있음을 세상에 보여줄 수 있다. 고객에게 놀라움과 기쁨을 선사하고 충성스런 팬들이 입소문을 퍼뜨리도록 더욱 장려한다면 당신의 콴 또한 사람들에게 널리 전해질 것이다.

진정성이 필요하다

"전화해주셔서 감사합니다. 저는 고객 보호지원 담당자입니다. 무엇을 도와드릴까요?" 전화를 받은 직원이 말한다.

'잘됐군.' 당신은 생각한다. '이 사람은 나를 도와줄 수 있겠어.'

"청구서에 이해할 수 없는 부분이 있어서 좀 따져보려 하는데요." 당신이 대답한다.

"계좌번호를 말씀해주세요." 고객 보호지원 담당자가 말한다. 조금 전에 이미 휴대전화의 버튼을 눌러 계좌번호를 입력했지만 어쨌든 당신은 담당자에게 다시 한 번 번호를 알려준다.

"죄송합니다." 고객 보호지원 담당자가 말한다. "이 문제에 관해서는 제가 도와드릴 수 있는 일이 없습니다. 청구서 발송 부서와 이야기해 보셔야 할 것 같네요. 그쪽 직원들은 월요일부터 금요일까지만 근무합니다. 제가 도와드릴 다른 일은 없으십니까?"

물론 이 직원은 자신의 일을 하고 있다. 하지만 그가 하는 일이란 하나부터 열까지 정해진 대본을 따르는 것뿐이다. 이 상호작용을 통해 당신은 도움을 받을 수 없다는 데서 비롯된 불만뿐만 아니라, 전화를 받은 직원을 진정한 '고객 보호지원 담당자'라고 할 수 있는가 하는 의문을 갖는다. 어느 모로 봐도 이 직원이 하는 일에 고객, 즉 당신을 '보호'하거나 '지원'하는 것처럼 보이는 부분은 전혀 없기 때문이다.

'투자 상담사'는 또 어떤가? 당신이 겪는 투자 문제에는 거의 무관심하고 사실상 보험만 판매하려 드는 투자 상담사를 만나본 적 있는가?

고객 보호지원 담당자나 투자 상담사라는 직업에 종사하는 사람들은 모두 진정성이 없다는 얘기가 아니다. 이 일을 하는 이들 중에도 훌륭한 사람들이 많을 것이다. 하지만 의도적이든 아니든 직업명 자체가 진실을 오도하고 있다. 물론 이와 같은 '가짜'가 직업명에만 해당되는 것은 아니다. 슬로건, 광고, 웹사이트에 담긴 브랜드의 각종 약속 또한 마찬가지로 부정확하거나 사실이 아닌 표현을 사용하는 경우가 흔하다.

많은 대기업이 고객과의 상호작용에서 진정성 있는 자세를 보이는 데 어려움을 겪는다. 조직이 거대하게 성장함에 따라 수많은 직원과 고객을 관리하기가 어려워지기 때문이다. 성장에 대처해 경영진은 본보기와 절차를 개발하고, 고객 서비스 센터는 대본을 제작한다. 효율성을 추구하려는 이러한 시도 덕분에 조직의 몇몇 측면은 전보다 매끄럽게 돌아갈 수도 있다. 하지만 고객을 대할 때는 중요한 점을 놓치기 쉬워진다. 본보기, 절차, 대본은 고객과 관계를 형성하는 데 도움이 되지 않는다. 이러한 비인간적 장치는 오히려 가치 있는 인간적 상호작용의 상실을 불러와 당신의 서비스 및 제품과 고객 사이에 분열을 초래한다.

소셜 미디어는 대기업에는 이 같은 흐름을 뒤집을 기회를, 소기업에는 진정성을 드러낼 기회를 제공한다. 당신의 회사는 오늘날의 소셜 네트워크를 통해 실제 '인간'이 되어 고객을 대할 수 있다. 당신이 보다 인간적인 태도를 보이면 고객도 더욱 긍정적으로 반응하며 당신의 태도를 높이 평가할 것이다. 하지만 당신이 어떻게 하느냐에 따라 그 반대의 결과도 얼마든지 일어날 수 있음을 유의하라. 즉 소셜 네트워크에서 방대한 수의 고객을 진정성 없는, 지나치게 꾸며진 태도로 대하려 한다면 역효과를 일으킬 수 있다.

이야기를 더 진행하기 전에, 진정성을 가지고 소셜 네트워크에 임해야 한다는 것이 무엇을 의미하는지 구체적으로 밝히고자 한다. 한마디로 말하면, 당신은 인간이 되어 인격을 보여줘야 한다. 기계와 이야기하는 듯한 기분을 느끼거나 자신의 상황에 공감하지 못하는 사람을 상대하고 싶어 하는 이는 없다. 온라인 소셜 웹의 핵심은 인간적 상호작용, 즉 상대방과 어느 정도 수준으로 연결되는 데 있다. 기업은 소비자와 인간적 혹은 개인적 방식으로 연결되기를 바라야 한다. 또한 고객에게 유연하고 신속하게 대응해야 하며 끊임없이 변화하는 고객의 다양한 필요, 요구, 의견, 사고방식에 부응할 수 있어야 한다. 온라인 대화의 일부가 되어 소비자에 대해, 그리고 당신의 제품이나 서비스가 소비자의 실생활에서 어떤 역할을 하는지에 대해 이해하려고 노력하라. 브랜드를 대표한다는 맥락에서, 당신을 비롯하여 회사와 관련이 있는 모든 이들은 자신의 진정한 모습이 담긴 '사람'이 되어야 한다. 꾸며낸 모습으로는 더 이상 소비자와 관계를 형성할 수 없기 때문이다.

페이스북의 설립과 그 초창기를 다룬 영화 〈소셜 네트워크(The Social Network)〉의 시나리오를 쓴 애런 소킨(Aaron Sorkin)은 배우이자 방송인인 스티븐 콜베어(Stephen Colbert)와의 TV 인터뷰에서(2010년 9월 30일 방송), 소셜 네트워크는 현실이 아닌 연기에 더 가깝다고 이야기했다.[1] 그는 소셜 네트워크를 명백히 잘못 이해하고 있다. 소셜 네트워크는 적절히 사용될 경우 소킨의 대본과는 달리 진정성 담긴 현실이 될 수 있다.

소셜 네트워크 사용자들은 자기가 하는 모든 일을 세상에 알리고 싶어 하는 자아도취자라고 생각하는 이들도 있다(아침에 먹은 시리얼에 대해 글을 올리는 사용자들을 떠올려보라). 그렇다, 분명 소셜 네트워크를 그처럼 자기중심적 목적으로 사용하고 진정한 가능성은 깨닫지 못하는 사람과 기업도 있다. 그런 사용자들의 근시안적 생각은 여러모로 안타깝다. 소셜 네트워크 커뮤니케이션에는 그보다 훨씬 더 거대한 잠재력이 담겨 있기 때문이다. 예컨대 페이스북은 다른 사람과 진정으로 연결되고자 하는 사람, 그리고 고객과 오랫동안 지속될 진실한 관계를 구축하고자 하는 기업을 위한 장이 될 수 있다.

뮤지컬이 아닌 즉흥 코미디 쇼가 되라

뮤지컬, 연극, 오페라는 모두 아주 멋진 전통적 형태의 오락물이다. 관객이 극장으로 찾아와 자리에 편히 앉으면 공연자들은 무대 위에서 쇼를 펼친다. 공연은 저마다 조금씩 차이가 있지만 대개 화려하고 과장된 연출이 주를 이룬다. 특히 뮤지컬이 그렇다. 대다수 뮤지컬에서는 관객에게 황홀감을 안기고 강렬한 인상을 남기기 위해 수많은 색채와 음향, 고가의 무대장치, 소도구, 의상이 사용된다. 같은 대본이 매일 밤 공연되는 것임에도 불구하고 뛰어난 각본, 연기, 노래, 연출이 하나로 어우러진 쇼는 군중의 마음을 사로잡는다.

반면 즉흥 코미디 쇼는 일반적으로 무대장치가 거의 혹은 전혀 없으며 대본도 없다. 이 쇼에 출연하는 연기자들은 매일 밤 관객에게 콩트아이디어를 청해서 객석에서 나온 제안을 바탕으로 공연을 함으로써 쇼가 진행되는 내내 관객과 상호작용한다. 뮤지컬과 달리 즉흥 코미디 쇼는 내용이 매번 다르다. 하지만 관객이 창의적이고 재미있는 아이디어와 강한 에너지를 가지고 온다면, 그리고 연기자들에게 충분한 재능이 있다면 이는 오히려 믿을 수 없을 만큼 멋진 경험을 빚어내는 데 유리하게 작용한다.

당신의 브랜드, 회사, 단체도 소셜 네트워크에서 고객에게 이와 같은 경험을 제공할 수 있다. 더욱 반가운 사실은 브로드웨이 공연이나 TV 광고처럼 막대한 예산을 들이지 않고서도 가능한 일이라는 점이다. 하지만 그러기 위해서는 미디어와 마케팅을 바라보는 당신의 시각에 근본적 변화가 일어나야 할 것이다. 소셜 미디어가 기업과 소비자 사이에 양방향 대화를 가능케 했기 때문이다. 당신은 화려한 쇼를 펼치기보다 유연하고 시대의 흐름에 맞춰 민감하게 반응하며 참여적인, 탁월한 팀을 구축하는 데 더 중점을 둬야 한다. 또한 출연자들이 매일 밤 다른 배역을 연기하는 즉흥 코미디 쇼와는 달리, 당신의 팀은 유일무이한 한 명 한 명의 사람들을 기반으로 한 팀 자체의 진정성에 의지해야 한다.

진정성이 담긴 목소리를 개발하라

광고는 전통적으로 즉흥 코미디 쇼보다 브로드웨이 뮤지컬에 더 가까웠다. 광고의 목표는 사람들의 눈길을 끌어 관심과 주목을 받고 화제를 불러일으키는 것이다. 설령 광고 속의 제품이나 서비스에 진정성이 부족하다 할지라도 말이다.

하지만 그동안 소비자들은 소셜 네트워크를 통해 다른 사람들과 어느 정도의 인간성이 담긴 대화를 나누는 데 익숙해져왔다. 이제 기업(혹은 광고주)은 이 대화에 합류해야 한다. 그리고 그 과정에서 기업은 소비자의 기대가 무엇인지 늘 염두에 두어야 한다. 기업은 소비자와의 상호작용에서 진정성 있는 '인간'이 되어야 한다. 당신이 아무리 회사의 모토를 거듭 강조해도 인간으로서 다가가지 못한다면 소비자는 당신의 말을 상술로만 받아들일 것이다. 진정으로 당신의 브랜드 혹은 회사다운 것이 무엇인지 숙고하라. 회사의 사명 선언이나 웹사이트의 '회사 소개(About Us)'에 나온 내용을 페이스북과 트위터에서 날마다 오가는 실제 대화로 전환하려면 어떻게 해야 할까? 당신은 회사나 브랜드의 인간적 매력을 세상에 알리는 동시에, 회사가 소비자에게 관심을 기울이고 있으며 그들과의 관계 형성을 위해 시간을 들여 노력할 의지가 있음을 보여줘야 한다.

대화 규제

당신의 조직에는 아마 고객 서비스 담당 직원이 고객과 대화하는 법, 판매원이 잠재 고객에게 제품을 선전하는 법, 홍보 책임자가 전통적 광고판매대행사(미디어렙)와 협의하는 법에 관한 규칙이 이미 마련되어 있을 것이다. 소셜 네트워크의 출현으로 온라인에서 오가는 모든 '말'은 공개적 기록물로 영원히 남게 되었다. 기업, 특히 대기업에는 말을 주의 깊게 규제하여 회사에서 정한 기준과 법이 요구하는 지침을 준수하게 하려는, 그럼으로써 아무도 '잘못된 말'을 하지 않게 하려는 경향이 있다. 예컨대 기업의 커뮤니케이션 및 법무 담당 부서는 직원이나 대변인 등이 회사의 공식 입장에서 벗어난 부정적 의견을 밝히거나 실수에 대한 책임을 인정할까봐 우려할 때가 많다.

소셜 네트워크에서 이런 태도를 취하는 것은 실수이며, 진정성 있는 커뮤니케이션을 거의 불가능하게 만든다. 규제하려 하면 할수록 대화는 점점 비인간적이 되고, 반응을 보이는 고객들도 점점 줄어들 것이다. 또한 대화의 유연함과 진정성이 줄어들수록 더욱 두드러지게 드러날 것이며 고객의 신뢰는 점점 더 약해질 것이다. 기억하라, 온라인에서는 당신을 바라보는 고객의 신뢰와 평판이 무엇보다 중요하다.

그렇다면 변호사들을 기쁘게 하면서도 이 중요한 진정성을 보전하려면 어떻게 해야 할까? 최선의 해법은 어떤 어조를 사용할지, 결코 해서는 안 될 말이 무엇인지에 관한 일련의 지침을 개발하는 것이다. 그런 다음, 신뢰가 가는 사람들로 하여금 소셜 네트워크에서 회사를 대표하게 하라. 그들은 회사 직원일 수도 있고 대행사일 수도 있다. 당신은 이들 대표자가 소셜 네트워크 대화에서 할 말과 하지 말아야 할 말을 올바르게 선택할 것이라 믿어야 한다. 이 지침을 문서화하여 '소셜 미디어 정책'이라 명명할 수도 있다(변호사들은 이를 굉장히 반길 것이다).

실수를 저지르는 것

대표자들이 고객과 대화를 나누다 실수를 저지르기도 할까? 물론 그럴 것이다. 사람들은 매일같이 고객 및 잠재 고객을 대하는 과정에서 잘못을 저지르기 마련이며, 이들 실수는 단지 소셜 네트워크에 공개적으로 기록이 남는다는 것 이상의 문제가 될 수도 있다. 소셜 미디어의 속도는 워낙 빨라서 불가피하게 실수하는 일도 생길 수밖에 없고, 그중 어떤 것은 분명 여느 실수보다 심각한 문제를 불러오기도 한다. 소셜 미디어가 등장하기 전에는 어땠을까? 직원들이 저지른 실수 중 다수는 용서할 만한 것이었지만, 상황에 따라 실수 때문에 직원이 해고되거나 대행사와 계약이 파기되는 경우도 있었다. 소셜 미디어에서도 마찬가지다. 다만 기억해야 할 것은 소셜 미디어가 대화라는 사실이다. 당신이 잘못을 인정하고 사고를 신속히 수습한다면 고객들은 당신을 용서할 것이다.

가령 페이스북에 업데이트를 하다가 오타를 내거나 트위터에 뜻하지 않게 깨진 링크를 올렸다면 삭제하거나 고친 뒤 간단한 사과와 함께 콘텐츠를 다시 올리면 된다. 이런 종류의 불완전함은 오히려 고객으로 하여금 '아, 당신도 우리와 같은 사람이군'이라는 생각이 들게 해서 회사와 고객이 더 가까워지는 계기가 될 수도 있다. 하나하나의 업데이트와 트윗을 완벽하게 손질하려 들기보다는 어조, 관계, 그 밖에 소셜 웹에서 브랜드를 표현하는 모든 것에 진정성을 담는 데 집중하라. 사

람들은 모조품이나 각본보다는 진짜에 매력을 느낀다. '진짜'가 되기
바란다.

커튼 뒤의 모습: 사람들에게 당신을 보여줘라

팀원들의 모습과 업무 공간을 사진이나 동영상에 담아 온라인에서
공유하는 것은 당신의 조직을 소개하는 훌륭한 방법이다. 물론 이러한
콘텐츠를 날마다 보고 싶어 할 고객은 드물겠지만, 가끔씩 어떤 회사
의 문화와 사람들을 들여다보는 것은 그들도 분명 반길 만한 일이다.
전문 사진사를 채용하거나 대본을 만들 필요는 없다. 한 달에 한 번 소
니 플립 캠코더를 들고 새로운 부서, 직원, 벤더, 간부 등을 찾아가 맡
은 역할에 관해 몇 가지 질문을 던지고 그들이 대답하는 모습을 카메
라에 담으면 된다. (소셜 네트워크에 올리는 동영상의 길이는 60~90초 정도가
가장 적당하다. 너무 길어지면 끝까지 볼 사람들이 거의 없을 것이다.)

이 밖에 회사에서 실시하는 여름 야유회, 새로 문을 연 지점, 내부자
의 눈으로 본 CEO나 회사 내부의 모습 등도 사진과 동영상에 담아 공
유할 수 있다. 생활의 한 단면을 담은 이러한 동영상은 당신의 브랜드
에 인간다움을 부여하고 고객에게 기업 이면에 존재하는 사람들의 모
습을 알림으로써 신뢰를 구축하는 데 효과를 발휘할 것이다. 다만 여
기에 지나치게 열중해서는 안 된다. 소셜 네트워크에서는 당신이 아닌
고객, 즉 고객이 이야기하고, 보고, 듣고, 배우고, 알고 싶어 하는 것이
무엇보다 중요하다는 사실을 잊지 마라.

진정성은 신뢰를 낳고 거짓은 두려움을 낳는다

인간관계에서 우리는 자신의 감정과 진짜 모습을 드러내고, 단점을 인정하고, 마음을 열어 솔직한 사람에게 끌린다. 그런 이들에게 우리는 유대감을 느낀다. 그들을 믿고 의지할 수 있는 사람으로 여기기 때문이다.

반면에 거짓으로 꾸며낸 모습을 보이는 사람들, 즉 '쇼'를 하거나 뭔가를 숨기고 있는 사람에게는 불쾌함을 느낀다. 거짓된 모습만 보이는 이와 계속 알고 지내려 하는 사람은 없을 것이다. 만약 당신과 상대방 사이에 서로 마음이 열려 있다는 느낌이 없다면 더 이상 관계를 발전시키기 어렵다. 상대방이 거짓되다고 느끼면 마음속에 불신과 두려움이 생긴다. 자신과 맞는 사람이 아니라는, 아주 가깝게 개인적으로 마음이 통할 다른 사람이 있을 것이라는 두려움이다.

똑같은 역학 관계가 소셜 네트워크에도 존재한다. 기업이 진정성 있게 고객과의 관계를 형성하면 그 사이에서 신뢰가 생겨나고, 고객은 마음 편히 기업과 더욱 깊은 관계를 쌓아 나갈 것이다. 지나치게 연출된 콘텐츠를 올리거나 정해진 각본대로만 말하는 기업에서는 진정성이 느껴지지 않으며, 이는 불신을 낳는다. 이런 상황에서는 기업이 그토록 원하는 **좋아요**와 추천을 받을 수도, 소비자가 다른 사람들에게 기업을 널리 알려주기를 바랄 수도 없다.

두 사람 사이의 관계에서와 마찬가지로, 기업과 소비자 사이에서도 솔직함과 신뢰는 유대감을 강화하는 데 기여한다. 당신의 회사가 목표로 삼아야 할 것은 이러한 관계를 보살피고 발전시킴으로써 고객이 더 나은 경험을 하고, 나아가 그들이 자신의 개인적 평판을 걸고 당신의 제품이나 서비스를 친구들에게 알리고 추천하도록 하는 것이다.

B1이그잼플: 진정성의 모범을 보이다

B1이그잼플(B1Example)은 보스턴 공중보건위원회(Boston Public Health Commission) 내의 폭력방지분과(Division of Violence Prevention) 및 커뮤니케이션 사무소(Office of Communications)의 지원을 바탕으로 한 정부 기관 프로젝트다. B1이그잼플의 사명은 긍정적 행동과 품행을 제시하여 청소년 폭력을 예방하는 동시에, 그들을 적극적으로 감화하고 자율성을 부여하여 '폼 나는 것(street cred)'의 의미를 재정립하고 바람직한 방법으로 존중받으며 자신이 속한 공동체를 자랑스럽게 여기도록 하는 것이다.

보스턴 공중보건위원회는 이 프로젝트가 성공하려면 정부 기관이 소셜 네트워크에서 목소리를 내선 안 된다고 판단했다. 또한 프로젝트를 지원하던 우리 라이커블 미디어도 그 역할을 맡기에는 부적합하다고 생각했다. 우리 역시 그 의견에 동의했다. 진정성을 지키고 표적 수용자와 직접 이야기하기 위해 우리는 보스턴 지역의 10대 청소년 열 명을 모집한 뒤, 세심한 교육을 거쳐 프로젝트에 필요한 페이스북 페이지와 유튜브 채널을 운영하게 했다. 이들은 이미 또래들의 롤모델이 될 자격이 입증된 청소년들로서, 10대들의 공동체에 영향을 미치고 싶다는 개인적 동기 부여도 되어 있었다. 프로젝트의 성격상 성공적 결과를 거두려면 메시지를 보내는 것에 대한 통제를 완전히 포기할 필요가 있었다. 이는 다수의 기업과 대부분의 정부 기관이 굉장히 어려워하는 일이기도 하다. 하지만 정부 공무원이 "학교에 얌전히 있어라", "길거리를 쏘다니지 마라"라고 한들 도시의 10대들 가운데 이 말을 고분고분 들을 아이가 어디 있겠는가? 이런 문제에 관해 또래가 아닌 어른을 더 신뢰할 청소년이 어디 있겠는가?

보스턴 공중보건위원회는 모집한 청소년들의 문법과 구두법에는 거의 관심을 기울이지 않았다. 대신 그들이 집단으로서의 어조나 그들 개개인의 어조를 발전시킬 수 있도록 돕는 한편, 콘텐츠를 만들고 공유하고 그것에 활기를 불어넣기 위한 과정을 구축하는 데 초점을 맞추었다. 현재 이들의 페이스북 페이지에는 영어 교사나 홍보 담당자들, 이를테면 뭔가를 쓰거나 자신을 표현하는 데는 옳은 방법과 그른 방법이 있다고 가르쳐온 사람들이 보면 질겁할 법한 글들이 업데이트되고 있다. 하지만 이곳에는 긍정적 변화를 일으키기 위해 아이들이 만들어 올린 수많은 동영상도 있으며, 청소년 폭력을 방지하고자 활발히 상호작용하는 수천 명의 10대들도 있다. 당신은 이곳에서 홍보 담당자들은 결코 흉내도 낼 수 없는 방식으로 이야기를 나누는 아이들을 보게 될 것이다. 또한 소셜 네트워크에서 작용하는 진정성의 위력도 확인하게 될 것이다.

트위터에서 오마하 스테이크를 대표하는 이들

앞서 3장에서 살펴보았듯, 오마하 스테이크는 미국 최대의 스테이크 및 기타 조리 식품 온라인 공급 업체다. 소셜 미디어 활용의 이점을 깨달은 이 회사는 트위터를 통해 온라인에서의 존재감을 구축하기로 결정했다. 오마하 스테이크는 트위터에서 매번 콘텐츠를 올리고 질문에 응답할 때마다 진정성이 전면에 부각되길 원했다. 설령 기업에서 올리는 것이라 할지라도 그 하나하나의 트윗은 모두 사람이 작성한다. 오마하 스테이크는 온라인에서 이뤄지는 모든 상호작용에 인간다움을 부여한다는 목표하에, 고객의 질문에 응답하고 같이 대화를 나누는 브랜드 이면의 사람들을 강조하기로 했다.

고객 서비스와 홍보 및 마케팅 팀은 필요한 교육을 받은 뒤 트위터를 시작했다. @OmahaSteaks 트위터 계정을 사용하는 직원들은 교대를 할 때마다 우선 다음과 같은 트윗을 올려 자신을 소개했다. "안녕하세요, 즐거운 일요일이에요. 제 이름은 폴(Paul)이고 여러분을 돕기 위해 왔습니다."

확실히 이름도 없고 얼굴도 없는 조직보다는 '폴'과 대화하는 것이 훨씬 마음 편한 일이었다. 실제로 고객들은 회사 전반에 관한 몇몇 트윗이나 스테이크에 대한 여러 개의 트윗보다 이 소개 트윗에 더 큰 반응을 보였다. 이후 던킨 도너츠(Dunkin' Donuts), 제트블루(JetBlue), 컴캐스트를 비롯한 다수의 브랜드들이 트위터에서 이 '인간화 철학'을 채택하기 시작했다.

진정성 있는 유명인

과거에는 대개 홍보 담당자를 두고 대중에게 자신을 알려왔던 유명인들도 소셜 미디어의 등장으로 팬들과 직접 대화를 나누는 것이 가능해졌다. 배우, 가수, 운동선수, 정치인, 작가 등의 유명 인사들은 온라인 소셜 네트워크를 통해 팬층을 넓히고, 이미지를 형성하고, 목표를 이룰 훌륭한 기회를 얻었다. 하지만 그들의 계획에서 가장 중요한 부분은 진정성이 되어야 할 것이다. 이상적인 모습은 진정성을 최우선의 가치로 삼고 유명인 당사자가 페이스북이나 트위터를 직접 하는 것이다. 휴대전화 덕분에 이제는 이동 중에도 정보를 공유하고 어디서 무엇을 하든 즉각적 커뮤니케이션이 가능한 세상이 열렸음을 유념하라.

물론 팬들과 상호작용을 할 수 없을 때도 있을 것이다. 또한 유명인이 지지자들이 보내는 메시지에 하나도 빠짐없이 직접 응답한다는 것은 분명 불가능한 일이다. 때문에 대행사 등을 고용하여 도움을 받는 경우도 흔하다. 하지만 되도록이면 직접 응답하기 위해 애쓰는 이들도 많이 있으며, 때로는 대행자가 자신의 이름 이니셜을 밝혀 유명인 본인의 메시지가 아님을 알리기도 한다. 이처럼 다른 사람이 유명인을 대신하여 응답하고 있다는 사실을 솔직히 밝히는 것은 진정성을 지키는 데 기여한다.

좋아할 만한 배우: 빈 디젤

이 세상 모든 배우들 가운데 누가 페이스북 팬 수가 가장 많을까? 영화계의 최고 거물급 스타? 요즘 가장 인기 있는 TV 프로그램에 출연 중인 배우? 10대 청소년들의 가슴을 두근거리게 하는 인기 스타? 아니다. 가장 많은 페이스북 팬을 보유한 배우는 그중 어디에도 해당되지 않는다. 팬의 수가 무려 2,100만 명 이상이나 되는 페이스북 최고의 인기 배우는 바로 영화 〈분노의 질주(The Fast and the Furious)〉와 〈트리플 엑스(XXX)〉에 출연한 스타, 빈 디젤(Vin Diesel)이다. 빈이 페이스북에서 이토록 인기가 높은 이유는 무엇일까? 한마디로 그의 진정성 덕분이다. 홍보 담당자나 매니저 또는 에이전트를 통해 이미지를 관리하려 드는 보통의 많은 배우들과 달리, 빈은 진정으로 사람들을 대한다. 그는 사진, 동영상, 자신의 생각 등을 다른 사람과 공유하고 그들에게 질문을 던지는 등 팬들과 관계를 형성하는 데 많은 관심을 기울인다. 빈 디젤과 그의 수많은 팬들은 유대감을 형성하는 데 진정성이 얼마나 큰 위력을 발휘하는지 보여주는 증거라 할 수 있다.

트위터에서의 진정성: 애쉬튼 커처

스스로도 인정했듯, 애쉬튼 커처(Ashton Kutcher)는 철자를 잘못 쓸 때가 많다. 직접 쓴 트윗을 보면 문법적으로 틀린 글도 흔히 발견된다. 그렇지만 현재 600만 명 이상의 팔로어를 보유한 그는 지난 3년간 세계에서 가장 많은 팔로어를 보유한 트위터 계정 3위 이내에 계속 선정되었다(Twitter.com/AplusK). 그의 팔로어 수는 뉴욕타임스와 CNN의 팔로어를 합친 것보다도 많다. 이유가 무엇일까? 그것은 바로 애쉬튼의 진정성, 일관성, 열정, 가치에 있다.

애쉬튼은 인간 노예제의 완전한 폐지 등 자신이 확고하게 믿는 대의명분에 관한 글이나 인터넷에서 발견한 재미있는 동영상 등을 올린다. 또한 그는 자신의 할리우드 생활, 여배우 데미 무어(Demi Moore)와의 생활 등이 담긴 사적인 영상이나 사진을 스스럼없이 공개하기도 한다. 요점은 그가 트위터를 통해 지속적으로 자신의 진정한 모습을 공유한다는 사실이다.

좋아할 만한 운동선수: 닉 스위셔

배우와 마찬가지로 프로 운동선수들 역시 그동안 팬들과 손쉽게 소통할 채널이 부족했다. 운동선수들은 보통 에이전트를 통해, 때로는 홍보 회사를 통해 자신을 표현했다. 소셜 미디어는 이 환경에 변화를 가져왔다. 사상 처음으로 운동선수들도 대규모의 팬들과 직접 이야기를 나눌 수 있게 되었다.

메이저리그 야구 선수 닉 스위셔(Nick Swisher)는 이러한 새로운 소통 방식의 가능성을 보여주는 좋은 예다. 그가 최고의 선수는 아닐지도 모른다. 하지만 130만 명 이상의 트위터 팔로어를 보유한 그는 트위터에서는 단연 최고의 야구 선수다(Twitter.com/NickSwisher). 왜일까? 이번에도 역시 진정성 덕분이다. 그는 사진이나 동영상뿐만 아니라 더그아웃에서 떠오른 생각이나 견해를 곧바로 트위터에 올리기도 한다. 그의 인기는 팬들이 이제까지 접할 수 없었던 '무대 뒤 이야기'들을 전한 데서 비롯되었다.

닉의 트위터 사용이 단지 자아를 표현하는 활동인 것만은 아니다. 소셜 미디어를 통해 거대한 팬 및 팔로어층을 구축한 운동선수는 중개인을 채용하지 않고도 더 나은 조건으로 상품 홍보 계약(endorsement deal: 유명인이 등장하여 상품의 품질을 보증하고 홍보하는 광고-옮긴이)을 체결하거나, 자신의 이름이 들어간 스포츠 관련 상품을 판매할 수 있다. 지난 2009년, 스위셔는 아메리칸리그 올스타 팀의 마지막 한 자리를 두고 케빈 유킬리스(Kevin Youkilis)와 막상막하의 경쟁을 벌였다. 팬 투표에서 최다 득표를 해야 하는 상황이었는데, 스위셔의 130만 팔로어에게 전해진 몇 개의 트윗 덕분에 결국 그는 투표에서 1위를 차지해

올스타가 되었다!

I. 소규모 기업 혹은 1인 기업을 운영하고 있다면 고객에게 진정성 없는 상술로만 들릴 것 같은 말을 다섯 가지 적어보라. 그런 다음 똑같은 메시지를 페이스북에서 더욱 진정성 있게 전달하기 위한 바람직한 예를 다섯 가지 작성하라.

2. 대기업의 일원이라면 자신을 진정성 있게 표현하는 데 필요한 계획을 수립하라. 진정성은 쉽지 않지만 꼭 필요한 것임을 인식하라. 회사의 주요 관계자 및 경영진과 함께 모든 채널, 특히 소셜 네트워크에서 이루어지는 커뮤니케이션의 진정성을 높일 방안을 결정하라.

3. 이미 소셜 미디어 정책이 마련되어 있다면 그 정책이 진정한 커뮤니케이션을 장려할 수 있는지 주의 깊게 검토하고 부족한 부분이 있을 경우 수정하라. 아직 소셜 미디어 정책이 없다면 지금 바로 입안하라.

4. 복수의 사람들이 트위터에서 당신의 회사를 대표하여 고객에게 응답하고 있다면 트윗에 그들 각자의 이름이나 이니셜을 밝히도록 하라.

진실한 모습을 보여라

칵테일파티에서 사람들은 대개 진실한 이와 그렇지 못한 이의 차이를 구분할 수 있다. 이와 마찬가지로 그들은 당신의 회사가 진정성 있는 커뮤니케이션을 하는지, 마케팅 또는 PR을 위한 말이나 난해한 법률 용어만 늘어놓는지도 구분할 수 있다. 당신이 소셜 미디어 상호작용에서 기계적인 자세로 정해진 대본만 읽는다면 당신에게 아무리 좋은 의도가 있다 한들 고객은 흥미를 잃을 것이다. 하지만 만약 당신이 진정성 있고 인간적인 모습으로 상호작용에 임한다면 고객 및 잠재 고객은 당신을 믿고 제품을 구매할 뿐 아니라 친구들에게도 당신을 알릴 것이다.

정직하고 투명해야 한다

몇 개월 전, 나는 페이스북에서 뉴욕 주 상원의원과 친구가 되었다. 개인적으로 그와 아는 사이는 아니었지만 친구 신청을 수락했다. 공무원이 소셜 미디어를 이용하여 지식을 넓히고 더 많은 사람들에게 다가가려 하는 것을 높이 평가했기 때문이다. 또한 나 자신도 한때 뉴욕에서 공직 선거에 출마하려 한 적이 있었기에 이미 몇몇 주 상원의원과는 알고 지내는 터라 어쩌다 그와 만나게 될 수도 있으리라 생각했다. 혹시 우리가 '현실의' 친구가 될지 누가 알겠는가? 그런데 어느 날 페이스북에 로그인을 했는데 그 상원의원이 보낸 채팅 메시지가 뜨자 충격까지는 아니어도 적잖이 놀랐다.

"데이브, 잘 지내요?"

"그럭저럭요. 의원님은요?" 나는 페이스북의 라이브 채팅 기능을 통해 대답했다.

"난 잘 지내요. 그런데 혹시 내 선거운동 자금 좀 기부해줄 수 있어요? 금액에 관계없이 모든 기부금은 아주 소중하죠. 다음번 신고 마감일이 내일이거든요. 꼭 좀 도와줬으면 하는데요."

"글쎄요." 나는 다소 미심쩍다는 듯이 대답한 뒤 말을 이었다. "와, 선거운동에 소셜 미디어를 이용하시다니 대단하네요."

"고마워요. 다음 주에도 행사가 있어요. 그 자리에 참석해서 날 지원해주면 좋겠어요."

"글쎄요." 나는 다시 한 번 그렇게 대답하고 나서 물었다. "저기, 의원님 본인 맞으세요? 그러니까 제 말은, 보좌관이나 자원봉사자가 선거 자금을 모으려고 의원님을 가장하고 있는 것 아니에요?"

상대방은 침묵했다.

나는 이야기를 계속했다. "소셜 미디어 회사의 CEO이자 유권자로서, 나는 솔직한 얘기를 듣고 싶어요. 아무 대답도 하지 않으면 그쪽이 의원님이 아니라고 생각할 겁니다."

계속 침묵.

그러던 중 나는 이 대화에서 처음으로 정직한 메시지를 받았다. "저는 의원님의 보좌관인 댄(Dan)이라고 합니다. 죄송합니다. 의원님은 사실 페이스북을 하지 않으십니다. 그래서 우리가 대신 이 계정을 사용하고 있습니다."

이런 상황에서는 즉각적이고 완전한 공개가 필요하다. 내가 진짜 의원 본인이 맞느냐고 묻기 전에 먼저 사실을 밝혀야 했다. 내가 겪은 일과 같은 방법으로 상원의원이 얼마나 많은 자금을 모으는지는 모르겠다. 하지만 이 같은 거짓 행위로 사람들과 관계를 맺을 때마다 그들은 자칫 선거에 패배하고 의원의 평판을 영구적으로 손상시킬 수도 있는 모험을 감행한 셈이다. 사람들에게 고작 몇 달러를 얻어내기 위해 그런 위험을 무릅쓸 필요가 있을까?

더 최근에는 라이커블 미디어의 직원이 대형 항공사와 관련하여 불쾌한 경험을 했다. 그녀는 그 항공사의 비행기를 탔다가 온갖 문제를 겪은 뒤 겨우 목적지에 도착했다. 소셜 미디어의 열렬한 지지자인 그녀는 항공사의 페이스북 페이지에 정확하면서도 비난이 담긴 어조로 자신이 겪은 일을 올렸다. 잠시 후 그녀는 그 항공사를 애용한다고 주장하는 사용자들로부터 개인 메시지를 한 개도 아닌 두 개나 받았다. 한 사용자는 이렇게까지 말했다. "어떻게 감히 그렇게 끔찍한 글을 올리죠? 당신 어디 잘못된 거 아니에요?"

메시지 발신인의 프로필을 클릭한 그녀는 이 사용자가 항공사의 직원임을 발견했다! 또 하나의 개인 메시지 역시 항공사의 다른 직원이 보낸 것이었다. 분명 항공사의 공식 승인을 받은 행동은 아니었지만 직원들이 보낸 메시지는 결과적으로 그 회사에 대한 부정적 인식을 심어주었다. 또한 자신이 항공사의 직원임을 밝히지 않았다는 것은 좋게 봐도 어리석고 비윤리적이며, 나쁘게 보면 불법적이고 회사의 평판에도 위험을 초래할 만한 태도였다.

신뢰 구축: 투명성은 더 이상 절충의 문제가 아니다

과거 판매자들은 광고를 비롯해서 1차원 미디어에 적합한 갖가지 마케팅 전략을 이용하여 브랜드와 기업에 대한 여론을 형성했다. 이들 판매자는 소셜 네트워크에서도 같은 방식으로 비슷한 성과를 달성하려 할지도 모른다. 하지만 반드시 유념해야 할, 아무리 강조해도 지나치지 않은 중요한 사실이 있다. 소셜 미디어를 이용할 때는 최대한 정직하고 투명해야 한다는 것이다. 정직성과 투명성은 당신과 고객 사이에 직접적 관계를 구축하며, 만약 이들 가치에서 이탈하면 브랜드 신뢰가 영영 무너질 수 있다.

진실을 숨기기가 사실상 불가능해진 요즘 시대에서 굳이 그런 시도를 할 이유는 없다. 당신의 제품이나 회사에 대한 진실을 직시하고 그것을 소비자에게 알릴 각오가 되어 있지 않다면 아직 대화에 참여해서는 안 된다. 일단 소셜 미디어에서 존재를 드러내고 난 다음에는 다시 되돌아갈 수 없으며, 투명성을 받아들이는 것 외에는 다른 길이 없다. 만약 정직해야 한다는 것이 당연한 얘기로 들린다면 훌륭한 일이다. 그러나 너무도 많은 판매자들이 진실을 밝히는 것이 얼마나 중요한지 망각한 채, 소비자의 마음을 끌기 위해 정직하지 못한 전략을 이용해 왔다. 소셜 미디어의 출현으로 기업의 투명성에 대한 소비자의 기대는 과거 어느 때보다 높아졌다.

진실 공개, 그리고 입소문마케팅협회 윤리 규약

입소문마케팅협회(Word of Mouth Marketing Association, WOMMA)는

입소문 마케팅과 소셜 미디어에 중점을 두고 활동하는 선도적 단체다. 이 협회는 기업이 소셜 네트워크에서 취해야 할 바람직한 언행에 관하여 윤리 규약을 제정했다. 규약의 핵심은 정직성이다. 입소문마케팅협회 웹사이트에 수록된 내용은 다음과 같다.

가장 중요한 것은 'ROI의 정직성'이다. 입소문을 윤리적으로 활용하는 판매자들은 언제나 소비자, 지지자, 그리고 지지자들이 제품을 알리려 하는 사람들과의 모든 커뮤니케이션을 투명하고 정직하게 하고자 노력한다.

● 관계(Relationship)의 정직성: 자신이 누구를 위해 말을 하는 것인지 밝혀라.
● 의견(Opinion)의 정직성: 자신이 진심으로 믿는 바를 이야기하라. 누군가의 '앞잡이'가 되어 속임수를 쓰지 마라.
● 신원(Identity)의 정직성: 자신이 누구인지 밝혀라. 정체를 속이지 마라.

간단해 보일 수도 있다. 하지만 그동안 얼마나 많은 판매자들이 이 규약을 어겼는지 생각해보라. 그들은 거짓 리뷰를 내보내거나, 소비자인 척하거나, 대가를 지불하고 긍정적인 리뷰를 받거나, 직원에게 정체를 숨기고 리뷰를 작성하도록 해왔다.

이 모든 행위들은 입소문마케팅협회 규약을 위반한 것임은 물론, 일반적인 관점에서도 비윤리적인 짓이다(연방통상위원회의 2009년 지침에 따르면, 미국에서 이러한 행위 중 일부는 불법이다. 지침 내용은 Bit.ly//FTC2009에서 확인할 수 있다). 설령 연방통상위원회에 당장 적발되어 수만 달러의 벌금을 부과받지 않는다 해도 이들 행위가 브랜드 평판에 미칠 잠재적 피해를 감안하면 입소문마케팅협회의 윤리 규약을 준수해야 할 이유는 충분하다.

황금률

소셜 미디어 마케팅의 많은 부분이 그렇듯 이 개념 역시 간단하고 이해하기 쉽다. "소비자의 입장이 되어서 당신이 대우받고 싶은 그대로 소비자들을 대하라." 당신이 소비자라면 거짓말에 속거나, 조종당하거나, 설득당하고 싶겠는가? 당연히 아닐 것이다. 그러니 이런 전략은 사용할 생각도 하지 마라. 윤리적인지 아닌지 확신이 서지 않는 애매한 일이 있다면 비윤리적인 일일 가능성이 높다. 확실한 길만 택하고 그렇지 않은 길은 가지 마라.

투명성을 유지하고 혹시 있을지 모를 윤리 관련 문제를 피하려면 다음 네 가지 지침을 참고하기 바란다.

1. 기업 혹은 리뷰 의뢰인으로부터 제품 등의 물질적 대가를 받았다면 페이스북이나 트위터에 해당 기업을 지지하는 글을 쓸 때 그 사실을 기록하라.
2. 고객에게 회사에 대해 입소문을 내달라고 부탁하는 것은 문제 될 것이 없다. 다만 지지를 받는 대가로 고객에게 무료로 제품을 제공했다면 차후에 리뷰 등을 작성할 때 반드시 그 사실을 밝혀달라고 그들에게 일러둬야 한다.
3. 만약 당신의 회사 혹은 단체가 사람들에게 알려져서는 곤란한 실수를 저질렀다면 소셜 네트워크에서 그 사실을 감출 수 있으리라 생각지 마라. 그보다는 문제를 해결하기 위해 노력하는 편이 바람직하다.

4. 확신이 서지 않고 의심스러울 때는, 공개하라.

세상은 이제 굉장히 투명해졌다. 따라서 기업은 소셜 미디어 플랫폼 구축을 처음 시작할 때부터 정직하게 모든 것을 터놓아야 한다.

▌ 질문의 답을 모를 때 ▌

어린 시절부터 지금까지 살아오는 동안, 당신은 사람들의 질문에 정직하게 대답해야 한다고 배운 경험이 있을 것이다. 하지만 답을 몰라서, 때로는 순전히 사교적인 이유 때문에 상대방이 듣고 싶어 하는 대답을 하는 법도 배웠을 것이다. 소셜 미디어를 이용할 때는 단지 사람들을 기쁘게 하기 위해 그들이 기대하는 말을 해서는 안 된다. 만약 답을 모르면 "지금은 잘 모르겠습니다. 하지만 나중에 다시 연락드리겠습니다"라고 하라. 사람들은 정직함에 신선함을 느낄 것이며(대답을 하는 당신 역시 그러지 않겠는가?) 다른 대답, 특히 불완전하고 잘못된 대답보다는 "모르겠다"는 대답을 더 만족스럽게 여길 것이다.

투명한 금융: 교원신용협동조합

교원신용협동조합(Educational Employees Credit Union, EECU)은 수십 개의 지점을 보유한 중간 규모의 신용협동조합으로, 캘리포니아 주 프레즈노 지역에 자리 잡고 있다. 엄격한 규제를 받는(또한 전통적으로 투명하지 못했던!) 금융 업계에서 다수의 기관들은 소셜 미디어를 이용하여 고객과 최선의 관계를 형성하기 위해 고심하고 있다. 대형 은행의 경우 소셜 미디어 활용의 초점은 은행 업무 자체가 아닌, 자선 활동을 비롯한 각종 서비스 계획에 맞춰져 있다.

EECU는 진정으로 소셜 미디어를 이해하고 고객과 열린 대화를 나누려 하는 금융기관으로 부각되길 원했다. 신용협동조합은 당연히 소속 조합원들에게 기관의 소유권이 있으며, 그들 역시 대화의 초점을 금융보다는 더 재미있는 다른 주제에 맞추는 편이 낫다고 생각했다. 그 결과 EECU의 페이스북(Facebook.com/myEECU)과 트위터 페이지 (Twitter.com/myEECU)에 올라오는 대화의 상당수는 프레즈노 지역의 문화와 근처 기업들을 주로 다루게 되었다.

하지만 EECU는 금리, 고객 서비스 경험, 조합의 활동에 관한 솔직

EECU가 페이스북 담벼락에서 어려운 상황을 절묘하게 처리하고 있다

Melissa ▇▇▇ Will eecu be helping the state workers that are getting their wages cut to $7.25/hr in some way??
July 8 at 8:15pm · Like · Comment

Educational Employees Credit Union | EECU Hi Melissa~ Yes we will. We are in the process of finalizing the details of our action plan to help members with this hardship. As in the past, we will be able to assist our members with a 0% "emergency" loan to cover pay shortages while the state budget is being finalized. Our plan is to be able to start taking applications by July 15th.
July 9 at 1:32am · Like · 👍 1 person · Flag

Melissa ▇▇▇ thank u so much for the info!! very much appreciated!!
July 9 at 10:40am · Like · Flag

멜리사: EECU는 시급이 7.25달러로 삭감된 주 내 교원 근로자들을 도울 계획이 있나요?

교원신용협동조합 | EECU: 안녕하세요, 멜리사 씨. 네, 그럴 계획입니다. 현재 저희는 어려움을 겪고 있는 조합원을 돕기 위한 사업 계획의 세부 사항을 마무리하는 중입니다. 과거에 그랬듯, 저희는 주 예산이 최종 승인되는 동안 이자 0%의 '긴급' 대출을 제공하여 조합원들이 봉급 부족분을 벌충할 수 있도록 도울 것입니다. 신청은 7월 15일부터 가능합니다.

멜리사: 알려주셔서 고맙습니다! 정말 감사드려요!

한 대화도 결코 기피하지 않았다. 〈그림 9.1〉의 페이스북 대화를 참고하라.

EECU가 공개적으로 다루지 않는 유일한 주제는 투명성보다 보안이 더 필요한 정보, 바로 개인 고객의 금융 정보다. 규모를 막론한 대다수 금융기관이 고객을 위한 투명한 커뮤니티를 구축하지 못하고 있던 시기에 EECU는 시장의 주도자로 자리매김했다. 조합원들은 온라인에서 신뢰할 수 있는 그들의 신용협동조합에 더욱 충성한다. 또한 조합의 정책은 입소문과 조합원을 늘리는 데 큰 성과를 거두고 있다.

데이트하듯이: 마음은 활짝 열수록 좋다… 어느 정도까지는

데이트를 해본 사람이라면 누구나 마음을 열고 상대를 정직하게 대하는 것이 연인 관계가 되는 데 무엇보다 중요한 요소라는 사실을 알 것이다. 만약 상대방에게 마음을 열지 못한다면 그 잠재적 관계는 위태로워진다. 한쪽이 솔직한 모습을 보이지 않는다면 다른 한쪽은 상대방이 뭔가 숨기고 있다고 생각하지 않겠는가? 이는 기업에도 적용되는 얘기다. 당신이 아무것도 숨기지 않으면 투명성이 높아져 긍정적 결과를 낳게 될 것이다.

하지만 만약 데이트 상대가 오직 투명성만 염두에 둔 채 첫 만남부터 마음을 완전히 터놓고 극히 사적인 비밀까지 전부 털어놓는다면 어떨까? 아마 불편하고 이상하다는 기분이 들 것이다. 마찬가지로 기업이 투명해야 한다는 말은 소비자에게 영업상의 비밀, 수익률, 내부 정보 등을 완전히 공개하라는 의미가 아니다. 사실 이런 유의 정보 대부분은 아무리 호기심 많은 고객이라 해도 그리 달가워하지 않을 것들이다.

이와 같은 부분을 제외하면 일반적으로 당신이 회사의 가치와 문화에 대한 고객의 이해를 돕고 회사가 내린 결정에 관한 정직한 논의를 장려할 경우, 고객은 당신을 더욱 신뢰하고 더 가깝게 느끼며 관계를 발전시키고 싶어 할 것이다. 마치 데이트를 할 때처럼 말이다. 투명하다는 것이 회사의 모든 것을 드러내야 한다는 뜻은 아니다. 하지만 적절한 수준만 유지한다면 정직할수록 좋다.

유명인, 정부, 그리고 공개

정부는 그 어느 곳보다 투명성이 중요한 부문이다. 당신은 납세자이자 유권자로서 정치인, 정부 계획, 정부 기관에 자금을 제공한다. 그러므로 그들은 대중에게 정직하고 올바른 정보를 제공해야 할 의무가 있다. 다수의 대기업이 소셜 미디어 혁명에 적응하는 데 더딘 모습을 보여온 것과 마찬가지로, 크고 작은 정부 역시 플랫폼을 구축하거나 소셜 네트워크 계획을 수립하는 데 오랜 시간이 걸렸다. 그러나 우선 충실해야 할 대상이 주주인 대부분의 기업과 달리, 정부가 가장 충실해야 할 대상은 유권자다.

이 장 도입부에서 내가 소개한 일화는 상원의원의 보좌관이 목표 달성을 위해 의원 본인인 척했다는 점에서 충격적이다. 정치인, 배우, 작가, 예술가 등이 소셜 미디어를 활용하는 올바른 방식은 본인이 직접 그 도구를 사용하는 것이다. 만약 페이스북이나 트위터를 직접 하기에는 너무 바빠서 자신을 대변할 사람을 채용하려 한다면 누가 자신을 대신해서 질문에 답하고, 대화를 나누고, 글을 올리는지 밝히는 것이 최선의 길이다. 가수 브리트니 스피어스(Britney Spears)의 트위터(Twitter.com/BritneySpears)가 좋은 예다. 그녀의 트위터에서는 하나하나의 트윗마다 실제 작성자의 이니셜이 표기되어 그 트윗이 그녀 본인의 글인지 다른 직원의 글인지 투명하게 드러난다. 정치인 중에서는 워싱턴 주 하원의원 제이 인슬리(Jay Inslee)의 보좌관이 스피어스와 마찬가지로 실제 트윗 작성자를 밝히고 있다(Twitter.com/RepInsleeNews).

기업이나 단체가 매번 소셜 미디어 업데이트를 할 때마다 반드시 서명이나 이니셜을 표시할 필요는 없지만 이러한 행위는 지지자들의 신뢰 형성에 기여하여 그들로 하여금 얼굴 없는 조직이 아닌 실제 사람과 소통하는 기분을 느끼게 해준다. 가장 이상적인 상황은 CEO가 직접 소셜 미디어를 이용하여 고객 및 잠재 고객과의 관계를 형성하는 것이다. 어쨌든 CEO는 유명인인 동시에 조직 내의 최고위 마케팅 담당자이니 말이다.

투명한 정치인: 코리 부커

버락 오바마(Barack Obama) 대통령은 2008년 대선을 통해 소셜 미디어 사용의 귀중한 중요 기준을 정립했으며, 이는 그의 당선에도 기여했다. 하지만 당시 트위터와 페이스북을 한 것은 사실 오바마 본인이 아니었다. 오바마 자신은 소셜 미디어를 이용하지 않는다는 사실이 밝혀졌을 때 대다수 사람들은 이해한다는 반응을 보였지만, 일각에서는 선거운동 초기 단계에 투명성이 부족했다는 이유로 불쾌감을 드러내기도 했다. 반면 뉴저지 주 뉴어크의 시장 코리 부커(Cory Booker)는 정치인의 정직한 소셜 미디어 사용에 관해 오바마보다 더욱 귀중한 기준을 정립했다.

뉴어크는 뉴저지 주 최대의 도시다. 더구나 그가 시장으로 취임할 당시에는 범죄와 실업 만연, 교육 제도의 실패로 어려움에 처한 상태였다. 이러한 도시를 운영하느라 각종 직무로 바쁜 와중에도 부커는 소셜 미디어를 이용하여 유권자, 미디어, 기부자 등과 긍정적 관계를 형성하는 주목할 만한 일을 해냈다. 그의 트위터 계정(Twitter.com/CoryBooker)에는 무려 100만 명의 팔로어가 있다. 뿐만 아니라 시 정부 기관에도 소셜 미디어 도구를 갖추어 뉴어크 주민들과 개방적으로 소통하도록 했다. 페이스북의 CEO 마크 주커버그와는 오프라인 회의에서 처음 만나 우정을 쌓기 시작했으나 이후 페이스북을 통해 온라인으로도 관계가 지속되었으며, 2010년 9월에는 주커버그가 뉴어크 지역 학교들에 1억 달러라는 선물을 안겨주기에 이르렀다. 뉴어크 시에 증여된 개인 기부금 가운데 역대 최고액이었다.

그러나 선출직 공무원으로서 유권자와 직접적으로 소통하는 그의 능력을 가장 잘 보여준 예는 2009년 12월 31일에 일어난 사건이다. 눈보라가 몰아치던 그날 밤, 뉴어크 주민 레이비 레이브(Ravie Rave)는 65세의 아버지가 눈에 발이 묶이진 않을까 걱정된다는 트윗을 올렸다. 부커 시장은 그녀의 트윗을 보고 다음과 같은 답장을 보냈다. "@BigSixxRaven 아빠 일은 너무 걱정하지 마세요(don't worry bout ur dad). 방금 그분과 이야기를 나눴어요(Just talked 2 him). 자정까지는 그분 집 앞 자동차 진입로를 말끔히 치울 수 있을 겁니다. 염화칼슘도, 삽도, 훌륭한 자원봉사자들도 있으니까요."

한 시간 뒤 부커는 그녀의 아버지 집 앞에 나타나 눈을 치웠다. 그가 맞춤법에 그다지 신경 쓰지 않고 트윗을 작성했다는 점에 주목하라. 그는 유권자에게 귀 기울이고, 응답하고, 그들과 좋은 관계를 형성하기 위해 늘 바쁘게 움직였다.

부커는 여전히 열렬한 트위터 사용자이며 개방적 웹의 지지자다. 편지 쓰기 운동과 탄원서가 선출직 공무원의 관심을 끄는 유일한 길이던 시절부터 지금까지 우리는 커다란 발전을 이루어왔다. 많은 이들이 부커가 미래의 정치인들에게 꼭 필요한 새로운 수준의 투명성을 앞장서서 도입하고 있다고 믿는다.

실천 과제

1. 정직성과 투명성을 기본적 요구 사항으로 강조하는 소셜 미디어 정책을 수립하라. 공개를 제한할 회사 정보는 무엇인지, 그러면서도 개방성과 투명성을 더욱 효과적으로 받아들일 방법은 무엇인지 주요 이해관계자들과 함께 검토하라.

2. 대기업에서 일하고 있다면 당신의 CEO가 트위터와 페이스북 같은 소셜 미디어를 직접 이용하여 투명한 최고위 대표자가 될 수 있을지 파악하라.

3. 회사의 소셜 미디어 정책을 면밀히 검토하여 그 골자가 정직성 및 투명성이라는 가치와 조화를 이루는지 확인하라. 만약 조화롭지 못하다면 이들 가치를 불어넣기 위해 덧붙일 것이 무엇인지 숙고하라. 입소문마케팅협회의 윤리

규약도 참고하라.

4. 소셜 네트워크상의 질문이나 의견에 투명하게 응답하여 고객과의 신뢰를 더욱 굳건히 다질 방안 세 가지를 적어라.

황금률을 적용하여 고객이 당신과 사랑에 빠지게 하라

  기업 기밀을 중시하는 이 시대에는 약간의 정직성과 투명성도 잠재 고객과 신뢰를 구축하고 기존 고객으로부터 장기적 헌신을 이끌어내는 데 큰 도움이 된다. 확신이 서지 않을 때는 언제나 당신의 목표가 무엇인지, 당신이 누구인지 공개하라. 온라인에서 당신에 관해 이야기하는 이에게 무언가 대가를 제공했다면 그가 그 상황을 정직하고 완전하게 공개하게끔 하라.

  우리는 신뢰할 수 있고 우리 말에 귀 기울여주는 사람과 사랑에 빠진다. 마찬가지로 우리가 사랑하게 되는 기업 또한 그와 같은 기업이다. 고객이 당신의 투명한 브랜드와 사랑에 빠진다면 멋진 일 아니겠는가?

질문하고 또 질문하라

인텐먼스(Entenmann's)는 20세기에 접어들 무렵 뉴욕 브루클린에서 설립된 제과 회사다. 이후 성장을 거듭하여 전국적 브랜드가 된 이 회사는 그동안 수많은 제품을 개발하거나 폐지해왔다. 인텐먼스는 열렬한 팬 기반을 보유하고 있는데, 간혹 인텐먼스라는 브랜드 자체보다 특정 제품에 더 강한 충성심을 보이는 이들도 있다.

얼마 전 인텐먼스의 팬 한 명이 회사 페이스북 담벼락에서 이렇게 물었다. "바나나 크럼 케이크(Banana Crumb Cake)를 다시 생산하지 않는 이유가 뭐죠?" 그는 같은 질문을 하루에 세 번씩 올렸다. 바나나 크럼 케이크의 생산 중단으로 속상해하던 그는 급기야 자신이 한때 사랑했던 인텐먼스에 대한 불매운동을 벌이기 위해 팬들을 규합하기 시작했다. 그는 편지와 탄원서를 쓰고 페이스북 담벼락 곳곳에 글을 올렸다.

"바나나 크림 케이크는 어디로, 대체 어디로 사라졌을까?"

인텐먼스는 소셜 미디어에 대해 진취적 자세를 보이는 회사이며, 고객이 그 무엇보다 중요한 자산임을 잘 안다. 그렇지만 바나나 크림 케이크는 생산을 지속할 만큼 충분한 양이 판매되지 않아서 생산을 중단할 수밖에 없었다. 그렇다면 이 고객에게 어떻게 대응해야 할까? 인텐먼스 경영진은 매출이 보장된다면 바나나 크림 케이크의 생산을 재개하기로 결정했다.

그들은 불만에 찬 그 팬에게 전화를 걸어서, 인텐먼스 페이스북 페이지에서 여론조사를 실시하여 생산 재개 여부를 팬들의 투표로 결정할 것이라 알렸다. 만약 바나나 크림 케이크를 되살리길 바라는 사람들이 1,000명 이상 되면 그의 바람도 이루어질 터였다. 이는 모든 고객이 인텐먼스의 생산 라인을 결정하는 데 관여할 수 있게 함으로써 그들에게 힘을 실어주는 제안이었다.

이튿날 인텐먼스는 페이스북 페이지에 다음과 같은 질문을 올렸다. "바나나 크림 케이크를 되살려야 할까요?" 팬들에게, 그리고 투표 참여를 원하는 모든 이들에게 친구들을 모아 질문에 대답할 충분한 시간이 주어졌다. 이 여론조사는 인텐먼스 브랜드 팀에게 아무 비용도 들이지 않고 기존 고객의 생각을 들여다볼 기회를 제공했을 뿐만 아니라, 고객이 아닌 사람들에게 브랜드와 페이스북 페이지를 노출시키는 효과도 발생시켰다.

투표 결과가 궁금한가? 바나나 크림 케이크 팬의 사랑은 사실상 그 혼자만의 것으로 판명되었다. 그렇지만 투표는 투명했으며 팬들에게 자신의 의사를 표현할 기회를 제공했다. 한 명의 고객을 위해 적극적 조치를 취한 회사에 계속 화를 내기란 어려운 일일 것이다. 결국 바나나 크림 케이크는 생산 중단된 제품으로 남았지만, 이 팬은 이후로도 줄곧 인텐먼스의 팬으로 남아 자신의 견해를 활발히 표현하며 그 회사의 다른 제품들을 즐겼다. 한 번의 공개적 질문이 불만에 차 있던 팬을 누구보다 긍정적이고 적극적인 팬으로 탈바꿈시켰다.

왜 많은 질문을 해야 하는가?

조직 내에서 소셜 미디어를 책임지는 사람들은 흔히 이렇게 탄식한다. "페이스북과 트위터에 글을 올려도 아무 반응이 없어요." 수천 명에 달하는 대규모 팬층을 보유한 경우가 아니라면 게시한 콘텐츠에 대한 답장이나 의견을 받기가 어려울 수도 있다. 이런 문제를 방지하려면 기본부터 다시 점검해야 한다. 만약 당신이 누군가와 대화를 나눈다면 단순한 의견 진술과 질문 중 어느 쪽에 반응할 가능성이 높은가? 다음 두 개의 문장을 보고 당신이 보일 반응에 대해 생각해보라.

- 이 책은 지금까지 당신에게 가치 있는 통찰을 제공했습니다.
- 이 책은 지금까지 당신에게 가치 있는 통찰을 제공했습니까?

첫 번째 문장을 읽고 나면 고개를 끄덕이거나 가로젓거나 혹은 속으로 이렇게 생각할 것이다. '음, 지금까지는 괜찮았어. 계속 읽어야지.' 어느 쪽이든 모두 가벼운 반응이다. 어쩌면 저자가 좀 건방지고 자신의 바람을 뻔뻔스럽게 이야기한다는 생각이 들 수도 있다.

질문 형식의 두 번째 문장은 "그래, 정말 마음에 들어!", "아니, 이미 다 알고 있던 내용이야"와 같은 더욱 뚜렷한 반응을 이끌어낼 가능성이 높다. 더구나 질문 형식인지라 저자가 진심으로 독자의 생각을 궁금해하고 있으며 주제넘게 아는 척하지 않는다는 인상을 준다.

전통적 광고 및 마케팅 환경에서는 판매자가 메시지를 전달할 시간과 공간이 제한되어 있었다. 그래서 고객의 마음을 자신이 원하는 방향으로 돌리기 위한 말을 할 수밖에 없었다. 판매자들에게는 고객을 향해 질문을 던질 시간적·공간적 여유가 없었다. 하지만 소셜 미디어 환경은 그와 반대다. 소셜 미디어에서는 고객의 마음을 돌리려는 이야기만 해서는 소용이 없다. 고객이 긍정적으로 반응하지 않을 것이기 때문이다. 고객 인식을 형성하는 데 필요한 시간과 공간의 한계가 없어진 지금, 판매자는 고객의 요구에 직접적으로 부응하고, 그들이 제품 및 서비스에 바라는 바를 파악하며, 그들이 무엇을 좋아하고 싫어하고 원하고 기대하는지 이해할 수 있게 되었다. 이 목표를 달성하는 해법은 고객에게 많은 질문(물론 진심이 담긴)을 하고 그들의 대답에 진지하게 귀기울이는 것이다.

▌ 당신의 커뮤니티에 언제든 물어봐도 좋은 5가지 질문 ▌

1. 이 커뮤니티에서 더 많이 보고 싶은 것은 무엇인가요?

2. 당신에게 가장 영감을 주는 사람은 누구인가요?

3. 저희 제품을 사용하기에 가장 재미있는 장소는 어디인가요?

4. 처음 저희 서비스를 사용한 것은 언제인가요?

5. 이 페이지를 좋아하는 이유는 무엇인가요?

질문의 마케팅적 가치는 무엇인가?

소비자의 입장이 되어 기업이 갖가지 마케팅 채널을 통해 당신에게 하는 말에 대해, 그리고 그 말을 들으면 어떤 기분이 드는지에 대해 생각해보라. 광고주는 언제나 고객과 정서적 유대감을 구축하고자 애써왔다. 광고주가 그들의 회사에 대해 이야기할 때와 고객에게 의견을 물을 때, 둘 중 어느 쪽이 정서적 유대감 구축에 더 효과적이겠는가? 질문을 하는 것은 다음 네 가지 방식으로 마케팅적 가치를 창출한다.

1. 강압적인 모습 없이 소셜 미디어 대화를 이끌어가는 데 도움이 된다.
2. 브랜드 중심적 판매자가 아닌 소비자 중심적 판매자가 될 수 있다.
3. 당신이 개방성, 정직성, 피드백(고객 및 잠재 고객이 보편적으로 중시하는 세 가지 가치)을 소중히 여긴다는 것을 증명한다.
4. 고객이 하고자 하는 말에 당신이 관심을 두고 있다는 사실을 보여준다.

질문은 당신과 소비자 사이에 정서적 유대감을 구축하고, 고객의 근심이나 문제 또는 요구에 관한 대화를 발생시킨다. 고객이 다른 고객들 및 당신과 활발히 의견을 나눔에 따라 당신은 마인드셰어를 얻을 것이며, 그들이 구매에 나설 때 당신의 제품과 서비스를 찾을 가능성도 그만큼 높아질 것이다.

질문의 또 다른 가치: 통찰

소셜 네트워크상의 질문은 분명 마케팅적 가치의 창출로 이어진다. 하지만 그런 가치가 없다 해도 질문을 통해 당신은 엄청난 통찰을 얻을 수 있다. 흔히 R&D라고 하는, 기업 내의 연구·개발 부서는 고객의 생각을 간파하기 위해 포커스 그룹, 설문조사, 고객 마케팅 리서치 등의 프로그램에 일상적으로 수천에서 수백만 달러를 지출한다. 그렇지만 페이스북이나 트위터에서 팬층을 구축해놓으면 이 커뮤니티를 통해 동전 한 푼 들이지 않고도 정기적으로 고객의 의향을 파악할 수 있다! 이들 온라인 네트워크는 살아 숨 쉬는 포커스 그룹이다. 당신은 커뮤니티 구성원들에게 당신의 제품과 서비스, 그들의 인식, 사고방식, 견해, 경쟁사에 관한 생각 등 갖가지 주제로 질문을 할 수 있다. 처음에는 우선 다음과 같은 간단한 질문을 던져보기 바란다.

- "저희가 한층 더 힘써야 할 부분은 무엇일까요?"
- "저희와 관련하여 최고 또는 최악의 경험은 무엇이었나요?"
- "저희의 최근 광고에 대해 어떻게 생각하세요?"

이제 마침내 당신은 오프라인에서 실시하던 전통의 포커스 그룹과 리서치 활동을 축소·제한하여 자금을 절약하고, 질문에 즉각적으로 응답하는 수용자들에게 실시간으로 직접 다가갈 수 있게 된 것이다.

투명성이 점점 높아지는 이 시대에는 공개적으로 질문을 해서 통찰을 얻는 것이 최선의 길이다. 비공개로 은밀히 통찰을 얻고자 하는 것은 어떨까? 그 경우에도 비공개 온라인 설문조사를 실시하여 당신의 사람들에게 소셜 커뮤니티를 통한 참여를 요청할 수 있다. 이때 응답률을 높이고 싶다면 사람들에게 질문을 하라! "설문조사에 참여해주실 분 계신가요?"라는 질문은 "설문조사에 참여하시려면 이곳을 클릭하세요"라는 말보다 언제나 높은 응답률을 가져다줄 것이다. 질문에는 답변을 이끌어내는 자연적 성향이 있음을 기억하라.

라이커블 미디어가 리서치를 통해 질문과 페이스북 참여에 관해 발견한 사실

라이커블 미디어는 지난 2009년 페이스북에서 좋아요를 받으려면 업데이트에 어떤 요소가 필요한지, 최고의 참여율을 이끌어내는 글의 유형은 무엇인지에 대해 연구를 실시했다. 해답을 찾기 위해 우리는 개인 소유의 인터넷 신생 기업부터 전국적 규모의 레스토랑 체인에 이르기까지 다양한 유형과 규모의 고객들을 선정한 다음, 그들 페이스북 페이지의 상태 업데이트 한 달 치를 검토했다.

팬들에게 직접적으로 질문하는 내용의 업데이트를 한 경우 상호작용 발생률은 십중팔구 정보만 전달하는 글의 평균 상호작용 발생률에 비해 더 높았다. 질문 없이 회사에 관한 이야기만 한 경우에는 하나의 예외도 없이 전부 평균 참여율에 못 미치는 낮은 참여율을 보였다. 실제 수치를 살펴보면, 질문을 하거나 즉각적 피드백을 요청한 글은 단순히 정보만 담은 글에 비해 참여율이 6배나 높았다. 또한 팬들에게 업데이트를 좋아해달라고 요청한 글은 5.5배 높은 참여율을 나타냈다. 어떤 페이지에서는 '좋아해주세요' 업데이트가 정보 전달 업데이트에 비해 26.6배 높은 참여율을 기록한 경우도 있었다.

물론 고객이나 제품과 무관한 질문들을 마구잡이로 올린다면 지속적으로 대화를 이어가거나 장기적 참여를 이끌어낼 수 없을 것이다. 결국 중요한 문제는 팬들의 생각을 자극하고 장려할 수 있는 질문을 찾는 것이다. 설령 두렵더라도 고객이 신제품에 대해 어떻게 생각하는지 과감히 질문하라. 나아가 더 직접적으로 최근 제품이나 서비스에서 소비자가 좋아하지 않는 부분이 무엇인지 질문하라. 이를 통해 유익하게 활용될 진정한 피드백을 얻을 수도 있고, 어쩌면 당신이 갈망하는 "모든 것이 다 좋아요"라는 의견을 들을 수도 있을 것이다.

만약 당신의 브랜드가 강조하는 부분에 동의한다면 당신이 올린 업데이트를 좋아해달라고 사람들에게 요청하라. 업데이트에는 조직의 가치관과 관련성 있는 내용이 표현되어야 한다. 또한 대화를 촉진할 때는 매출에 지나치게 중점을 두지 말아야 한다는 점도 기억하라!

크라우드소싱의 힘

크라우드소싱(Crowdsourcing)은 대규모의 사람들이나 커뮤니티, 즉 군중(crowd)에게 공개적 요청을 통해 기업 내부의 활동을 맡기는 것을 뜻한다. 즉 전통적으로 조직에 소속된 직원들이 수행하던 아웃소싱을 일반 대중에게 맡기는 방식이다.

크라우드소싱의 장점은 다음 세 가지다.

- 첫째, 당신을 가장 잘 아는 사람들, 즉 고객들로부터 문제를 해결할 훌륭한 해법을 얻는다.
- 둘째, 대중의 지혜를 이용한다. 격언에도 있듯이, 한 사람보다는 여러 사람이 머리를 맞대는 편이 나은 법이다.
- 마지막으로 가장 중요한 점은, 신규 고객이 될 가능성이 높은 방대한 수의 사람들이 있으니 당신이 만들어낼 결과물에 대해 사실상 확정된 수익을 보장받는 셈이다.

크라우드소싱은 사람들에게 던지는 궁극의 질문이다. 크라우드소싱을 함으로써 당신은 커뮤니티에 "저희에게 어려운 문제가 있습니다. 도와주시겠어요?"라고 요청하는 것이다.

비타민워터: 크라우드소싱으로 새로운 맛을 개발할 수 있을까?

2009년 10월, 과일 맛 음료 비타민워터(Vitamin Water)의 제조사 글라소(Glacéau)는 소셜 미디어를 통해 새로운 맛과 새로운 포장 디자인을 아웃소싱했다. 처음에는 고객 및 팬에게 다음과 같은 간단한 질문을 하는 것으로 시작했다. "비타민워터의 다음번 맛은 무엇으로 하는 것이 좋을까요?" 몇 주에 걸쳐 수만 명의 페이스북 팬들이 트위터와 블로그를 통해 공유된 애플리케이션을 이용하여 저마다 선호하는 맛에 한 표를 던졌다. 포장 디자인을 제출한 이들도 수백 명에 달했는데, 최종적으로 한 여성의 디자인이 채택되어 5,000달러의 상금이 수여되었다. 이렇게 해서 글라소는 2010년 초 새로운 맛의 제품을 출시했다.

만약 연구·개발(R&D)을 통해 신제품을 개발했다면 크라우드소싱을 이용했을 때보다 훨씬 많은 비용이 들었을 것이다. 수많은 고객이 이 과정에 처음부터 끝까지 참여한 덕분에 '커넥트(Connect)'로 명명된 신제품이 출시될 무렵에는 이미 10만 명 이상의 수용자가 확보되었다. 상점에 진열되기도 전부터 10만 명이 넘는 사람들이 유대감을 느끼는 제품이 있다면 어느 기업이 그 제품을 출시하지 않겠는가? 매해 10퍼센트 이상 증가하는 비타민워터의 매출은 크라우드소싱의 성과를 더할 나위 없을 만큼 확실히 보여주었다.

스트라이드 라이트의 크라우드소싱이 그토록 활발한 참여를 이끌어낸 요인은 무엇일까?

고객 참여를 다룬 5장에서 살펴본 바와 같이, 아동용 신발 브랜드 스트라이드 라이트는 페이스북에 엄마들과 브랜드 지지자들로 구성된 강력한 커뮤니티를 구축했다(Facebook.com/striderite). 페이스북에서 이 회사가 주도하는 대화는 대개 신발이 아닌 엄마와 아이에 관한 내용이다. 그래서 대화의 초점을 신발로 옮기고자 했을 때, 스트라이드 라이트는 엄마들에게 직접 신발 디자인을 요청함으로써 대화에 흥미와 즐거움을 불어넣기로 했다.

2010년 여름에 실시된 이 홍보 행사를 위해 스트라이드 라이트는 멋진 어린이용 스니커즈를 손쉽게 '디자인'할 수 있게 해주는 애플리케이션을 제작했다. 7만 명 이상의 팬들 가운데 디자이너는 소수였기 때문이다. 수십 개의 디자인이 제출되었고, 투표에 참여한 인원은 수천 명에 이르렀다. 당선된 디자인은 '록온(Rock On)'이라는 이름이 붙은 스니커즈였다. 2011년 초 생산된 이 제품은 자신들이 직접 선택한 제품을 구매하겠다는 기대에 부푼, 의욕 넘치는 수용자들에게 판매되기 시작했다.

스트라이드 라이트는 수천 명의 여성들에게 권한을 부여받은 기분, 고객을 향한 회사의 관심을 받은 기분을 느끼게 했음은 물론, 확실하게 보장된 수용자층을 확보한 동시에 거의 비용을 들이지 않고 새로운 신발을 디자인하는 데 성공했다. 그들은 이 모든 일을 "저희가 어떤 신발을 만들기를 바라세요?"라는 질문 하나로 이루어냈다. 당신의 회사는 어떤 일을 크라우드소싱할 수 있을지 숙고하라. 당신의 제품과 서비스에 진실한 목소리를 담아 커뮤니티에 전하려면 어떻게 해야 하겠는가?

논의를 이끌어내는 질문을 하려면?

크라우드소싱이 효과를 발휘하려면 우선 적합한 프로젝트가 필요하며, 충분한 규모의 커뮤니티가 구축되어 있어야 한다. 소셜 미디어를 통해 정기적으로 질문을 하는 것 또한 팬들의 관심과 재미, 참여를 지속시키는 데 효과적이다. 고객이 당신에 대한 흥미를 잃지 않으면서 당신의 페이스북 페이지를 자주 방문하고 트윗을 계속 팔로잉하게 하려면 늘 창의성과 혁신성을 발휘하는 것이 중요하다. 당신은 점점 늘어나는 고객의 마인드셰어를 적절히 활용하고 그들에게 충실한 논의로 발전될 만한 흥미로운 질문을 던짐으로써 참여를 유도해야 한다.

오마하 스테이크의 테이블에서는 어떤 말들이 오갈까?

오마하 스테이크는 온라인 커뮤니티에서 질문을 함으로써 사람들의 이야기를 지속적으로 이끌어내고자 했다(Facebook.com/Omahasteaks). 하지만 스테이크와 기타 음식에 관한 질문들이 계속 반복되자 불과 몇 주 만에 진부한 느낌이 들기 시작했다. 오마하 스테이크는 의미가 있으면서도 흥미로운 대화를 활성화시킬 길을 찾고 싶어 했다.

그들은 멋진 식사 시간에는 그곳이 레스토랑이든, 오마하 스테이크 제품으로 차려진 가정의 식탁이든, 소셜 미디어의 '가상 테이블'이든 늘 식탁에서 좋은 대화가 오간다는 점을 깨달았다. 오마하 스테이크는 그 점에 착안하여 '테이블 토크'를 기획했다. '테이블 토크'는 식탁에서든 온라인에서든 대화를 촉진하기 위해 오마하 스테이크가 매주 팬들에게 질문을 던지는 코너다. 이 코너의 질문은 때때로 음식이나 스테이크를 주제로 삼기도 하지만, 대부분은 재미있고 생생한 대화를 이끌어내기 쉬운 그 밖의 소재들을 주제로 한다. 자주 등장하는 주제는 질문이 올라올 당시의 계절 혹은 추수감사절에서 신년 초까지의 축제 기간 등으로, 언제나 오마하 스테이크의 핵심 수용자층에 흥미를 선사하는 것을 목표로 한다.

다음은 테이블 토크에 올라왔던 질문 가운데 몇 가지를 페이스북 페이지에서 그대로 발췌한 것이다.

- 테이블 토크 시간입니다! 어떤 이들은 노련한 할로윈 베테랑인 반면 어떤 이들은 여전히 아이디어가 부족하죠. 그렇다면 이제까지 여러분 자신이나 지인이 입었던 할로윈 의상 가운데 가장 멋진 것은 무

엇이었나요?

- 테이블 토크 시간입니다! TV 가을 개편 프로그램이 정식 시작하는 날입니다! 새로 생긴 프로그램 또는 돌아온 프로그램 가운데 여러분이 가장 기대하는 것은 무엇인가요?
- 테이블 토크 시간입니다! 뉴욕 시가 한때 미국의 임시 수도였다는 사실을 아세요? 뉴욕 시에 가본 적 있으세요? 뉴욕에서 쇼를 보거나 명소를 구경해보셨나요? 여러분의 이야기를 들려주세요!

이들 질문 가운데 오마하 스테이크의 브랜드나 영업에 관한 얘기는 없다. 그러나 이 모든 질문은 대화를 촉진하고 때때로 수백 개의 답글이 달리는 논의를 낳기도 한다. 그러니 오마하 스테이크가 굳이 브랜드에 관한 질문을 할 이유가 어디에 있겠는가? 좋아요와 답글이 많이 달린 페이스북 콘텐츠는 사람들의 뉴스피드 꼭대기로 올라가 더 깊은 인상을 남기고, 결국 수천 명의 팬들이 당신의 브랜드를 다른 어떤 브랜드보다 먼저 떠올리게 된다는 사실을 유념하라.

테이블 토크 코너는 구체적으로 어떤 성과를 거두었을까? 신규 고객에게 스테이크를 판매하려는 노골적 시도가 없었음에도 테이블 토크 실시 이후 고객들의 연간 구매 횟수는 상승세를 기록했다.

실천 과제

I. 고객들이 일반적으로 주고받는 대화의 주제들이 무엇인지 목록을 작성하라. 브레인스토밍을 할 때 틀린 아이디어란 없음을 기억하라. 당신의 브랜드 혹은 회사와 연관된 주제는 물론, 전혀 관련성이 없는 주제도 적어보라. 고객

이 하고 싶어 하는 이야기는 무엇인가? 그들이 활발히 의견을 나눌 수 있는 주제는 무엇인가?

2. 고객이 주로 논의 대상으로 삼는 주제에 근거하여 페이스북이나 트위터에서 그들의 흥미로운 의견 교환을 유발할 만한 질문 목록을 작성하라.

3. 팬들이 당신에게 원하는 것이 무엇인지, 당신이 고객의 요구에 더 잘 부응하기 위한 방법은 무엇인지 파악하려면 팬들에게 어떤 질문을 던지는 것이 좋을까? 만약 당신의 회사가 과거에 마케팅 리서치, 설문조사, 포커스 그룹 등을 실시한 바 있다면 그 작업을 소셜 미디어 지형으로 옮겨올 방안을 숙고하라.

4. 당신의 회사에는 크라우드소싱에 적합한 프로젝트가 있는가? 디자인 업데이트, 신제품이나 새로운 포장 출시 등 고객과 팬에게 공개적으로 도움을 청할 만한 프로젝트는 없는지 파악하라.

다시 한 번 말하지만, 왜 많은 질문을 해야 하는가?

소셜 미디어는 대화다. 질문을 하지 않고 대화에 적극적으로 참여할 수는 없다. 고객, 잠재 고객, 팬에게 질문을 던지면 그들은 이야기를 시작하고 지속할 것이며, 이는 실질적 대화의 창출로 이어질 것이다. 또한 그들은 긍정적 시각에서 당신에 대해서도 이야기할 것이다.

페이스북을 비롯한 소셜 네트워크에서 질문을 하는 것은 당신의 조직에 관한 가치 있는 통찰을 얻고, 연구·개발 비용을 아끼고, 당신을 누구보다 잘 아는 사람들(고객 및 잠재 고객)이 떠올린, 어쩌면 놓칠 수도 있었던 아이디어를 얻는 데 기여한다. 크라우드소싱은 커뮤니티에 궁극적 질문("저희를 도와주시겠어요?")을 제기함으로써, 당신의 성공에 기여할 방대한 수의 이해관계자들을 구축하는 동시에 그들에게 가치 있고 재미있는 활동을 할 기회를 준다. 질문은 당신의 조직이, 답변 내용이 마음에 들든 안 들든 고객의 의견을 듣는 데 근본적으로 열린 자세를 취하고 있음을 보여준다. 고객을 온라인의 대화에 참여시키는 데 질문 이상으로 좋은 방법이 어디 있겠는가?

가치를 제공하라
(그렇다, 공짜로!)

likeable social media
Chapter 11

"실례해요, 데이브. 우리가 전에 만난 적은 없지만 제 소개를 하고 싶네요." 뉴욕에서 열린 대규모 소셜 미디어 회의에서 내게 다가온 마이클 (Michael)은 자신감 넘치는 말투로 이야기했다. "당신과 당신의 회사가 제공한 그 커다란 가치에 감사하고 싶어요. 제 말은, 당신의 소셜 미디어 대행사가 이제까지 공유한 각종 링크, 자료, 정보와 당신이 작성한 모든 글이 제게 큰 도움이 됐고, 덕분에 저도 많은 걸 배워서 얼마 전에 직접 소셜 미디어 대행사를 설립했다는 얘기예요. 다시 한 번 감사드려요, 데이브. 앞으로도 멋진 모습 보여주세요. 계속 지켜볼게요!"

그 말을 듣고 처음에는 충격을 받았다. 나는 페이스북을 비롯한 온라인에서 무상으로 가치를 제공하는 것이 우리의 전문 지식과 신뢰성을 입증하여 평판을 높이고 '사고의 리더'가 되는 길이라고 늘 직감적으로 믿어왔다. 그런데 이날, 낯 두껍게도(좋게 말하자면 솔직하게도) 라이커블 미디어와 내가 무상으로 제공한 가치 덕분에 그 자신도 우리가 하고 있는 일을 시작하게 되었다고 얘기하는 사람을 만난 것이다. 무척 불공평한 일이라는 생각이 들었다. 우리가 지닌 것을 팔지 않고 그냥 나누어주면 신뢰가 구축되고 시장에 우리에 관한 입소문이 자연히 퍼져 나갈 것이라는 내 기본적 믿음에 의심이 들었다. 어쩌면 나는 그동안 내내 잘못된 길을 걸어온 형편없는 사업가일지도 몰랐다.

다행히도 회의가 끝나고 불과 3일 뒤에 나는 가치 있는 콘텐츠를 온라인에서 무상으로 나눠야 한다는 우리의 핵심 신념을 다시 긍정하게 해준 전화를 한 통 받았다. 전화를 건 이는 미국에서 손꼽히는 파티 및 텐트 회사의 주요 의사결정자였다. 그녀는 솔직하고 간단명료하게 용건을 밝혔다.

> 안녕하세요. 제가 누군지 모르실 거예요. 저는 수개월간 그 회사의 페이스북, 트위터, 블로그를 지켜봤어요. 방금 그 회사 직원이 작성한 또 하나의 멋진 블로그 글을 읽고 나서 언제 한번 전화를 걸어봐야겠다고 생각했던 것이 기억났어요. 저희는 소셜 미디어 전략과 계획이 필요해요. RFP(제안요청서)를 발행할 수도 있지만 솔직히 말하면 저희는 데이브 씨의 회사와 함께 일하고 싶어요. 지난 몇 개월간 여러분이 작성해서 공유한 글을 보면서 그곳이 어떤 생각을 지닌 회사인지 충분히 확인했으니까요. 저희 예산은 20만 달러예요. 일은 언제쯤 시작할 수 있을까요?

우리가 몇 개월간 무료로 제공한 콘텐츠 덕분에 경쟁자들이 우리에 대해 배웠을지도 모른다(사실 그 때문에 새로운 경쟁자가 탄생하기까지 했다, 젠장!). 하지만 그 콘텐츠 덕분에 우리는 시간이 지나며 명성과 신뢰를 다졌고, 결국 홍보 인력의 외부 활동에 전혀 기대지 않고도 우리를 찾아오는 잠재 고객의 마음을 끌어 크게 성장할 수 있게 되었다. 만약 우리가 무료 정보를 전혀 공유하지 않았더라면 20만 달러를 제안한 이 경영자는 우리에 대해 전혀 알지도 못했을뿐더러 연락을 하지도 않았을 것이다.

무료 가치 제공은 신뢰와 평판을 높이고 매출까지 발생시킨다

팬과 팔로어에게 가치 있는 콘텐츠를 전할수록 당신의 신뢰와 평판은 높아진다. 마케팅 목적의 대화나 요구 없이 전문 지식을 공유하라. 그만큼 명성도 얻게 될 것이다.

예컨대 회계 사무소에서 일한다면 '내년 세금을 절약하기 위한 최고의 전략 톱 10'과 같은 블로그 글을 작성해서 페이스북과 트위터에서 공유하라. 글 말미에 "절세에 관해 더 많은 도움을 받고 싶으시면 연락 주세요"와 같은 말을 덧붙이고 싶다는 유혹도 느끼겠지만, 아무런 대가도 요구하지 않고 전문 지식을 공개하는 편이 더 낫다. 장담하건대 만약 잠재 고객이 당신의 글을 보고 도움을 더 받아야겠다고 느낀다면 당신의 웹사이트에서 금방 연락처를 찾아낼 것이다. 글로 쓸 만한 내용이 충분치 않아 걱정된다면 분량은 적지만 더욱 예리한 글을 쓰면 된다. 앞서 언급한 '톱 10' 글을 예로 들면, 전체 내용을 열 개 항목으로 나누어 각각의 전략과 그 근거를 조금 더 깊이 다뤄볼 수도 있을 것이다.

반드시 직접 글을 쓸 필요도 없다. 사실 글을 쓰는 것은 시간이 많이 들고 불필요한 일일 수도 있다. 온라인에서 발견한 유용한 글을 커뮤니티에 공유하는 것만으로도 고객 및 잠재 고객이 고맙게 여길 만한 가치를 제공할 수 있다. 꼭 당신이 직접 작성한 자료가 아니어도 괜찮다. 다만 다른 사람들과 공유할 때는 출처를 분명히 밝혀야 한다.

충분한 가치를 제공하여 사람들을 도와라: 가치 제공이 당신의 모든 것을 내준다는 의미는 아니다

우리가 제공한 콘텐츠 덕분에 직접 소셜 미디어 대행사를 차린 사람도 있긴 했지만, 무료 공개된 정보를 바탕으로 사람들이 모든 것을 스스로 처리하는 것은 사실 매우 보기 드문 경우다. 회계사는 세금에 관한 일반적 조언을, 법률 회사는 새로 제정된 법률이 미칠 영향을, 컨설턴트는 모범적 경영 관행을, 의사는 건강 관련 뉴스와 정보를 제공할 수 있다. 하지만 당신의 리서치, 정보, 글에서 사람들이 아무리 큰 가치를 발견한다 해도 그들은 전문가가 아니며, 결코 당신의 콘텐츠가 다루는 영역을 당신만큼 잘 알 수는 없다. 그러므로 도움을 필요로 하는 사람들은 결국 당신의 제품이나 서비스를 찾을 것이다. 바로 그때가 당신이 그동안 무료 제공한 가치로부터 수익을 얻을 기회다.

시간을 두고 훌륭한 콘텐츠를 꾸준히 제공한다면 광고를 할 필요가 없어진다. 커뮤니티에 속한 사람들은 그동안 당신에게 받은 콘텐츠를 바탕으로 이미 당신이 얼마나 훌륭한지 알고 있을 터이기 때문이다. 그들은 제품이나 서비스를 구매하려 할 때 광고에 반응하지 않을 것이며, 심지어 구글 검색도 하지 않을 것이다. 그들은 당신이 있으니 다른 사람을 찾을 필요는 없다고 생각하며(즉 당신을 신뢰하고 좋아하는 것이다), 문제를 해결하기 위해 당신에게 의지할 것이다.

이제 모든 브랜드가 콘텐츠 발행자다

더 이상 전문 서비스 회사만 글을 쓰는 시대가 아니다. 이제 모든 회사와 브랜드가 자체적으로 글을 작성하거나 발견하여 블로그와 페이스북 페이지에 올릴 수 있다. 가치 있는 정보를 트윗·리트윗해서 커뮤니티 전체에 한꺼번에 알릴 수도 있다. 당신은 클릭 한 번으로 가치 있는 정보를 사실상 무한정 공개할 수 있으며, 이 정보를 접하는 사용자들은 수백만 명에 이를 수도 있다.

벤처 투자자 프레드 윌슨(Fred Wilson)을 비롯한 많은 이들은 링크가 곧 소셜 웹의 경제라고 말한 바 있다. 일단 링크를 통해 사람들과 연결이 되면 그때부터 수용자들은 기하급수적으로 늘어난다. 훌륭한 글을 써서 공유함으로써 당신은 무엇을 마케팅하든지 간에 커뮤니티에 가치 있는 정보를 제공할 수 있다. 마케팅 대상이 식품이나 레스토랑이라면 조리법을, 의류 브랜드라면 최신 패션 트렌드를, 호텔이나 항공사라면 여행 정보를 공유하면 될 것이다. 가장 중요한 점은 표적 수용자를 고려하고 그들이 가치 있다고 여길 만한 글을 제공하는 것이다. 당신이 업데이트를 보는 입장이라면 무엇을 유용하다고 느끼겠는가? 당신이 수용자라면 회사가 무엇을 보여주길 바라겠는가?

회사가 무엇을 판매하든 여기서 할 일은 그것을 판매하는 것이 아님을 잊지 마라. 당신은 전문 지식을 파는 것이다. 명성을 파는 것이다.

신뢰성을 파는 것이다. 당신은 콘텐츠를 제공하고 곧바로 그 대가를 받는 거래를 하는 것이 아니다. 아무 대가 없이 나누어줘야 한다. 하지만 그렇게 함으로써 당신이 몸담은 분야에서 사고의 리더가 된다면 충분히 보람 있는 일 아니겠는가? 그렇게 함으로써 장차 판매하려는 노력을 전혀 기울이지 않아도 사람들이 당신을 그 분야의 최고 전문가로 여기고, 다른 회사는 검색조차 하지 않고 당신의 제품이나 서비스를 구매하러 온다면 충분히 보람 있는 일 아니겠는가?

글이 아닌 다른 방법으로 가치 제공하기

글이 많은 양의 정보를 전파하는 데 효과적인 수단이긴 하지만 다른 전략 또한 그 못지않게 유용하다. 가령 B2B 조직이라면 일반적인 글이 아닌 백서를 작성하거나 리서치 자료를 공유할 필요도 있을 것이다. 소비자 브랜드라면 재미있는 게임이나 만화, 모바일 혹은 페이스북용 무료 애플리케이션을 제작하는 것이 효과적일 수 있다. 이 모든 것은 오락과 실용적 가치를 제공한다. 하지만 직접 온라인 게임이나 애플리케이션을 개발하는 데는 단순히 글을 쓰는 것보다 훨씬 많은 비용이 들며, 따라서 위험부담도 높아진다는 사실에 유의하라.

가치 있는 콘텐츠를 제공하는 또 다른 방법은 동영상이다. 60~120초 길이의 동영상을 제작해보면 온라인에서 전통적으로 글을 통해 전달해왔던 정보(소비자가 직접 어떤 문제를 해결하는 방법, 톱 5 조언 등)를 동영상으로 공유하는 것이 글보다 더 간편하다고 느낄지도 모른다. 많은 이들에게 동영상 촬영은 글쓰기에 비해 손쉬운 일이다. 또한 동영상은 조직의 인간적 면모를 보여주는 데 더 유리하다는 장점도 있다. 다음은 동영상 콘텐츠를 제작할 때 참고할 만한 몇 가지 간단한 지침이다.

1. **플립 캠코더를 사용하라** 특별한 경우가 아닌 한 굳이 돈을 들여 고가의 장비를 사용할 이유가 없다.

2. **짧고 기분 좋게** 온라인에서 사람들의 주의가 지속되는 시간은 무척 짧다. 동영상 길이는 2분 이내가 되어야 한다.

3. **가능한 모든 곳에서 공유하라** 우선 유튜브와 페이스북에 동영상을 올리고, 수십 개의 서로 다른 플랫폼에서 동영상을 공유할 수 있게 해주는 튜브모굴(TubeMogul)과 같은 서비스를 이용하는 것도 고려하라.

4. **동영상 촬영을 즐겨라** 최종 완성된 동영상에는 그 즐거움이 드러나기 마련이다(카메라 앞의 사람이 불편해하거나 불안해한다면 그 점 역시 동영상에 고스란히 드러난다).

어떤 미디어를 선택하든 콘텐츠와 가치는 당신이 원하는 바에 따라 단순할 수도, 복잡할 수도 있다. 중요한 기준은 고객이나 커뮤니티에 유익한 뭔가를 전하고 진정으로 아무런 대가를 요구하지 않는 것이다.

▌ 일관성이 중요하다 ▌

가치 있는 콘텐츠를 창출하여 공유하면 높은 평판과 수익이 돌아올 것이다. 하지만 그러기 위해서는 충분한 시간이 필요하고 지속적으로 노력하고 헌신해야 한다. 생각해보라. 어떤 조직이나 저자를 처음 접했을 때 당신은 그 조직이나 저자를 곧바로 신뢰하는가? 아니다. 신뢰가 생기려면 시간과 반복적 접촉이 필요하다. 이는 소셜 웹에서도 마찬가지다. 안타깝게도 많은 조직이 가치 있는 콘텐츠를 창출하려는 시도는 하지만 그 투자에 대한 즉각적 보상이 없으면 이내 포기하고 만다. 정기적으로 커뮤니티에 가치를 제공하며 오랜 시간에 걸쳐 헌신하는 조직은 성공할 것이다. 반면 최소한의 시간과 노력만 들이는 조직은 실패를 면할 수 없다.

5퍼센트 할인은 모욕이다: 쿠폰, 그리고 가치와 마케팅 간의 차이

판매자들이 오랫동안 '가치 있는 쿠폰', '가치 있는 할인 판매'와 같은 문구를 사용해온 탓인지 우리는 쿠폰과 할인이라는 말을 들으면 가치를 떠올리게 되었다. 확실히 판매 채널로서의 이메일 마케팅은 고객에게 할인이나 서비스를 제공하는 데 굉장히 치중한다. 판매자들은 고객이 그들의 제품을 필요로 하는 바로 그 순간에 이메일을 받아보길 바라면서 각종 쿠폰과 할인 제안을 담아 발송한다. 문제는 '그런 이메일이 정말 가치를 제공하는가, 아니면 단지 마케팅 수단일 뿐인가?'이다. 단언하건대 가치 있는 제안과 마케팅을 위한 제안 사이에는 분명한 차이가 있다.

10퍼센트 할인은 사실 가치가 아니다. 마케팅을 위한 제안일 뿐이다. 5퍼센트 할인은 모욕이다. 15퍼센트 할인은 가치로 인식될 수도 있고 아닐 수도 있다. 수용자가 누구인지, 제품이 무엇인지에 따라 좌우된다. 물론 5퍼센트나 10퍼센트 할인을 제공하는 것도 좋다. 다만 대다수 소비자의 눈에는 5~10퍼센트 할인이 그다지 가치 있게 보이지 않는다는 사실을 유념하기 바란다.

쿠폰이 진정한 가치를 제공할 수 있을까? 물론 언제나 가장 좋은 것은 제품이나 서비스를 무료로 주는 것이다. 무료 백서, 게임, 견본, 또는 구매 고객에게 선사하는 사은품 등의 가치를 부정할 사람은 없을 것이다. 만약 '할인 브랜드'로 인식되는 것이 싫다면 구매 고객에게 무료 사은품을 증정하는 방식이 최선의 절충안이다. 할인을 선택할 경우, 50퍼센트 이상을 할인할 때 소비자들은 당신이 실질적 가치를 제공한다는 인상을 받을 것이다. 제품이나 서비스를 50퍼센트나 할인하는 것에 대해 거부감을 느끼는 회사도 많겠지만, 점점 더 많은 기업이 신규 고객을 끌어들이고 충성스런 고객에게 보상을 제공하며 소셜 네트워크에서 화제를 낳기 위해 이 방법을 이용하고 있다.

그루폰(Groupon), 리빙소셜(LivingSocial), 그 밖에 다수의 '소셜 커머스' 회사들은 정해진 수 이상의 소비자가 구매를 약속할 경우에만 유리한 구매 조건이 발동되는 방식을 이용하여 전보다 손쉽게 50퍼센트 이상의 할인을 제공할 수 있는 환경을 만들었다. 이윤을 포기하는 대신 판매량을 늘리는 아이디어인 셈이다.

예컨대 당신이 9달러에 만든 제품을 20달러에 판매하여 11달러의 이윤을 얻는다고 하자. 제품 가격을 10퍼센트 할인하면 판매가는 18달러가 되고 9달러에 달하는 상당한 수준의 이윤을 얻겠지만 판매량은 평상시보다 조금 더 늘어나는 정도일 것이다. 하지만 100명이 미리 구매 약속을 할 경우에 한해 제품 가격을 50퍼센트 할인하면 처음보다 작기는 해도 여전히 이윤을 얻을 수 있을 뿐만 아니라, 소셜 네트워크를 통해 친구들에게 이 '거래'를 알리는 소비자들 덕분에 당신의 인지도까지 크게 높일 수 있다. 이는 판매자와 소비자 모두가 이익을 얻을 수 있는 매력적인 모델이다.

모든 조직은 소셜 웹에서 팬과 팔로어에게 가치 있는 콘텐츠를 제공해야 한다. 이미 많은 조직이 그렇게 하고 있다. 이어지는 내용을 통해 고객에게 꾸준히 가치를 제공하는 몇몇 회사의 사례를 살펴보기로 하자.

애플비즈: 동영상 조리법

인기 레스토랑 체인 애플비즈의 요리사 팀은 이 레스토랑의 인기 요리를 조리하는 방법이 담긴 동영상을 매주 올린다. 동영상은 조리법에 생기를 불어넣는다. 요리사들은, 그리고 집에 있는 당신은 마치 TV 요리 프로그램의 주인공처럼 보인다. 몇 년 전만 해도 독점적 조리법의 공개를 몹시 꺼리는 레스토랑이 많았다. 하지만 지금은 애플비즈를 비롯한 많은 레스토랑이 정기적으로 조리법을 공개한다. 그러면 갑자기 다른 레스토랑들이 나타나 그 조리법을 훔쳐 경쟁을 하려 들까? 물론 아니다. 그와 반대로 사람들은 해당 레스토랑에 더 깊은 유대감을 느끼고 그곳의 음식을 집에서 직접 만들어볼 수 있다는 데 즐거워한다. 집에서 그런 경험을 한 이들은 가족과 함께 다시 애플비즈를 방문해 자신들이 직접 만들었던 음식과 비교를 해보기도 한다.

이센셜 디자인 앤드 리얼 이스테이트: 최신 뉴스와 법률

이센셜 디자인 앤드 리얼 이스테이트(Essential Design and Real Estate)는 뉴욕 시에 본사를 두고 실내장식 디자인과 부동산 개발을 하는 회사다. 이센셜은 대량 판매와는 거리가 먼 회사로서, 고액 자산을 보유한 주택 소유자, 아파트 및 공동주택 부동산업 종사자 등 특정한 틈새 수용자를 대상으로 활동한다.

이센셜은 부동산업에 관한 최신 기사, 부동산 개발 업자와 부유한 뉴요커에게 영향을 미칠 수 있는 법률상의 변화 소식 및 법률에 대한 분석 등을 공유하여 가치를 제공한다. 표적 수용자들이 이센셜을 고용하거나 최소한 연락이라도 취하지 않고서 이 정보를 제대로 이용할 수 있을까? 경쟁 업체가 이 글을 가져다 변경하여 다른 용도로 사용할 수 있을까? 물론 그럴 수 있고, 그렇게 하는 이들도 일부 있을 것이다. 하지만 그 정보로 말미암아 회사에 접촉해온 몇몇 소수의 잠재 고객만으로도 이센셜은 엄청난 투자 대비 수익(수백만 달러 규모의 거래)을 올리고 있다.

블렌텍: 정말로 재미있는 동영상

아직 블렌텍(Blendtec)의 동영상을 본 적이 없고 지금 곁에 컴퓨터가 있다면 잠시 책을 내려놓고 그들의 유튜브 채널을 방문해보기 바란다 (Youtube.com/Blendtec). 블렌텍은 세계에서 가장 강력한 믹서를 만들어 레스토랑, 사무실, 가정에 판매하는 회사다.

블렌텍은 단지 믹서만 잘 만드는 것이 아니라 재미있는 오락물을 만드는 데도 능하다. 그들이 만든 각각의 짤막한 동영상은 "이게 갈릴까요?"라는 질문을 던진 뒤에 사람들이 미처 생각지 못했던 것들, 가령 아이팟이나 아이폰 또는 골프채 따위를 믹서로 갈아본다. 동영상에는 믹서를 구입하라는 얘기는 전혀 없으며, 악의 없는 유머와 오락이라는 가치만 담겨 있다.

하지만 그 악의 없는 유머 덕분에 소규모 믹서 회사인 블렌텍은 유튜브 채널에서 사상 최고의 인기 기업 중 한 곳이 되었다. 이제까지 수백만 명의 사람들이 이 회사의 유쾌한 동영상을 봤으며, 그들 중 수천 명이 제품을 구입했다. 여기서 한 가지 주의 사항을 밝혀둔다. 재미있는 오락물을 만들 수 없으면서 인기만 노리고 바이러스처럼 유행하는 동영상을 제작하려 드는 회사는 99.9퍼센트 실패할 것이다. 만약 당신이 정말로 재미있는 동영상을 만들 수 있다면 더 바랄 나위가 없다. 하지만 그렇지 않다면 커뮤니티에 가치를 제공할 다른 방법을 고안하라.

레이모어 & 플래니건: 홈 디자인 아이디어

레이모어 & 플래니건(Raymour & Flanigan)은 미국 북동부 지역에서 수십 개의 매장을 운영하는 가구 판매점이다. 이 회사는 막대한 자원을 투입하여 일반 가정의 실내장식 디자인에 관한 콘텐츠를 제작한다. 레이모어 & 플래니건은 매주 다양한 규모의 공간과 방을 장식하는 방법이 담긴 사진 및 동영상을 공유하는데, 뉴욕과 보스턴 같은 도시 지역은 물론 이 회사의 매장이 위치한 교외 지역의 주택까지 두루 등장한다. 그들은 적극적으로 가구를 판매하려고 시도하지 않는다. 다만 페이스북 페이지를 통해 아이디어를 나누어줄 뿐이다. 사람들이 그들의 동영상과 사진을 보고 다른 회사의 가구를 사서 거실을 꾸미려는 생각을 할 수도 있지 않을까? 답은 '그렇다'이다. 레이모어 & 플래니건이 가장 저렴한 제품을 판매하는 곳은 아니다. 따라서 많은 사람들이 '다른 데서 사면 돈을 덜 들이고도 저렇게 할 수 있겠어'라고 생각할 가능성도 있다. 하지만 이 회사의 아이디어를 토대로 다른 곳에서 가구를 구입하는 사람들뿐만 아니라, 사진과 동영상에 등장하는 멋진 방을 보고 '저게 마음에 들어. 꼭 똑같이 하고 싶어!'라고 생각하는 이들도 있다. 그들은 결국 다른 곳이 아닌 레이모어 & 플래니건의 제품을 구입한다.

라이커블 미디어: 일일 블로그

2007년에 회사를 설립한 직후부터 우리는 소셜 미디어와 온라인 마케팅에 관한 가치 있는 콘텐츠를 제작 및 공유하여 우리의 전문 지식과 관점을 사람들과 나누고자 했다. 나는 블로그 제목을 '버즈 마케팅 데일리(Buzz Marketing Daily)'로 하자고 주장했는데, 몇 안 되는 우리 회사 직원들은 크게 당황했다. 그들의 의견은 이러했다. "블로그 제목에 '데일리(daily: '날마다'라는 뜻—옮긴이)'가 들어가면 하루도 빠짐없이 새로운 콘텐츠를 올려야 하잖아요? 만약 못 올리는 날이 생기면 어떡합니까?"

또 누군가는 이렇게 말했다. "우리는 마케팅 회사지 신문사가 아니에요."

3년 뒤 블로그 제목은 '라이커블 콘텐트 데일리(Likeable Content Daily)'로 바뀌었다. 처음의 걱정과는 달리 그동안 우리는 평일에 날마다 새로운 글을 올린다는 약속을 꾸준히 지켜왔다. 더욱 중요한 점은, 라이커블 콘텐트 데일리는 세계의 소셜 미디어 관련 블로그 가운데 가장 널리 읽히고 공유되는 1,000개의 블로그 중 하나로서 새로운 비즈니스 전망을 제시하는 지속적 원천이 되었다는 사실이다.

1. 마케팅이나 회사 선전에 전혀 초점을 맞추지 않고 표적 수용자에게 가치를 제공할 방법들을 브레인스토밍하고 기록하라. 고객에게 가장 큰 도움이 되는 것은 무엇이겠는가? 정보인가, 오락인가, 기능성인가, 혹은 이들의 조합인가?

2. 소셜 웹에서 수용자에게 가치 있는 콘텐츠를 제공할 때 당신의 조직이 가장 잘 활용할 수 있는 포맷은 무엇인지 적어라. 블로그에 글을 쓸 것인가, 동영상을 촬영할 것인가, 게임이나 애플리케이션을 제작할 것인가, 아니면 웹을 뒤져서 특정 주제에 맞는 재미있고 유용한 콘텐츠를 찾아내어 공유할 것인가?

3. 고객이 가치 있게 여길 만한 몇 가지 콘텐츠를 제작하라. 페이스북을 비롯한 소셜 네트워크에 올리기 전에 먼저 한두 명의 친구에게 그것을 보이고 반응을 살펴라. 그들이 당신의 콘텐츠를 가치 있는 것으로 보는가? 또한 그들은 그것을 순수한 가치로 여기는가, 광고로 여기는가?

4. 당신의 조직이 제품이나 서비스를 대폭 할인하는 대신 집단 판매를 통해 매출 증대가 보장되는 그루폰 같은 모델에 적합한지 파악하라. 이 모델이 모든 조직에 잘 맞는 것은 아니지만, 고객에게 가치를 제공하는 동시에 수익도 보장받는 한 가지 길이 될 수 있다.

주어라, 그러면 너희도 받을 것이다

예전부터 기업은 언제나 고객 및 잠재 고객에게 가치를 제공하려 노력했다. 다만 문제는 그들이 매출이라는 형태의 즉각적 보상을 원했다는 점이다. 소셜 웹에서의 과제는 당장 무언가를 돌려받으려는 기

대 없이 정보, 오락, 애플리케이션 등 가치 있는 콘텐츠를 제공할 방법
을 고안하는 것이다. 콘텐츠를 무료로 나누어줘도 당신의 고객이 되지
않는 사람들은 분명히 있을 것이다. 하지만 누가 고객이 되고 누가 되
지 않을지 어떻게 미리 알겠는가? 그들을 제외한 다른 잠재 고객들은
당신이 제공한 콘텐츠에 고마움을 느끼고, 그것을 친구들과 공유하며,
자진해서 당신의 고객이 될 것이다.

이야기를 공유하라
(그것이 당신의 소셜 화폐다!)

"이런 의뢰인이 있었어요." 교통 위반 딱지 관련 소송을 전문으로 하는 뉴욕의 법률 회사 888 레드라이트(888 RED LIGHT)의 설립자 겸 CEO 인 매튜 와이즈(Matthew Weiss)가 내게 말했다. "그를 잭이라고 하죠. 잭 래빗(Jack Rabbit: 북미산 산토끼를 가리키는 말이지만, 자동차의 급발진을 뜻하기도 한다─옮긴이)의 잭이요. 그는 뉴욕 롱비치 부근의 오션 파크웨 이에서 시속 140마일(1마일은 약 1.6킬로미터이므로 약 225킬로미터─옮긴이) 로 달린 혐의로 기소되었어요. 그곳 규정 속도는 시속 55마일이었죠. 밤늦게 포르쉐(Porsche) 터보 카레라(Turbo Carrera)를 몰고 그렇게 가 다가 나소 카운티 고속도로 순찰대에 적발된 거예요." 그가 이야기를 계속했다.

사건을 의논하기 위해 우리가 처음 만난 자리에서 저는 그에게 법정에 올 때 칫솔을 가지고 오라고 했어요. 왜냐고 묻기에 나소 카운티 교정 시설에 들어가게 될 수도 있기 때문이라고 했죠. 아시겠지만 뉴욕은 즉결 재판소가 과속에 대해 최대 30일까지 수감 처분을 내릴 수 있어요. 그와 함께 처음 법정에 출석한 날, 이게 보통 딱지가 아니라는 걸 대번에 실감했어요. 나소 카운티 교통위반 및 주차 담당국(Nassau County Traffic Violation and Parking Agency)은 하루에 300건이 넘는 사건을 처리하는데 그중 다수가 과속 딱지에 관한 거예요. 하지만 이 정도로 심한 과속은 아주 드문 일이죠. 지친 기색의 법원 직원 한 명은 잭이 얼마나 과속을 한 건지 확인하고는 믿기지 않는다는 듯 휘파람을 불기도 하더군요.

우리는 이 사건을 재판으로 가져갈 수밖에 없었어요. 이 법원에서는 시속 31마일 이상을 초과한 과속에 대해서는 사법거래(plea bargain: 피고가 유죄를 인정하면 감형해준다는 피고와 검찰 사이의 합의-옮긴이)를 하지 않거든요. 그러니 제한속도를 85마일이나 초과한 잭의 경우는 더 말할 나위도 없었죠. 재판을 준비하는 과정에서 잭은 제게 사건의 세부 사항을 설명해줬어요. 그는 자신이 시속 140마일로 달리지 않았다고 강력히 주장했지요. 당시 대화는 이랬습니다.

잭: 저는 절대로 시속 140마일로 달리지 않았어요.

나(매튜 와이즈): 확실해요?

잭: 예. 제가 그 속도로 달렸을 리가 없어요!

나: 하지만 단속 경관은 잭 씨가 그 속도로 차를 몰았다고 증언할 거예요.

잭: 그가 100퍼센트 잘못 알고 있는 거예요!

나: 흠, 그걸 어떻게 알죠?

잭: 저는 사실 시속 160마일로 가고 있었단 말이에요!

저는 그 말을 듣자마자 절대 재판에서 증언을 하지 말라고 대답했죠. 다행히 간곡한 탄원이 판사의 마음을 움직였는지 잭은 벌금과 벌점만 부과받고 일신상의 자유는 지킬 수 있었어요. 그렇지만 시속 140마일이 아닌 160마일로 달렸다는 잭의 말은 분명 제가 이제까지 들어본 교통 법규 위반자들의 변명 가운데 가장 웃기는 것이었어요.

와이즈의 이 재미있는 이야기는 나만 들은 것이 아니다. 그의 블로그 '교통 전문 변호사의 고백(Confessions of a Traffic Lawyer)'을 통해 이 이야기를 접한 사람은 수천 명에 이른다. 2009년에 시작해서 매주 업데이트되는 이 블로그를 와이즈는 '이야기를 들려주는 최고의 수단'이라 말한다. 그는 수임률이 매년 22퍼센트씩 증가하는 것이 블로그, 페이스북, 트위터를 통한 '이야기 들려주기' 덕분이라고 믿는다.

당신의 조직에는 어떤 이야기가 있는가?

2005년 말 어느 날, 나는 그 무렵 내 약혼자가 된 캐리와 함께 한 식당에 앉아 결혼식에 관한 이야기를 하고 있었다. 나는 성대한, 아주 큰 규모의 결혼식을 원했다. 그동안 언제나 대중에게 알려진 인물로 살아왔으니 내 중요한 날을 되도록 많은 사람들과 함께하고 싶었다. 그런데 뉴욕의 결혼식 비용은 엄청나게 비쌌다. 하지만 우리 두 사람에게는 마케팅 및 홍보 분야에서 일하며 쌓아온 풍부한 경험이 있었고, 결국 캐리가 기발한 아이디어를 떠올렸다. 우리 결혼식을 통해 여러 회사들이 홍보 활동을 하도록 해서 자금을 마련하자는 것이었다.

열성적인 야구 팬인 우리는 뉴욕 메츠(New York Mets)와 제휴 관계를 맺고 있는 브루클린 사이클론스(Brooklyn Cyclones)라는 마이너리그 팀에 전화를 걸어, 경기가 끝난 뒤 홈 플레이트에서 결혼식을 올리고 싶다는 생각을 전했다. 우리는 비용을 대줄 스폰서들을 확보한 뒤, 각 스폰서가 경기 전과 경기 중에 홍보에 나서도록 할 계획이었다. 경기장을 찾은 5,000명의 관중이 퍼뜨릴 입소문으로 스폰서와 사이클론스 모두 큰 이득을 얻을 터였다.

사이클론스는 우리의 제안을 반기며 그렇게 해보자고 했다. 꽃 판매 업체인 1-800-플라워즈닷컴 역시 우리 아이디어를 크게 환영하며 행사에 쓸 꽃을 제공해주었다. 이어서 스미노프(Smirnoff)와 데이비즈 브라이들(David's Bridal)을 비롯한 수십 개의 회사들이 동참 의사를 밝혔다. 2006년 7월, 나와 캐리는 500명에 달하는 친구와 친지, 그리고 5,000명의 낯선 사람들이 지켜보는 가운데 놀라운 결혼식을 올렸다(〈그림 12.1〉). 우리는 스폰서의 도움으로 10만 달러의 자금을 마련하여 결혼식 비용을 충당하고 다발성경화증협회에 2만 달러를 기부했다.

이 행사는 많은 화제를 낳았다. 우리 부부와 스폰서 회사들은 〈뉴욕타임스〉, CNBC, CBS의 〈얼리 쇼(Early Show)〉, ABC의 〈월드뉴스 투나잇(World News Tonight)〉 등 수백 개의 전통적 미디어와 최신 미디어를 통해 소개되었다. 우리는 꿈같은 결혼식을 올렸을 뿐만 아니라 멋진 홍보 활동까지 성공적으로 해낸 셈이었다.

그로부터 몇 주 뒤, 결혼식에 참여했던 업체들로부터 전화가 걸려오기 시작했다. 그들은 홍보 효과와 입소문에 대해 우리에게 감사를 표하며 다음번에는 무엇을 할 계획인지 물었다. 결혼을 또 할 수는 없는 노릇이니, 우리는 입소문 마케팅이라는 개념을 기반으로 하는 회사를 설립하기로 했다. 그렇게 해서 라이커블 미디어의 전신, 케이버즈(Kbuzz)가 탄생했다.

그림 12.1 **캐리와 데이브의 결혼**

이야기는 당신의 회사에 생기를 불어넣는다

어떤 회사의 탄생 과정에 대한 이야기를 들을 때, 어떤 회사가 고객의 삶에 미친 영향에 대한 이야기를 들을 때, 어떤 회사의 구성원이나 파트너가 겪은 독특한 경험에 대한 이야기를 들을 때 사람들은 그 회사에 정서적 유대감을 느낀다. 소셜 미디어, 특히 블로그와 동영상을 이용하면 회사의 이야기를 고객 또는 잠재 고객과 온 세상에 알려 강력한 유대를 구축할 수 있다. 과거에는 대중에게 이야기를 하려면 비용이 많이 들었으며 TV 광고나 주요 신문 등을 통해서만 실현할 수 있었다. 하지만 이제 소셜 미디어를 이용하면 무료로, 혹은 거의 무료에 가까운 비용만으로 이야기를 들려줄 수 있다.

변호사이자 기업가이며 블로거인 매튜 와이즈는 이렇게 말했다. "사람들은 이야기 듣기를 좋아합니다. 모닥불 주위에 둘러앉아 이야기를 주고받던 원시 부족 시대부터 그랬죠. 소셜 미디어의 등장으로 소비자는 시간적 제약에서 완전히 벗어날 수 있게 되었어요. 그들의 마음을 사로잡지 못하면 언제든 그들을 잃을 수 있습니다. 저는 사람들의 관심을 끌고 그 관심을 지속시키는 수단으로 이야기를 이용합니다."

어떤 회사든 할 이야기가 적어도 한 가지는 있으며 대다수 회사는 많은 이야기를 갖고 있다. 스스로에게 다음과 같은 질문을 던지며 아이디어를 떠올려보기 바란다.

- 당신의 회사는 어떤 과정을 거쳐 설립되었는가?
- 힘든 시기를 어떻게 견뎌냈는가?

- 핵심 고객들은 누구인가?
- 고객이나 직원과 관련된 재미있는 사건으로는 무엇이 있는가?
- 당신의 회사에서 일함으로써 직원들의 삶에는 어떤 변화가 생겼는가?
- 당신의 회사 혹은 직원들은 어떤 자선단체를 지원하고 있는가?

이야기는 브랜드에 인간성을 부여하고, 브랜드가 온라인·오프라인에서 사람들의 입에 오르내리게 만든다. 이야기는 글로도 전해질 수 있지만 사진과 동영상을 통해 전하는 것이 효과적일 때가 많다. 이야기는 고객, 직원, 경영자 모두가 할 수 있다. 진실하기만 하면 된다.

당신의 회사가 시작된 과정

현재 당신의 회사가 얼마나 크든 처음 시작할 때는 꿈과 계획을 품은 설립자가 그 회사의 전부였다. 모든 조직에는 보잘것없는 출발이 있었다. 이 점을 사람들에게 알림으로써 당신은 고객과 유대감을 형성하고 회사가 얼굴 없는, 거대한, 너무 '기업적인' 조직으로 비치는 것을 막을 수 있다.

회사의 시작 과정을 이야기하기 위해 수백만 달러의 비용을 들여 TV 광고를 실시할 수도 있고, 화려한 컬러 책자를 제작하여 발송할 수도 있다. 하지만 온라인에서 웹사이트, 블로그, 그 밖의 소셜 채널을 이용하여 거의 비용을 들이지 않고 이야기를 할 수도 있다.

고객을 위해 하는 일

당신에 관한 이야기는 적게 알리고 고객에 관한 이야기, 그들이 당신의 브랜드를 통해 겪은 정서적 경험에 관한 이야기에 더 비중을 둔다면 큰 성공을 거둘 것이다. 고객이 당신의 회사로부터 어떤 유익함을 얻고 있는지 숙고해보기 바란다. 그들은 어떻게 성장했으며, 당신은 어떤 마음가짐으로 그들을 대했는가? 당신의 제품은 그들에게 어떤 기분을 선사했는가? 기억하라, 중요한 것은 당신이 아니라 당신의 고객이다.

2년 전 입소문마케팅협회에서 개최한 회의에 참석한 적이 있다. 당시 논의의 주제는 '입소문이 날 만한, 화제가 될 수 있는 고객 경험의 창출'이었다. 한 여성이 일어나 말했다. "저희는 물품 보관 회사인데 엄청 따분하기만 해요." 그러자 한 남성이 손을 들더니 이렇게 화답했다. "솔직히 말해, 제 결혼 생활은 물품 보관 회사 덕분에 굳건히 유지되고 있습니다. 저는 무엇이든 버리지 않고 간직하는 편이고 제 아내는 대체로 무엇이든 내버리는 편이죠. 물품 보관소가 없어서 제 오래된 야구 카드와 가비지 페일 키즈(Garbage Pail Kids) 카드를 눈에 안 띄고 신경도 쓰이지 않게 잘 보관할 수 없다면 우리 부부의 상황은 훨씬 힘들어질 겁니다."

모두가 웃음을 터뜨렸다. 하지만 동시에 그들은 이 이야기를 마음 깊이 새겼다. 누군가에게 따분한 것이 다른 사람에게는 깊은 의미가 있을 수도 있다는 사실을 말이다. 분야를 막론하고 성공을 거둔 기업에는 행복한 이야기, 고객이 다른 사람들과 함께 나누고 싶어 하는 이야기가 많다. 당신의 회사가 제공하는 제품 또는 서비스가 무엇이든 그것은 분명 어떤 식으로든 사람들의 문제를 해결해주고 있을 것이다. 이 문제 해결을 통해 고객과 당신 사이에 어떤 정서적 유대감이 구축되는가? 또 당신의 제품이나 서비스가 진정으로 그들을 도우려면 어떻게 해야 하는가? 이것이 바로 당신이 생각해야 할 점이다. 입소문 마케팅협회 회의에 참석했던 물품 보관 회사 엑스트라 스페이스(Extra Space)는 현재 만 명이 넘는 페이스북 팬을 보유하고 있다.

핵심 직원

훌륭한 이야기의 세 번째 원천은 회사의 직원이다. 고위 간부일 수도 있고, 우편실에서 근무하는 평사원일 수도 있다. 학교 다니며 공부를 하고 아이들을 키우면서 차차 승진한 직원, 개인적 역경을 딛고 일어나 팀에서 없어서는 안 될 존재가 된 유능한 직원, 언제나 미소 띤 얼굴로 고객을 대하는 직원… 이 모든 직원들은 그 자체로 훌륭한 이야기가 될 것이다.

어떤 제품이나 서비스를 취급하든 당신의 조직 이면에는 사람들이 있다. 그리고 그들에게는 저마다 할 이야기가 있다. 당신은 그 흥미진진한 이야기를 찾아 소셜 미디어를 통해 알려야 한다. 2009년 8월, '맥도날드 챈들러 매장의 메리를 사랑합니다(I Love Mary @ McDonalds/Chandler)'라는 이름의 페이스북 팬 그룹이 등장했다(〈그림 12.2〉).

이 그룹에는 "메리는 맥도날드에서 일합니다. 세상에서 가장 친절한 사람이죠!"라는 설명과 함께 그녀의 사진이 올라와 있다. 이후 팬 수는 1,400명으로 늘었고 담벼락에는 많은 글이 올라왔다. 지금도 여전히 발전하고 있는 이 그룹에는 다음과 같은 글이 올라오곤 한다. "오늘 메리를 만났어요! 정말 사람들이 얘기하던 그대로예요. 그녀는 제 눈을 칭찬해줬어요. 정말 멋진 사람이었어요. 세상 모든 사람들이 그녀 같다면 얼마나 좋을까요."

그림 12.2 맥도날드의 메리

맥도날드 챈들러 매장의 메리를 사랑합니다

샤론 스미스: 요즘 들어 메리를 못 봤어요. 메리가 어디로 갔죠?

마가렛: 모두가 행복한 하루이길 바라요. 메리!!! 로키 산맥 지역의 우리도 당신을 사랑해요!!!

도로시: 메리는 최고예요! 토요일 밤에 열린 제 40번째 생일 파티에서 메리와 함께 찍은 사진이에요.

조디: 저도 지난 주에 챈들러에서 메리를 만났어요! 정말 멋졌어요! 고마워요!!

사진 한 장은 천 마디 말보다 낫고 동영상은 사진보다 낫다

"천 마디 말보다 한 번 보는 게 더 낫다"는 말을 들어본 적 있을 것이다. 온라인에서 이야기를 할 때 그림과 사진은 믿을 수 없을 만큼 강력한 힘을 발휘한다. 지난 5년간 페이스북이 폭발적으로 성장한 주요 요인 중 하나도 사진 공유의 '중독성' 때문이다. 사람들은 자기 자신과 친구들이 등장하는, '태그 달린' 사진을 감상하고 공유하는 것을 굉장히 좋아한다.

기업 역시 페이스북의 이 기능을 적극 활용하여, 사진에 태그를 달아 고객과 직원 및 경영진 등과 공유하는 것이 바람직하다. 예컨대 다수의 페이스북 페이지에서는 '금주의 팬'을 선정하여 그 고객의 사진과 이야기를 소개한다. 이는 해당 팬에게 특별한 기분을 선사할 것이다. 또한 선정된 팬은 친구들에게 소식을 전할 것이며, 그럼으로써 그 페이스북 페이지에 관한 자연발생적 입소문은 더욱 널리 퍼져 나갈 것이다.

사진 못지않게 가치 있으면서 이야기하기에 더할 나위 없이 좋은 도구는 동영상이다. 30초에서 2분 길이의 온라인 동영상은 과거 TV 광고만이 할 수 있었던 방식으로 수용자의 마음을 사로잡는다. 우선 플립 캠코더를 가지고 직원, 고객, 고위 경영진의 모습을 촬영하며 그들의 이야기를 담아내라. 이들 세 범주에서 각각 다섯 명을 골라 30초 길이의 동영상을 촬영하면 페이스북, 유튜브, 블로그에 올릴 쓸 만한 동영상 몇 개는 금방 확보될 것이다.

기업 페이지에서 공유되는 페이스북 동영상의 독특한 기능 중 하나는 화면을 클릭해서 그 동영상을 처음 제작한 회사 페이지에 **좋아요**를 줄 수 있다는 것이다. 다른 사람에게 알리고 싶은 이야기가 담긴 멋진 동영상을 발견해서 페이스북 친구들과 공유한다고 하자. 동영상을 감상하던 친구들이 어느 시점에서든 **좋아요**를 누르면 그것을 제작한 회사 페이지에 연결된다.

자연스럽게 사용할 만한 이야기가 없다면 만들어내라

회사가 설립된 과정, 직원의 경험, 고객의 경험이라는 세 가지 범주를 두루 살피면 멋진 이야기를 많이 발견할 수 있을 것이다. 하지만 만약 당신의 회사가 엄격한 규제를 받는 금융이나 제약 같은 분야에 속해 있다면, 혹은 어떤 이유에서든 소비자와 정서적 유대감을 형성할 만한 이야기를 발견하지 못했다면 당신의 활동 및 파트너십을 토대로 새로운 이야기를 창조할 수도 있다. 자선단체와의 파트너십, 무료 경품 제공, 홍보 활동 등은 모두 새로운 이야기를 만들어낼 훌륭한 소재가 될 수 있다. 다만 기억해야 할 것은 고객 경험을 중심으로 한 이야기가 아니라면 그만큼 가치도 낮아진다는 점이다.

JP 모건 체이스(JP Morgan Chase)는 지난 2009년 대기업 중 최초로 그들의 자선 활동에 관한 이야기를 만들어 페이스북에 올렸다. '체이스 지역사회 나눔 활동: 결정은 여러분이 하세요(Chase Community Giving: You Decide What Matters)'라는 이름의 이 자선 프로그램에서 그들은 페이스북 사용자들에게 투표를 통해 자신의 지역 내 자선단체를 지원할 기회를 제공했다. 사용자들은 체이스가 제시한 50만 개 이상의 자선단체 목록에서 지원하고 싶은 단체에 한 표를 던질 수 있었다. 이들 단체는 운영 예산이 1,000만 달러 이하인 비영리 기구로, 지역사회에서 선행을 펼치고 있지만 보조금을 얻기 위한 로비를 벌일 자원은 부족한 곳들이었다.

이 프로그램은 엄청난 성공을 거두어 페이스북에서 수백만 명의 지지자를 불러모았으며, 체이스에 관한 대화를 수십만 건이나 야기했다.

이러한 성공 이후 다른 몇몇 대기업들도 이야기를 만들고 소셜 미디어에서 화제를 낳기 위해 체이스와 유사한 자선단체 투표 프로그램을 실시했다. 기업 입장에서 이는 비교적 안전한 길이라 할 수 있다. 사람들이 부정적으로 볼 위험이 거의 없는 긍정적 이야기를 만들어낼 수 있기 때문이다. 하지만 이런 이야기는 고객 경험을 중심으로 하는 것이 아닌지라 상대적으로 장기적 효과는 떨어진다는 단점도 있다. 또한 실제 영업에서 과도한 수수료를 받거나 고객 응대 및 고객 서비스가 형편없다면 아무리 자선 활동에 수백만 달러를 들이고 페이스북에서 그 이야기를 하더라도 결코 만회되지 않는다.

회사 규모가 크든 작든 이야기는 있기 마련이다

회사 규모가 크든 작든, 신생 기업이든 오래된 기업이든, 확고히 자리를 잡았든 거의 알려지지 않았든 소셜 미디어를 통한 이야기하기는 사람들의 관심을 모으는 데 도움이 될 것이다. 설령 당신의 브랜드가 수년간 사실상 같은 이야기를 되풀이해왔다 하더라도 그 이야기를 온라인으로, 소셜 미디어 대화 속으로 가져온다면 새로운 기운을 얻게 될 것이다. 만약 당신의 회사가 아직 설립된 지 얼마 안 된 신생 기업이라면 신선한 이야기를 만들어냄으로써 고객의 마음을 끌고 그들을 그 이야기의 일원으로 초대할 수 있다. 다음 두 가지 사례를 유심히 살펴보기 바란다.

핑클마이어 부인은 처음부터 이야기를 만들었다

이 회사는 페이스북 페이지를 처음 찾아온 사람들에게 핑클마이어 부인(Mrs. Pinkelmeyer)이라는 캐릭터를 어떻게 소개할까?

안녕하세요~~! 제 이름은 핑클마이어 부인이에요. 저는 영국 포핑햄에서 무퍼스 맥글린든(Moopus McGlinden)이라는 강아지와 함께 사는 평범한 여성이랍니다.

그런데 어느 날 굉장히 희한한 일이 일어났어요.

그날 밤 저는 맛있는 럼~프 로~스트(rump roast : 소의 허벅지 고기로 만든 스테이크-옮긴이)를 만들고 있었는데 전화가 왔어요. 뉴욕 시에 사는 한 젊은 여성이 건 전화였죠! 상상이 가세요? 그녀는 가엽게도 너무 당황해서 어찌할 바를 모르고 있었어요. 그녀는 헨리(Henry)라는 조카를 돌보고 있었는데 헨리의 부모는 휴가 중이었죠. 수화기를 통해 그 아이가 우는 소리가 들렸어요. 이 젊은 여성은 엄마 아빠가 없어서 조카가 슬퍼한다고 내게 말했어요.

그 아이가 귀여운 소년인 것 같아서 저는 그 자리에서 즉시 최선을 다해 그를 격려해주기로 마음먹었죠. 무퍼스 맥글린든이 제 발뒤꿈치를 물어뜯고 있었는데도 말이에요. 저는 무퍼스와 함께 먹으려고 조리 중이던 맛있는 럼~프 로~스트 이야기를 꺼냈어요. 럼~프 로~스트를 좋아하냐고 물었죠. 헨리는 킥킥거리며 웃음을 터뜨렸어요. 그의 기분이 아주 좋아진 것 같아서 제가 좋아하는 노래를 불러줬죠. "핑클마이어 부인이, 대지를 가로질러 당신에게 사랑을 보내요, 찡그린 얼굴을 미소로 바꾸기 위해, 그녀가 당신을 행복하게 해줄 거예요."

어린 헨리가 미소 짓는 것을 보니 전 정말로 행복했어요. 그래서 대서양을 건너가 미국의 모든 아이들을 격려해줘야겠다고 결심했지요. 당장 출발할 거예요! 무퍼스와 제가 여러분을 안아줄게요. 커다란 사랑을 주고, 핑클마이어 춤도 가르쳐주고, '행복하게 해줄게요.' 그런데 양말이 자꾸 흘러내리는 거랑 무퍼스가 말썽 부리는 것만 좀 해결할 수 있으면 얼마나 좋을까요.

어린 자녀가 없는 어른들에게는 유치해 보이겠지만, 핑클마이어 부인의 페이스북 페이지를 처음 방문한 사람들은 이 이야기를 읽게 된다. 작지만 꾸준히 성장 중인 이 브랜드는 어린이와 부모를 위한 책, 인형, 장난감, 음악을 취급한다. 이 이야기는 핑클마이어 부인이라는 캐릭터를 처음 접한 사람들에게 캐릭터의 생명력을 느끼게 한다. 덕분에 수백 명의 사람들이 이 페이지를 좋아한다. 이야기는 페이스북과 블로그에서 날마다 이루어지는 업데이트를 통해 계속 이어진다. 이 작은 회사는 이야기하기 외에 마케팅이나 광고를 위한 그 어떤 외부 지출도 하지 않지만 팬들은 홈페이지에서 제품을 주문하는 것으로 이야기에 반응한다(MrsPinkelmeyer.com).

기네스의 전설 들려주기는 페이스북에서 계속 이어지고 있다

기네스(Guinness)는 결코 작은 회사가 아니지만 전부터 언제나 이야기하기에 탁월한 솜씨를 보여줘왔다. 덕분에 아마 당신도 지금으로부터 250년 전 아일랜드 더블린에서 처음으로 맥주를 양조한 아서 기네스 경(Sir Arthur Guinness)의 이야기를 알고 있을 것이다. 기네스의 역사 이야기는 그동안 그 유명한 TV 광고(비용이 많이 들긴 하지만), 입소문, 홍보 대사, 그 밖의 다양한 마케팅 활동을 통해 사람들에게 알려졌다.

오늘날 그 이야기는 페이스북의 온라인 동영상이나 최근 실시된 '아서 기네스 경의 날'과 같은 이벤트를 통해 전해진다. 아서 기네스 경의 날은 9월 23일에 열리는 이벤트로, 지난 2년 동안 전 세계 10만 명 이상의 팬들로부터 축하를 받았다. 기네스의 이야기는 지금도 계속해서 세계 각지의 소비자들에게 전파되고 있다. 이제야 TV 광고에 비용을 들일 필요가 없어진 것이다. 그들은 마케팅 비용을 줄이고도 이전 못지않은 성과를 거두고 있다.

실천 과제

1. 회사의 설립 과정이 담긴 이야기를 적어보라. 당신은 회사의 시작 과정에 대해 즉석에서 얼마나 이야기할 수 있는가? 그 이야기가 소셜 네트워크에서 공유되어 손쉽게 소비되도록 하려면 어떻게 해야겠는가?

2. 듣는 이들의 흥미를 자극할 만한 다른 이야기들을 더 조사하라. 고객 경험, 독특한 직원, 커뮤니티의 참여와 관련된, 이 세상이 듣고 싶어 할 이야기 목록을 작성하라.

3. 이야기를 전할 최선의 길을 파악하라. 블로그를 이용할 것인가, 온라인 동영상을 이용할 것인가? 페이스북에 집중할 것인가, 트위터에 집중할 것인가? 당신의 이야기가 더욱 효과적으로 받아들여질 틈새 소셜 네트워크가 있는가?

4. 새로운 이야기를 창조할 방법을 결정하라. 이야기를 만드는 데 도움이 될 파트너십이나 자선 활동 계획에는 무엇이 있겠는가?

당신의 이야기는 무엇인가?

당신에게는 회사를 효과적으로 표현할 이야기가 있는가? 당신은 회사에 관한 흥미롭고 유쾌한 이야기를 찾아내어 다듬어야 한다. 그런 다음에는 소셜 웹에서 그 이야기를 효과적으로 전달할 최선의 방법을 찾아 사람들이 그것을 이해하고, 즐기고, 친구들과 공유하도록 해야 한다. 사람들의 관심을 끌 만한 매력적인 포맷을 통해 이야기를 전하고 고객과 유대감을 형성한다면 당신의 이야기도 해피엔딩을 기대할 수 있을 것이다.

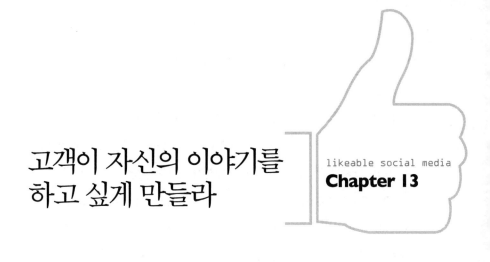

고객이 자신의 이야기를
하고 싶게 만들라

2008년 11월 16일의 일이었다. @MeshugAvi에게서 온 트윗 하나가
전화 통화로 이어졌고, 생각지도 않게 아내와 나는 곧 시작되는 소셜
미디어 모금 행사에 참여해달라는 부탁을 받게 되었다. 당시는 아직
계획이 구체적으로 정해지지 않은 상태였지만, 그럼에도 굉장히 흥미
로워 보였다. 그 계획이란, 사람들에게 추수감사절(Thanksgiving Day)
을 맞아 그들이 고마움을 느끼는 인물이나 경험에 관한 이야기를 트위
터로 공유해달라 부탁하고, 이 행사를 주최한 비영리단체 에픽체인지
(Epic Change)에 기부금을 낼 기회도 제공한다는 것이었다. 에픽체인
지라는 비영리단체 또한 훌륭한 곳으로 보였는데, 그들의 사명은 이야
기하기를 이용하여 가난한 사람들에게 자금을 융자해주는 프로젝트를
지원하는 것이었다. 이 단체는 추수감사절 프로그램을 통해 모금한 돈

으로 탄자니아에서 양계장을 운영하며 학교를 설립한 마마 루시(Mama Lucy)를 돕고자 했다.

에픽체인지의 공동 설립자이자 리더인 스테이시 몽크(Stacey Monk)는 이 프로젝트 외에도 다양한 계획을 구상 중인, 영감이 넘치는 인물이었다. 결국 우리 부부는 자원봉사자가 되어 이 단체의 입소문 및 소셜 미디어 마케팅을 돕기로 하고, 스테이시와 협력하여 '트윗츠기빙(TweetsGiving)'이라는 추수감사절 프로그램의 구체화에 착수했다. 에픽체인지의 구상은 추수감사절 48시간 전에 미국에서 프로그램을 실시한다는 것이었는데, 우리가 이 행사의 주최자인 스테이시 몽크와 어비 캐플런(Avi Kaplan)을 처음 만나 논의를 시작했을 때는 이미 추수감사절이 일주일 앞으로 다가온 시점이었다. 그들은 분주히 웹사이트를 만드는 한편, 트위터와 페이스북에서 영향력 있는 사람들에게 입소문을 낼 계획을 세웠다. 영향력 있는 사용자들이 내가 그랬던 것처럼 이 프로젝트에 흥미를 느껴 그들 자신의 이야기를 공유하는 것은 물론, 온라인 친구 및 팔로어들에게 널리 입소문까지 내주었으면 하는 것이 우리의 바람이었다.

트윗츠기빙은 소셜 미디어 기반 모금 행사의 초창기 성공 사례 중 하나로 빠르게 자리매김했다. 2008년의 그 48시간 동안 수천 명이 마마 루시의 사연을 접하고 트위터, 페이스북, 블로그, 동영상을 통해 그들 자신의 감사 이야기를 보내주었다. 참여자들은 친구와 가족, 동료와 직원, 선생님과 학생 등 자신에게 중요한 모든 이에게 고마움을 표현했다. 그렇게 많은 사람들이 트위터의 140자 한도 내에서 "엄마, 지금까지 제게 베풀어주신 모든 일에 감사드려요. 이제 편안히 잠드세요. 엄마는 세상 누구보다 훌륭한 분이셨어요. #tweetsgiving" 같은 이야기를 공유하는 것은 그야말로 장관이었다.

또한 그 주가 되기 전까지는 이 행사에 대해 들어본 적도 없었던 수백 명의 참여자가 1~100달러의 기부금을 냈다. 불과 48시간 만에 트윗츠기빙은 온라인 기부로 1만 1,000달러 이상의 금액을 모았다. 기부자 데이터베이스나 연락처도 없는 단체가 전망도 불투명한 상황에서 일주일 만에 준비한 캠페인이었음을 감안하면 믿기 어려울 정도의 성과였다.

조금 더 긴 시간에 걸쳐 준비된 2009년 트윗츠기빙 캠페인은 48시간 만에 3만 5,000달러를 모았으며, 2010년에는 그보다 더 큰 액수를 모금했다. 이 프로젝트의 엄청난 성공은 짧은 시간에 급속히 입소문을 퍼뜨리는 소셜 미디어의 막강한 위력을 입증했으며, 나아가 소셜 미디어를 이용하여 사람들이 자신의 이야기를 공유하도록 장려하는 것이 어떤 힘을 발휘하는지 의문의 여지없이 보여주었다.

고객의 이야기가 발휘하는 영향력은 새삼스러울 것이 없다. 새로운 것은 이야기를 전달하는 채널뿐이다

소셜 네트워크에서 회사의 이야기를 알리는 것보다 더 좋은 단 한 가지는 고객으로 하여금 자신의 이야기를 하도록 하는 것이다. 트윗츠기빙이 큰 성과를 거둔 것은 그 자체의 이야기 때문이 아니라(물론 그것도 훌륭하긴 했지만), 사람들로부터 이끌어낸 수천 가지 다른 이야기들 덕분이었다. 소셜 미디어에서 고객이 자신의 이야기를 공유하도록 장려하는 것은 그리 새롭거나 특이한 일이 아니다. 사실 이 아이디어는 언제나 입소문 마케팅의 핵심 요소였다. 다만 소셜 미디어는 이야기가 과거 어느 때보다 빨리, 그리고 멀리 퍼져 나가도록 해줄 따름이다.

5년 전만 해도 어떤 회사와 관련하여 당신이 겪은 일을 친구에게 이야기할 때면 그저 한두 명에게 전화를 걸어 잡담을 나누곤 했을 것이다. 설령 그 이야기를 꼭 친구들에게 해야겠다는 기분이 든다 해도 많아야 대여섯 명에게 전하는 것이 전부였으리라. 하지만 지금은 어떤 회사나 제품과 관련된 경험을 사람들에게 이야기하고 싶으면 페이스북 상태 업데이트를 하면 된다. 클릭 한 번만 하면 이야기나 정보를 수십 내지 수백 명의 친구들에게 알릴 수 있다. 5년 전과 비교했을 때 근본적으로 달라진 점은 많지 않지만 정보가 퍼져 나가는 속도와 수용자의 규모는 엄청나게 상승했다.

제품과 서비스에 입소문 거리를 만들어 넣어라

고객이 다른 사람들에게 당신의 회사를 이야기하게끔 하는 가장 효과적인 길은 우선 화제가 될 만큼 훌륭한 제품이나 서비스를 갖추는 것이다. 이는 소비자 입장에서 보았을 때 진심으로 '와!' 하고 감탄할 만한 것, 그 자체의 특색만으로도 열성적 사용자를 만들어낼 수 있는 제품과 개성을 뜻한다. 페이스북을 예로 들어보자. 페이스북은 불과 5년 만에 사용자 수가 수백 명에서 수억 명으로 늘어났다. 마케팅을 잘

했기 때문이 아니다. 페이스북 자체가 사람들의 사랑을 받고 계속해서 입소문이 퍼져 나갈 만큼 놀라웠기 때문이다. 2010년 사용자 수가 5억 명에 도달하자 페이스북은 '페이스북 스토리즈(Facebook Stories)' 서비스를 개시하여 사용자들로 하여금 잃어버렸던 친구와 다시 연락하고, 고등학교 시절의 연인과 재회하며, 정치 운동을 시작하게 된 사연 등을 공유할 수 있게 했다(Stories.Facebook.com).

설령 당신이 애플 제품을 좋아하지 않더라도 주위에 알고 지내는 사람 중에는 분명 애플에 푹 빠진 사람들이 있을 것이다. 그들은 애플에 관해 이야기하고, 글을 쓰고, 생각과 감정을 다른 이들과 공유한다. 심지어 어떤 이는 애플에 관한 노래도 부른다. 애플을 찬양하는 이들 추종자의 열정과 충성심 역시 애플의 마케팅 전략이 아닌 제품과 개성에서 비롯된 것이다.

고객의 충성심을 이끌어내는 것은 제품만이 아니다. 자포스닷컴(Zappos.com)의 경우를 살펴보자. 이 회사는 신발을 판매한다. 하지만 자포스닷컴에서 물건을 주문해본 사람이라면 이 회사가 실제로 파는 것은 신발이 아니라는 사실을 안다. 자포스닷컴은 놀라운 고객 서비스를 판매한다. 주문한 제품은 하룻밤 사이에 배송되며 반품은 무료다. 이 회사는 행복을 판매한다. 사람들로 하여금 자포스닷컴과 직간접적으로 관련된 이야기들을 날마다 공유하고 싶게 만든다.

당신 회사의 제품이나 서비스에는 고객이 '와!' 하고 놀랄 만한 요소가 있는가? 고객 경험에 큰 영향을 미쳐 고객으로 하여금 친구에게(즉 130명의 페이스북 친구에게) 당신에 관한 이야기를 하고 싶다는 기분이 들게 할 측면이 있는가? 만약 없다면, 그와 같은 '와!'의 순간을 창출해내

기 위해 사소하나마 당신이 할 수 있는 일은 무엇이겠는가? 당신에게
는 당장 사람들 사이에서 화제가 될 만한 점이 무엇이 있는가?

이야기를 하고 싶어 하는 고객을 찾아 이야기할 수단을 제공하라

고객에게 영감을 줘서 이야기를 하도록 장려하는 것은 분명 가치 있
는 일이다. 여기에 이의를 제기할 사람은 많지 않을 것이다. 하지만 모
든 기업이 페이스북, 애플, 자포스닷컴처럼 고객 전부에게 영감을 줄
수 있는 것은 아니다. 그렇다면 과제는 당신이 가장 크게 영감을 준 고
객을 찾고, 그들에게 당신이 무엇을 제공해야 하는지 파악하는 것이
다. 그런 다음 당신은 그들이 이야기를 공유할 수 있도록 수단과 기회
를 제공해야 한다. 소셜 네트워크는 이야기가 널리 알려지게 해준다.

피스카티어스: 소셜 미디어를 이용한 절묘한 이야기 공유

사람들의 이야기를 이끌어내는 것의 중요성이 소셜 미디어의 등장
으로 처음 부각된 것은 아니었다. 페이스북이 출현하기 이전에 있었던
이야기 이끌어내기의 훌륭한 사례로는 피스카티어스(Fiskateers)를 들
수 있다. 가위 제조 업체로 유명한 피스카스(Fiskars)는 사람들의 입소
문을 통한 마케팅 기회를 모색하고 있었다. 훌륭한 입소문 마케팅 대
행 업체 브레인스 온 파이어(Brains on Fire)의 도움으로 피스카스는 공
예가들이 그들의 가장 열성적인 고객이자 '입소문을 내줄 이들'임을 발
견했다. 2005년 그들은 피스카티어스라는 공예 커뮤니티를 만들었다.

오프라인에서 공예와 스크랩북 만들기에 관심이 많은 여성들을 모아 그들이 서로 관계를 형성할 수 있는 장을 제공한 것이다. 물론 회사의 제품 홍보는 전혀 하지 않았다. 해를 거듭하며 커뮤니티가 성장함에 따라 피스카티어스는 열렬한 피스카스 지지자가 되어갔다. 오늘날 이 커뮤니티는 오프라인과 온라인 양쪽에 다 존재하며 커뮤니티 구성원은 수천 명에 이른다(Fiskateers.com). 구성원들은 페이스북을 이용하여 서로 관계를 형성하고 이야기를 공유하며, 다양한 온라인 및 오프라인 행사를 통해 공예를 매개로 유대감을 쌓는다.

당신의 피스카티어스는 누구인가?

당신의 열성적 고객은 누구인가? 10대 청소년인가? 아이를 키우는 엄마들인가? 하키 팬? CEO? 혹은 음악을 사랑하는 베이비붐 세대? 당신의 고객 기반이 누구든 그 속에는 열성적 팬이 속한 부분집합이 있다. 이들 팬을 찾아 관계를 맺고 영감을 준다면 당신을 세상에 알리는 강력한 입소문이 확산되기 시작할 것이다. 아직 그들을 찾지 못했다 해도 좌절할 필요는 없다. 다행히 소셜 미디어는 이제껏 없었던 도구와 기회를 제공하여 그러한 팬의 발견을 가능케 한다. 당신이 반드시 해야 할 일은 고객에게 귀 기울이고, 질문을 던지고, 그들을 참여시키는 것이다. 페이스북만 이용해도 활발히 자신의 목소리를 내는 열성적 지지자들을 발견할 수 있을 것이다.

당신에게 필요한 것은 가장 큰 부분집합이 아닌 가장 열성적인 부분집합임을 기억하라. 이 부분집합은 대학교 4학년 남학생, 여성 골퍼, 텍사스 지역의 젊은 산악자전거 애호가, 최고기술경영자(CTO) 등 극히

한정된 집단으로 나타나기도 하지만 어느 회사에나 이러한 지지자들은 분명 존재한다.

열성적 부분집합을 발견했으면 그들에게 소셜 네트워크에서 당신에 관한 이야기를 공유할 수단과 기회를 최대한 제공해야 한다. 약간의 인정과 격려만으로도 큰 효과를 거둘 수 있다. 이들 부분집합이 자신의 이야기를 공유하기 시작하면 이를 본 다른 사람들도 자신의 이야기를 떠올릴 것이다. 또한 당신은 이 부분집합의 영향력에 대해, 그리고 그들 중 누가 가장 영향력이 큰지에 대해서도 고려해야 할 것이다. 현실적으로 보았을 때, 같은 이야기도 페이스북 친구가 40명인 사람보다는 4,000명인 사람이 하면 그 가치가 훨씬 커지기 때문이다.

인정하라, 그러면 이야기를 할 것이다

보상과 인정을 싫어할 사람은 없다. 꼭 금전적 보상이 아니더라도 말이다. 페이스북에는 팬이 올린 이야기, 사진, 동영상 등을 바탕으로 '이 주의 팬'이나 '고객의 달'과 같은 행사를 실시하는 사례가 많다. 예컨대 프랭클린 베이스볼(Franklin Baseball) 페이지에서는 팬들이 어린이 야구 리그 혹은 소프트볼 리그에서 활동하는 자녀 사진을 업로드하면 그것을 토대로 '이 주의 팬'을 선정한다(Facebook.com/FranklinSports).

우노 시카고 그릴은 레스토랑에서의 고객 경험이 담긴 사진이나 동영상을 토대로 '이 주의 팬'을 선정한다(〈그림 13.1〉). 고객 개개인의 요구에 맞춰 고양이 집을 제조하는 회사인 원 퍼펙트 플레이스(One Purrfect Place)는 팬들에게 기르고 있는 고양이의 사진을 올려달라고 요청하여 여러 사람들의 고양이 사진과 이야기를 게시하고 있다. 던킨 도너츠는 치열한 경쟁을 거쳐 '이 주의 팬'을 선정한 뒤, 그 사실을 100만 명이 넘는 팬들에게 공표한다.

일반적으로 어떤 브랜드의 공식 페이지에는 '이 주의 팬'으로 선정된 고객의 프로필 사진이 게재된다. 이는 팬의 공로를 인정하는 멋진 방

그림 13.1 우노의 '이 주의 팬'

법일 뿐만 아니라 선정된 팬이 친구들에게 그 소식을 알리는 계기가
되기도 한다. 페이스북 사용자의 친구 수는 평균 130명이고 적극적인
사용자는 그보다 많은 친구를 보유한 경우도 흔히 있다는 사실을 감안
하면, 이런 단순한 형태의 인정하기만으로도 커뮤니티가 얼마나 급속
히 성장할지 쉽게 상상이 갈 것이다.

경품 또한 이야기를 이끌어낸다

인정뿐만 아니라 현금을 비롯한 각종 경품 역시 사람들의 이야기를
이끌어낸다. 고객에게 멋지고 기발한 경품으로 사례한다면 열성적인
고객들은 기꺼이 자신의 경험담을 공유할 것이다. 제품이나 서비스를
1년 치 혹은 평생 무료 제공하는 대가로 당신의 회사에 관한 멋진 시,
사진, 동영상을 얻는다고 생각해보라.

과거의 콘테스트에서는 콘텐츠가 비공개로 제출되어 최고로 선정된
일부 작품만 광고 캠페인 등을 통해 선보일 수 있었다. 하지만 이제 온
라인 소셜 채널의 등장으로 콘테스트에 제출되는 모든 것이 공개되고
공유된다. 만약 누군가가 콘테스트에 참여해 믿을 수 없을 만큼 멋진,
전혀 새로운 동영상을 유튜브에 올리면 수많은 사람들이 감상할 것이
다. 또한 만약 누군가가 아주 웃긴 사진을 페이스북에 제출하면 많은
좋아요와 답글을 모을 것이다.

대형 브랜드가 자선 활동에 거액을 지출하여 콘테스트를 여는 것
역시 사람들의 이야기를 이끌어내는 효과가 있다. 예를 들어 펩시코
(PepsiCo)는 지난 2010년 마케팅 및 광고 예산의 상당 부분을 글로벌
자선 계획인 펩시 리프레시(Pepsi Refresh) 쪽으로 돌렸다. 이 행사는

웹페이지(PepsiRefresh.com)에서 주최된 것으로, 사람들에게 자신이 중요하다고 믿는 대의명분이나 목표를 추천하고 그와 관련된 경험이나 사연을 공유해달라고 요청했다. 펩시는 리프레시를 통해 지역사회 단체들에 1년간 수백만 달러의 금액을 지원하여 거대한 지지자 커뮤니티를 구축했으며, 사람들에게 펩시는 갈증을 풀어줄 뿐만 아니라 도움을 필요로 하는 사람들의 어려움도 풀어주는 기업이라는 인식을 심어주었다.

정말로 멋진 이야기들을 이끌어내는 칠 존

앞서 7장에서 살펴보았듯, 편의점 체인 컴벌랜드 팜즈는 79센트짜리 얼린 음료 칠 존을 지지하는 열성적인 청소년 팬층을 보유하고 있다. 하지만 이 회사는 테스트를 위해 페이스북 팬 페이지를 개설하기 전까지 칠 존을 홍보하는 구체적 마케팅 계획을 실시한 적이 전혀 없었다. 팬 페이지는 순식간에 인기를 얻어서 수만 명의 팬들이 생겨났다.

팬 페이지에 다양한 이야기들이 쏟아져 들어오기 시작한 것은 컴벌랜드 팜즈가 칠 존의 가장 열성적인 팬을 찾는 콘테스트를 개최하면서부터였다. 컴벌랜드 팜즈는 제품에 대한 애정을 보여주는 사진이나 동영상을 올린 팬 열 명에게 '칠 존 1년 무료 이용권'을 제공했다. 청소년 팬들에게는 깜짝 놀랄 경품이었겠지만, 사실 이를 제공하는 데 드는 비용은 300달러 정도에 불과했다. 수십 개의 동영상과 수백 개의 사진이 제출되었다(〈그림 13.2〉). 추격 장면, 욕실 장면, 병원 장면 등이 담긴 다양한 동영상은 사람들이 칠 존을 얼마나 좋아하는지 생생히 보여주었다.

그림 13.2 **칠 존 팬이 제출한 콘텐츠**

I got you a free Chill Zone!

But I drank it on the way home.

네게 무료 칠 존을 주려고 했는데!
집에 오는 길에 다 마셔버렸네.

어떤 팬들은 제품에 대한 애착을 담은 '칠 존, 넌 날 오존층으로 데려가지(Chill Zone, You Take Me to the Ozone)'와 같은 노래까지 만들었다. (말로는 이들 동영상 콘텐츠를 제대로 설명하기 어렵다. 시간이 날 때 Facebook. com/Chillzone에 가서 직접 감상해보길 바란다.) 칠 존 페이지는 14만 개가 넘는 좋아요를 받았으며, 지금까지도 날마다 열성 팬들이 보내는 사진과 동영상들을 받고 있다.

우노 시카고 그릴: 한 명의 팬을 위한 생일 축하 선물로 이야기를 이끌어내다

앞서 4장에서 살펴보았듯, 우노 시카고 그릴은 아마 시카고 딥디시 피자로 가장 유명하겠지만 이밖에도 충실한 점심 및 저녁 메뉴가 미국

24개 주, 워싱턴 D.C., 해외의 몇몇 국가에 자리 잡은 160여 개의 매장에서 판매된다. 하지만 캘리포니아 남부에는 우노 매장이 단 한 곳밖에 없는데, 다음에 소개하는 고객 경험 사례는 바로 이 점에서 비롯된 것이었다.

우노의 마케팅 부장 킴벌리 보인튼(Kimberley Boynton)은 10만 명이 넘는 팬들이 올리는, 한 달에 수백 개에 달하는 글 전부에 지체 없이 긍정적인 답변을 달도록 하고 있다. 그녀는 고객 경험에 관한 흥미로운 이야기가 올라오길 기대하며 사람들이 우노의 서비스, 음식, 온라인 활동 및 소셜 웹 커뮤니티에 대해 어떻게 느끼는지 날마다 유심히 살핀다. 어느 날 한 팬이 자신은 우노를 무척 좋아해서 가족과 함께 생일 파티를 하려고 두 시간 거리에 있는 캘리포니아 지점까지 가는 중이라는 글을 올렸다. 이 글에는 일단 "우노를 사랑해주셔서 감사합니다. 생일 축하드려요!"라는 전형적인 답글이 달렸지만, 킴벌리는 우노에 깊은 애정을 보인 이 팬에게 놀라움과 기쁨을 선사하여 더 큰 보답을 하기로 했다.

캘리포니아 지점으로 전화 한 통이 걸려왔다. 그리고 두 시간 뒤, 그 팬이 가족과 함께 레스토랑에 들어서는 순간 직원들은 노래와 케이크로 깜짝 선물을 선사했다.

"대체 어떻게?" 그녀가 물었다.

"페이스북에 글을 올리셨죠?" 지점장이 미소를 지으며 말했다. "생일 축하해요."

보인튼은 이렇게 말했다. "페이스북에 글을 올리는 고객 전부에게 케이크와 노래 선물을 할 수는 없어요. 하지만 고객의 말에 유심히 귀를 기울이고, 모든 이에게 응답하고, 그 과정에서 생기는 기회를 잘 이용하면 브랜드의 평판을 높이는 데 큰 도움이 됩니다."

그날 밤 이 가족은 우노에서의 경험이 담긴 사진을 휴대전화로 페이스북에 올려 친구들과 공유했다. 그리고 그로부터 몇 주 동안 우노가 베푼 작은 선물에서 비롯된 '투자 대비 수익'이 실제로 구체화되기 시작했다. 이 가족은 우노의 페이스북 페이지에 적극적으로 글을 올리고 동영상을 공유하며 브랜드 알리기를 계속했다. 다른 사람들 또한 이에 고무되어 그들의 긍정적 경험과 이야기를 공유했다.

실천 과제

1. 당신의 '왜!' 요소를 규정하라. 당신의 제품이나 서비스에서 진정으로 사람들에게 화제가 될 만한 측면은 무엇인가? '왜!' 요소가 없다면 제품, 서비스, 절차에 그러한 요소를 불어넣기 위해 취해야 할 조치는 무엇인가?

2. 가장 열성적인 고객 부분집합을 규정하라. 그들은 누구이고 어느 소셜 네트워크에 있으며, 어떻게 해야 그들에게 도달할 수 있고, 그들의 이야기를 이끌어내려면 어떤 수단과 기회를 제공해야 하는가?

3. 입소문을 더욱 촉진하려면 어떤 인센티브가 도움이 될지 파악하라. 인정과 보상이 고객의 이야기를 장려하는 데 효과가 있겠는가? 콘테스트, 홍보, 경품이 이야기를 이끌어내는 데 도움이 되겠는가? 이따금 고객 개인과 오프라인에서 직접 상호작용하는 것은 어떤가?

고객의 이야기를 이끌어내는 것은 정서다

고객과 더 깊고 정서적인 차원에서 관계를 형성할 때 그들은 친구, 가족, 그들 자신의 팬에게 당신의 이야기를 하고 싶어 할 것이다. 표적 수용자 및 고객의 취향을 고려하라. 가장 열성적인 부분집합을 발견하여 그들을 인정하고 인센티브를 제공하라. 그들을 적극적으로 자기 목소리를 내는 지지자로 만들려면 무엇이 필요하겠는가? 그들이 진정으로 행복, 감사, 감탄, 설렘을 느끼게 하려면 어떻게 해야 하겠는가? 그들이 '와!' 하고 외치게 하려면, 당신이 그들 이야기의 일부가 되려면 어떻게 해야 하겠는가?

소셜 미디어를 고객 경험 전반에 통합하라

어느 날 펜 스테이션에서 내려 회사까지 걸어서 출근하던 길이었다. 블랙베리를 확인하다가 위치기반 소셜 네트워크인 포스퀘어(Foursquare)에서 구미가 당기는 홍보 행사를 발견했다. 내용은 이러했다. "메이시스 헤럴드 스퀘어(Macy's Herald Square)의 마크 제이콥스(Marc Jacobs) 매장으로 오셔서 은색 토트백과 함께 샤워젤을 비롯한 각종 사은품도 받으세요. 250달러 상당의 선물입니다!" 나는 패션에 대해 잘 모르지만 아주 좋은 조건의 제안인 것 같았다. 그래서 회사로 문자메시지를 보내 메이시스에서 만나자고 했다. 이 소셜 미디어 행사 덕분에 모두가 멋진 공짜 선물을 받게 됐다고 생각했다.

그렇게 해서 모인 우리 일행 열 명은 메이시스의 마크 제이콥스 매장으로 들어섰다. 하지만 점원은 우리 얘기를 전혀 알아듣지 못했다. 스마트폰을 꺼내어 몇몇 직원에게 포스퀘어에 뜬 메시지를 보여줬지만 그들은 아무것도 아는 바가 없었다. 한 직원이 이렇게 말했다. "저는 문자메시지에 대해 전혀 모릅니다." 두어 명의 다른 직원은 무례하게 도 우리가 공짜 물건을 얻고 싶어서 있지도 않은 홍보 행사를 지어낸 것 아닌가 하고 의심하기까지 했다. 꼬박 45분이 흐르고, 두 명의 관리 자가 나타난 다음에야 우리는 비로소 사과를 받았다. "죄송합니다. 저 희는 이 행사가 며칠 전에 끝났다고 들었습니다." 그들은 커뮤니케이 션 문제에 대한 보상으로 우리에게 향수 견본을 줬다. 메이시스 측의 관리자는 내 전화번호와 이메일 주소를 받아 적은 뒤에 마크 제이콥스 에서 곧 사과 연락이 갈 것이라 했다.

하지만 전화 한 통, 이메일 한 통 오지 않았다. 이 일은 여러 가지 이 유에서 아주 실망스럽고 불만스러운 경험이었다. 무엇보다 불쾌했던 점은 메이시스와 마크 제이콥스가 흥미로운, 충분히 화제가 될 만한 소셜 미디어 홍보 활동을 실시하여 오히려 오랫동안 잊지 못할 부정적 고객 경험을 빚어냈다는 사실이었다. 그곳 직원들은 내부적으로 커뮤 니케이션이 이루어지지 않았으며, 분명 같은 조직 내의 누군가가 기획 했을 소셜 미디어 홍보 활동에 대한 이해도도 제각각이었다.

소셜 미디어는 단지 마케팅만을 뜻하는 것이 아니다

소셜 미디어 이용은 단지 마케팅이나 홍보의 문제가 아니다. 마케팅 혹은 광고 담당 '사일로'에 맡겨두는 것만으로는 소셜 미디어를 성공적으로 이용할 수 없다. 소셜 미디어 이용의 성과를 극대화하려면 소셜 미디어에 대한 이해와 실무를 조직 내의 다양한 기능 및 부서 전체에 통합해야 한다.

물론 소셜 미디어는 마케팅, 홍보, 광고의 수단이 되기도 한다. 하지만 소셜 미디어에는 고객 서비스, 고객관계관리, 판매, 운영, 인적 자원, 연구·개발 등도 포함된다. 이상적으로 보자면 고객과 접촉할 가능성이 있는 모든 직원은 '좋아할 만한' 소셜 미디어의 기본 원칙을 교육받는 것이 바람직하다. 기본 원칙이란 듣기, 투명성, 즉각적 응답, 참여 등을 가리킨다. 더구나 고객 경험의 면면에는 소셜 네트워크 및 소셜 미디어의 모범적 운용 관행을 통합할 많은 기회가 있다. 당신이 고객의 생활 주기 전반에 걸쳐 그들을 솔직하고 투명하게 대할수록 고객은 더욱 편안한 마음으로 당신의 제품을 구매하고, 당신을 고용하고, 당신 및 당신의 페이지를 좋아하고, 친구들에게 당신을 추천할 것이다.

다시 한 번 소비자의 입장이 되어 다음과 같은 경험을 한다고 상상해보라. 당신은 집에서 페이스북에 로그인한다. 친구가 좋아한다고 했던 지역 내 레스토랑의 광고가 보인다. 그곳에서 점심을 먹기로 한다. 레스토랑에 도착하자 계산대에 "'좋아요 데이브스그릴(DavesGrill)' 문자메시지를 'FBOOK'으로 보내어 저희 레스토랑의 페이스북 페이지를 좋아해주시면 무료 애피타이저를 드립니다"라는 안내문이 있다. 요청대로 문자메시지를 보낸 당신은 무료로 애피타이저를 제공받는다. 맛있게 식사를 마치고 계산을 하는데, 종업원이 출력된 영수증을 건네며 레스토랑에서의 경험에 대한 피드백을 좋은 것이든 나쁜 것이든 페이스북 페이지에 올려달라고 권한다. 그날 밤 당신은 대체로 호의적인 내용의 리뷰를 올리며, 다만 디저트는 조금 실망스러웠다고 언급한다. 그러자 관리자가 당신의 글에 즉시 사과의 뜻을 밝히며 이렇게 제안한다. "죄송합니다. 조만간 다시 방문해주시면 무료 시식권을 드리겠습니다."

고객과 대면하는 부서에서의 소셜 미디어

소비자에게 만족스러운 경험을 선사하는 것은 소셜 미디어가 아닌 바로 이러한 유형의 팀워크, 즉 서로 다른 역할과 부서 전반에 걸쳐 발휘되는 팀워크다. 그렇지만 이 팀워크가 메이시스에서 우리 일행이 겪었던 것과 같은 문제를 일으키지 않고 제대로 기능하려면 소비자와 접촉하는 모든 이들이 페이스북을 잘 이해하고 소셜 미디어에 능숙해야 한다. 만약 당신이 아주 작은 사업체를 운영한다면 많은 일을 스스로 처리하는 데 익숙할 것이다. 하지만 만약 당신이 대기업의 일원이라면 다양한 부서를 두루 살펴보고, 각각의 부서가 소셜 미디어를 통합하고 장려하여 고객 경험의 모든 부분을 최적화할 방법을 숙고해보기 바란다.

- **광고** 모든 종류의 유료 1차원 미디어에 소셜 미디어 링크와 가치 제안을 포함시켜라. 예컨대 TV, 라디오, 인쇄물, 이메일, 웹사이트, 다이렉트 메일에는 소셜 미디어 링크, 문자메시지를 통한 접속 기회 등이 포함되어야 한다. 광고 부서가 직접 소셜 네트워크 광고를 다룰 수도 있다. 소셜 네트워크 광고는 대다수 기업의 광고 예산에서 점차 비중이 높아지는 추세다.
- **마케팅** 홍보, 콘테스트, 경품, 그 밖의 마케팅 프로그램, 페이스북을 비롯

한 소셜 네트워크에 올릴 콘텐츠 등을 결정하고, 창출하고, 실행하고, 측정하라. 마케팅이야말로 현재 소셜 미디어가 가장 활발히 이용되는 영역이다. 물론 마케팅이 아닌 다른 부서에서도 소셜 미디어의 이용은 필요하지만 말이다.

- **홍보** 소셜 네트워크와 블로그에 올라온 고객의 의견을 듣고 신속히 응답하라. 가장 영향력 있는 블로거가 누구인지, 그 밖에 온라인의 핵심 고객이 누구인지 밝히고 그들에게 다가가 프로그램에 참여해달라고 설득하라.
- **고객 서비스** 소셜 네트워크 전반에 걸쳐 고객의 불만과 요구가 무엇인지 듣고 응답하라. 전통 채널을 통해 관심을 표현하는 고객들에게 피드백을 소셜 네트워크에서 공개적으로 공유해달라고 권유하라.
- **영업** 소셜 미디어 정책을 수립하고 시행하라. 모든 직원이 회사의 소셜 미디어 링크 및 실무에 능숙해야 하며, 안내문이나 영수증 등 고객과의 모든 접점에는 상호작용과 공유의 기회가 포함되어 있어야 한다.
- **판매** 주요 파트너와 유통 업자, 온라인 잠재 고객의 의견을 경청하라. 듣기를 이용하여 최선의 가치 제안을 창출하라. 링크드인과 개인 페이스북 프로필을 이용하여 잠재 고객과 만나 그들을 참여시켜라.
- **연구·개발** 당신의 고객 정서와 경쟁 업체의 고객 정서에 귀를 기울여 새로운 제품을 고안하라. 소셜 네트워크를 이용하여 고객층에 설문조사를 하고 핵심 질문을 던져라.
- **고위 경영진·CEO** 트위터, 동영상, 블로그를 통해 브랜드를 위한 온라인 대변인 역할을 하라. 주요 파트너, 이해관계자, 미디어와 공개적으로 상호작용하라.
- **정보기술** 웹사이트의 소셜 링크, 콘텐츠, 플러그인, 애플리케이션을 최신

상태로 업데이트하라. 소셜 미디어 데이터의 보안을 확실히 하라. 페이스북 애플리케이션을 비롯한 소셜 미디어 및 모바일 애플리케이션들을 적절히 관리하라.

고객은 당신이 어떤 부서 소속인지 신경 쓰지 않는다

고객이 페이스북에 올린 글에 고객 서비스 부서가 응답해야 하는 경우는 언제인가? 또 홍보나 마케팅 부서, 대행사가 응답해야 하는 경우는 언제인가? 이는 전적으로 당신이 정하기 나름이다. 사실 중요한 문제는 누가, 언제, 어떤 글에 응답하느냐가 아니다. 핵심은 되도록 많은 직원들이 소셜 미디어에 능숙해지고, 팀의 일부가 되고, 한 명 한 명의 고객을 모두 친절히 대하는 것이다!

고객은 당신의 직책이 무엇인지, 어느 부서에 속하는지 신경 쓰지 않는다. 그들은 다만 당신이 문제를 해결해주길 바랄 뿐이다. 고객이 슈퍼마켓에서 어떤 물건을 찾다가 직원이 눈에 띄어 도움을 청했을 때, 좋은 슈퍼마켓이라면 어떤 직원이든 고객을 해당 물건이 있는 곳까지 안내할 것이다. 그 직원이 정육 코너에서 일하든, 빵을 굽든, 출납원이든, 관리원이든 상관없이 미소 띤 얼굴로 고객을 도울 것이다. 소셜 미디어 역시 마찬가지다. 페이스북, 트위터, 블로그에 올라오는 글 하나하나를 중요한 유명 고객이 작성한 것일 수도 있다는 마음으로 대하라. 그러면 소속 부서나 공식적 역할에 상관없이 모든 고객, 모든 글에 각별한 주의를 기울이게 될 것이다.

더 이상 웹사이트가 필요할까?

이상한 얘기로 들릴지도 모르지만 2011~2012년까지는 '공식 웹사이트'가 페이스북 페이지, 트위터 계정, 블로그뿐인 회사나 단체들이 분명 생겨날 것이다. 이미 페이스북에서도 주문서, 쇼핑카트, 데이터 보안, 기타 웹 콘텐츠나 기능 활용 등 전통적 웹사이트에서 하던 일은 뭐든지 할 수 있게 되었다. 더구나 페이스북에는 이 모든 과정을 8억 명 이상의 고객이 모여 있는 공간에서 처리할 수 있다는 추가적 이점도 있다. 즉 물고기가 뱃전으로(당신의 웹사이트로) 다가오길 바라기보다는 물고기가 노는 곳으로 가 낚시를 한다는 얘기다.

인기 캔디 브랜드 스키틀즈(Skittles)는 2009년에 일시적으로 스키틀즈닷컴에 유입되는 모든 트래픽을 페이스북과 트위터로 돌리려 한 적이 있었다. 오래 지속된 계획도 아니었고 진정한 참여를 위한 시도라기보다는 대외적 선전 활동에 더 가까웠지만, 그럼에도 중요한 사실을 시사한다. 즉 브랜드는 더 이상 사람들이 접하는 회사 관련 웹 콘텐츠를 통제할 수 없다. 따라서 이제는 아무도 신뢰하지 않는 웹사이트에 소비자가 봐주었으면 하는 사전 포장된 내용을 올리려 애쓰기보다는, 통제를 완전히 포기하고 사람들이 말을 하는 그 시간 그 공간에서 충실히 응답하는 데 중점을 두는 편이 바람직하다. 하지만 그렇게 되기까지는 시간이 걸릴 것이며, 그동안은 웹사이트가 필요한 것도 사실이다. 그러므로 우선은 소셜 미디어를 웹사이트에 최대한 통합해야 한다. 웹사이트 하단에 "페이스북과 트위터에서 우리와 함께해주세요"라고 적힌 자그마한 링크 하나만 걸어두었다면 사람들과 연결될 기회를 제대로 활용하지 못하는 것이다.

좋아요 버튼과 '공유하기', '추천하기' 등의 다양한 상호작용 요소가 포함된 페이스북 소셜 플러그인은 페이스북을 웹사이트에 매끄럽고 확실하게 통합하는 데 반드시 필요하다.

당신이 웹사이트에서 사람들에게 제품이나 서비스를 판매하려고 애쓰는 대신 웹사이트의 콘텐츠를 좋아해달라고 설득하는 데 노력을 기울인다고 상상해보자. 앞서 논의했듯 물론 처음에는 매출이 감소할 것이다. 하지만 시간이 흐르면 점점 더 많은 웹사이트 방문자가 당신을 좋아한 사람들이 얼마나 많은지 보게 될 것이다. 더욱 중요한 점은 장차 사이트를 방문하는 이들이 자신의 친구가 당신의 사이트, 서비스, 제품, 콘텐츠를 개인적으로 인정했다는 사실을 볼 가능성이 갈수록 높아진다는 것이다. "당신의 친구가 이것을 좋아합니다"라는 정직한 말보다 더 가치 있는 판매 혹은 홍보 콘텐츠가 있을까?

콘텐츠, 제품, 서비스를 이동식 먹거리 트럭만큼 손쉽게 이용하도록 하려면?

신기술 덕분에 소비자는 원하는 것을 손에 넣기가 과거 어느 때보다 수월해졌다. 이제 책을 사러 서점에 갈 필요도, 꽃을 사러 꽃집에 갈 필요도, 신발을 사러 신발 가게에 갈 필요도 없어졌다. 기사를 읽기 위해 신문이나 잡지를 살 필요도 없어졌다. '이동식 먹거리 트럭'의 성장으로 더 이상 끼니를 해결하러 식당에 갈 필요조차 없어졌다. 바야흐로 소비자가 되기에 그 어느 때보다 좋은 시대가 된 것이다. 판매자가 명심해야 할 점은 제품, 서비스, 콘텐츠를 최대한 효율적으로 제공하여 소비자들이 손쉽게 이용할 수 있도록 해야 한다는 것이다. 소비자들이 존재하는 웹의 모든 곳에 콘텐츠나 제품 등을 가져다주려면 어떻게 해야 할까?

마케팅 및 커뮤니케이션 과정에서 사람들에게 소셜 웹 참여를 상기시키기에 적합한 단계는 어디쯤일까? 소셜 링크와 가치 제안은 웹사이트, 이메일, 1차원 미디어, 제품 포장 등에 통합할 수 있다. 판매원, 접수 담당자, 고객 서비스 직원, 우편실 직원에게 모든 전화 통화는 "언제든 저희 페이스북 페이지에 질문이나 소감을 남겨주세요"라는 말로 끝맺도록 지시할 수도 있다. 지금 당장 아무 대기업에나 전화를 걸어보라. 통화 연결을 기다리는 동안 웹사이트를 방문해달라는 말을 들을 수 있을 것이다. 하지만 웹사이트는 정체된 환경일 때가 많다. 그보다는 사람들이 필요로 하는 도움을 즉시 제공할 수 있는 상호작용 환경으로 그들을 안내하는 편이 훨씬 바람직하지 않겠는가?

좋아할 만한 고객 서비스의 중요성: 좋아할 만한 모든 것의 중요성

고객 서비스가 사람들을 미소 짓게 하지 못한다면 마케팅이 아무리 훌륭해도 소용없다. 사람들의 질문이나 의견에 응답하지 않는다면 좋아요를 받기 위해 아무리 많은 광고비를 지출해도 소용없다. 세상은 점점 넓고 복잡해져간다. 하지만 동시에 세상은 점점 더 단순하고 투명해지며, 각 부분이 더욱 긴밀히 연결되고 있다. 따라서 사람들이 좋아할 만한 소셜 미디어에 많은 시간과 비용을 투입하기에 앞서 우선 당신은 좋아할 만한 고객 서비스, 좋아할 만한 판매원, 좋아할 만한 제품, 좋아할 만한 절차가 갖춰져 있는지부터 확인해야 한다. 당신이 그러든 그러지 않든, 고객은 자신의 경험에 주목하고 그 경험을 다른 이들과 공유할 것이다. 모든 직원에게 회사의 소셜 미디어 활동을 숙지시키고 고객과의 바람직한 커뮤니케이션 방식을 교육하는 것은 충분히 가치가 있는 일이다.

애석하게도 업무 시간에 직원들의 페이스북 이용을 금지하는 회사들이 여전히 많다. 이는 두 가지 점에서 실망스럽다. 우선 대다수 사람들이 휴대전화를 이용하여 페이스북과 트위터에 접속할 수 있는 것이 요즘의 현실이다. 따라서 컴퓨터를 통한 소셜 네트워크 접근을 제한하면 생산성이 높아질 것이라는 발상은 실질적으로 아무런 타당성이 없다. 더 중요한 문제는, 직원들이 소셜 네트워크에서 고객과 이야기할 수 없게 막는 것은 슈퍼마켓 직원에게 "마케팅 부서가 아니면 고객이 도움을 청해도 절대 말하지 마시오"라고 지시하는 것이나 마찬가지라는 사실이다.

이그제큐티브 익스프레스 카이로프랙틱: 기다리지 않고 적극적으로 고객을 대하는 척추 교정 전문의

이그제큐티브 익스프레스 카이로프랙틱(Executive Express Chiropractic)은 샌프란시스코에 위치한 척추 교정 치료소다. 에벤 데이비스(Eben Davis) 박사가 설립해 운영 중인 이 치료소의 모토는 "여러분은 줄을 서서 차례를 기다립니다. 전화를 기다립니다. 거의 모든 것을 기다립니다. 하지만 고통이 찾아왔을 때 기다린다는 것은 말도 안 됩니다"이다. 이곳의 독특한 비즈니스 모델은 굳이 예약을 하지 않아도 치료소를 방문하면 곧바로 치료를 받을 수 있게 하는 것이다.

이 자체만으로도 훌륭한 영업 방식이지만 데이비스 박사는 여기서 한 걸음 더 나아가 대다수 척추 교정 치료소의 수준을 훌쩍 뛰어넘을 만큼 소셜 미디어를 깊이 통합하여 고객 경험을 훨씬 더 즐겁게 만들었다. 데이비스 박사 팀은 블로그, 페이스북, 트위터를 통해 다수의 가치 있는 글이나 자료를 온라인에서 지속적으로 공유한다. 고객이 원하면 페이스북이나 휴대전화 애플리케이션을 이용한 온라인 예약도 가능하다. 치료소 문을 열고 들어선 방문자는 물리적 체크인뿐만 아니라 페이스북 계정으로도 체크인할 수 있으며, 그런 다음 치료소의 페이지에서 좋아요를 누르고 자신의 경험을 친구들과 공유하기도 한다. 그렇게 자신의 경험을 알린 이들은 더 큰 할인 등의 여러 혜택으로 보상을 받는다.

의사로부터 조수와 접수 담당자, 그리고 데이비스 박사 본인에 이르기까지 이곳의 모든 직원은 페이스북과 트위터로 올라오는 사람들의 질문에 답변하며 온라인에서 24/7(하루 24시간, 일주일에 7일) 지원을 제공한다. 이그제큐티브 익스프레스 카이로프랙틱은 이러한 방식으로 순식간에 수백 명의 고객을 확보했고, 그들 대다수는 이곳의 열렬한 페이스북 팬이기도 하다.

오레오: 좋아할 만한 브랜드

나비스코(Nabisco)에서 만든 오레오 쿠키는 누구나 아는 인기 제품이다. 하지만 나비스코가 소셜 미디어로 브랜드를 확립하기 위해 얼마나 많은 자원을 쏟아부었는지 아는 사람은 그리 많지 않을 것이다. 오레오는 1년이 넘도록 웹사이트 공간의 상당 부분을 할애하여 페이스북 페이지를 홍보하는 데 힘썼다. 또한 페이스북 페이지를 강력한 장기적 자산으로 간주하고 좋아요를 늘리기 위해 엄청난 시간과 공간을 투입해 TV 광고를 비롯한 1차원 미디어 광고를 실시했다. 오레오는 제품의 개별 포장에 페이스북 링크를 포함시킨 초기 브랜드 가운데 하나이기도 하다. 이는 확실히 현실 세계에서 오레오를 즐기는 많은 사람들의 좋아요로 이어졌다.

오레오 페이스북 페이지(Facebook.com/Oreo)에 가면, 다양한 활동과 게임을 접하고 다른 팬들과 생각을 나누며 관계를 형성할 수 있다. 나비스코 팀은 매주 팬 사진을 선정하여 프로필 사진 난에 올린다. 이 커뮤니티는 세계에서 가장 큰 규모의 페이스북 커뮤니티 중 하나로 성장했다. 팬 수는 무려 1,700만 명에 달한다! 이들 1,700만 명의 팬을 어떻게 매출로 전환시킬 것인가는 여전히 고민이 필요한 부분이지만, 분명 오레오는 세계에서 사람들이 가장 좋아할 만한 브랜드를 확립하는 데 성공했다고 할 수 있다.

실천 과제

I. 조직 내에서 당신 외에 소셜 미디어를 이용하여 고객과 상호작용하는 역할을 맡을 만한 직원이 누구인지 결정하라. 여러 부서를 아우르는 프로젝트 팀

을 조직하여 소셜 미디어를 회사의 영업 관행 및 실무 전반에 더욱 효과적으로 통합하라.

2. 페이스북 페이지를 홍보하는 데 투입 가능한 물품, 자산, 시간, 공간 전부를 면밀히 검토하라. 페이스북 페이지의 존재감이 높아지는 과정에서 사람들에게 대화 참여를 상기시키기에 적합한 단계는 어디쯤인가? **좋아요**와 팔로잉을 받기 위한 가치 제안을 공유하기에 적합한 단계는 어디쯤인가? 전통적 광고, 제품 포장, 웹사이트에 소셜 미디어 링크가 통합되어 있는가?

3. 페이스북의 좋아요 버튼을 웹사이트의 되도록 많은 제품과 항목에 통합하라. 좋아요 버튼을 누르기가 손쉬워질수록 당신의 회사도 그만큼 좋아할 만한 곳이 될 것이다.

누구든, 그리고 무엇이든 입소문 마케팅의 기회다

고객과 이야기를 나누는 모든 직원은 좋든 싫든 입소문 마케팅을 창출할 기회를 누린다. 또한 고객이 온라인 및 오프라인에서 당신의 회사와 관련된 자료를 접하는 그 모든 순간은 호감 혹은 비호감을 얻을 기회로 작용한다. 회사 내에 되도록 많은 소셜 미디어 지지자를 만들고, 그들로부터 소셜 미디어 친화적 문화를 회사 구석구석에 통합하는 데 필요한 도움을 받아라. 소셜 미디어를 최대한 깊이 있게 충분히 활용하라. 그러면 당신 또한 최대한의 호감을 얻을 것이다.

소셜 네트워크 광고를 이용하여 광고 효과를 극대화하라

퇴근 후 집에 돌아와 소파에 앉아 TV를 보는데 도중에 광고가 나온다. 늘 그랬듯 DVR의 앞으로 감기 버튼을 눌러 건너뛰려는 찰나에 뭔가가 눈에 들어온다. 화면 오른쪽 상단 구석에 친구의 이름이 보이는 게 아닌가! 앞으로 감기 버튼을 누르지 않고 화면을 자세히 들여다보니 이런 말이 적혀 있다. "당신의 친구 메건 밀러(Megan Miller)가 이 광고를 좋아합니다."

'와! 이럴 수가.' 광고를 지켜보니 실제로 꽤 재미있다. 친구의 추천대로 광고를 보길 잘했다는 생각이 든다.

다음 날 아침, 출근길에 라디오를 듣는데 광고로 넘어가기 직전에 DJ가 이렇게 말한다. "메건 밀러를 비롯한 당신의 친구 세 명이 곧 방송될 광고에 나오는 회사를 좋아합니다." 세 명의 친구나 좋아한다니 당신도 유심히 들어보기로 한다.

회사에 도착한다. 당신은 지역 신문을 살펴 회사에 중요한 기사를 찾는 일을 맡고 있다. 1면을 펴고 기사를 읽기 시작한다. 그런데 3면에 실린 광고 하나가 눈길을 끈다. 광고 바로 밑에 다음과 같은 말이 쓰여 있었기 때문이다. "메건 밀러를 비롯한 당신의 친구 다섯 명이 이 회사를 좋아합니다."

물론 이러한 광고들은 전통적인 1차원 미디어에서는 실현 불가능한 것이다. 어쩌면 위의 이야기가 그저 터무니없는 소리로만 들릴지도 모르겠다. 하지만 만약 이런 광고가 가능하다면 얼마나 멋지겠는가? 입소문을 통한 친구들의 '보증'을 개인화된 광고 포맷에 짜 넣을 수 있다면 그 광고는 이제껏 만들어진 어떤 형태의 1차원적 광고보다 강한 영향력을 발휘할 것이다. 현재는 페이스북 광고 포맷을 이용함으로써 이러한 광고가 가능하다.

소셜 광고는 사람들을 그들의 친구 및 현실 세계의 다른 사람들과 관련짓는다는 점에서 다른 광고에 비해 근본적으로 영향력이 더 강하다. 과거에는 광고에서 주로 제품의 기능과 장점을 강조했다. 하지만 오늘날 소셜 네트워크 광고는 개인화된 콘텐츠를 바탕으로 각각의 사용자에게 미치는 영향을 극대화할 수 있다. 두 가지의 카피가 있다. 하나는 "저희 제품은 다른 어느 제품보다 속도가 빠르다는 점에서 최고라 할 수 있습니다"이고, 다른 하나는 "당신의 친구 자니와 수지가 저희 제품을 좋아합니다"이다. 둘 중 어느 쪽의 영향력이 더 크겠는가?

페이스북 광고

더구나 페이스북에서 판매자가 이용하는 표적 설정 기준은 예전 광고 모델에 비해 훨씬 강력하기 때문에 말 그대로 모든 불필요한 낭비를 말끔히 제거할 수 있다. 페이스북은 수억 명의 사용자에 의해 공유되는 방대한 데이터를 보유하고 있음을 기억하라. 덕분에 판매자는 접근하고자 하는 소비자층을 정확히 표적화할 수 있다.

놀라운 '연결된 회원의 친구' 광고

당신의 페이스북 페이지를 좋아하는 고객들이 생기기 시작했다면, 이 팬 기반을 성장시키고 입소문의 자연스러운 위력을 최대한 활용하는 가장 좋은 방법은 표적 설정 기준에서 '연결된 회원의 친구(Friends of Connections : 페이스북 도움말에 따르면, '연결된 회원'이란 어떤 사용자가 만든 페이스북 페이지의 팬이나 그룹의 멤버, 혹은 그 사용자의 이벤트나 앱에 참여하는 이들을 뜻한다-옮긴이)'를 표적으로 정한 페이스북 광고를 이용하는 것이다. 이 광고는 올바르게 시행되기만 하면 기존 고객 및 팬의 인맥과 좋아요를 통해 회사를 홍보하여 기존 고객의 친구들로부터 관심을 얻는 훌륭한 수단이 될 수 있다. 이는 불특정 다수의 사람들이나 대중을 상대로 하는 마케팅과는 그 성격이 다르다. 페이스북 사용자는 평균적으로 130명의 친구가 있다. 그러므로 당신의 페이지를 좋아하는 사람이 처음에는 단 100명에 불과하더라도 연결된 회원의 친구에게 광고를 실시하면 표적 수용자는 대략 1만 3,000명이 된다. 당신의 팬이 1,000명이라면 표적 수용자는 평균적으로 13만 명이 된다. 이 수치만으로도 충분히 놀랍지만, 더 매력적인 부분은 모든 광고가 개인화되어 잠재 고객에게 그들의 친구 중 누가 이미 당신을 좋아하는지 알려준다는 사실이다. 덕분에 당신은 더할 나위 없이 확실한 보증을 받을 수 있다!

이미 당신을 좋아하는 사람들의 친구를 표적으로 삼는 것은 매우 효과적인 방식이다. 그 친구들 가운데 다수는 당신의 고객과 공통점이 많을 것이다. 페이스북에 광고를 낼 때는 각각의 광고마다 정확히 어떤 표적 설정 기준을 적용할 것인지 세세히 선택할 수 있다. 반드시 모든 기준을 사용하지는 않겠지만 그래도 한번 살펴볼 가치는 있다. 다음은 각 항목에 대한 설명이다.

- **지역** 국가, 주, 도시, 타운을 기준으로 표적을 설정한다. 특정 지역에 위치한 사업체라면 그 도시 내 사람들, 혹은 그 도시로부터 반경 10, 25, 50마일 이내의 지역을 표적으로 정할 수 있다.
- **인구통계** 여기서는 나이와 성별을 입력할 수 있다. 고객의 인구통계학적 정보를 파악하여 구체적인 표적 설정에 활용하는 것이 이상적이다. '23~25세 여성', '56~65세 남성', '14세 전체'와 같은 식으로 입력한다.
- **관심사** 가장 중요한 기준이라 할 만한 이 항목은 요리, 자전거, 달리기, 재즈, 교회 가기, 소설 읽기 등의 관심사에 따라 사람들을 찾아내기 위한 것이다. 선택할 수 있는 관심사의 종류는 거의 100만 가지에 이른다! 직책에 따른 표적 설정도 가능한데 이는 B2B 영역에서 특히 가치 있게 활용된다. 이를 이용하면 CEO, 마케팅 부장, 구매 관리자 등 특정 직책에 있는 사람들에게만 접근할 수 있다.

- **생일** 제목 그대로다. 생일을 맞아 분명 페이스북에 로그인할 사람들에게 축하 인사를 건넨다면 멋진 일일 것이다.
- **결혼·연애 상태** 싱글, 약혼, 연애 중, 기혼인 사람들을 각각 표적으로 설정하기 위한 항목이다. 당연한 얘기지만 이 기준은 결혼이나 데이트 산업에 종사하는 회사에 특히 유용하다.
- **언어** 특정 언어 사용자를 표적으로 설정한다. 페이스북에서는 200개 이상의 언어가 사용된다.
- **학력·직업** 학력과 직장에 따라 표적을 설정한다. 이 항목 역시 B2B 영역에서 특히 유용하다. 도시 내 특정 회사 다섯 곳에 소속된 사람들에게 접근하거나 하나의 특정 회사 혹은 업계에서 새 고객을 획득하고 싶을 때, 새로 직업을 얻기 위해 누군가의 관심을 끌고 싶을 때 이용하면 좋을 것이다.

표적 수용자는 구체적일수록 좋다. 위의 기준에 근거한 개인화된 광고는 전통의 매스미디어 광고보다 당신의 조직을 홍보하는 데 훨씬 큰 효과를 발휘할 것이다. 현재의 팬을 이용하여 그들의 친구에게 적용할 광고를 제작하라. 그러면 새로운 고객을 끌어들일 수 있을 것이다.

페이스북 광고로 할 수 있는 8가지 멋진 일

페이스북 광고의 잠재력을 충분히 숙고해보기를 바라는 의미에서 그것으로 할 수 있는 일 여덟 가지를 소개한다.

1. 생일을 맞은 사람들을 표적으로 삼아라! 생일을 맞은 고객 및 잠재

고객이 담벼락에 올라온 친구들의 생일 축하 메시지를 살펴보고 있을 때 그들에게 다가가라. 할인 혜택이나 특별 경품을 제공할 수도 있고, 회사 이름으로 '생일 축하해요'라는 메시지를 보냄으로써 놀라움을 선사할 수도 있을 것이다.

2. **팬들을 대상으로 멋진 이벤트와 홍보 행사를 알리거나 감사의 말을 전하라.** 일단 당신을 좋아하는 사람들이 생기고 나면 페이스북의 정보 흐름에서 별도의 비용을 들이지 않고도 그들에게 말을 건넬 수 있다. 이미 당신을 좋아하는 사람들에게 특별한 메시지나 강조하고 싶은 제안을 보내는 것은 그 메시지를 확실히 눈에 띄게 할 저렴하고 효과적인 수단이 된다.

3. **직원들을 표적으로 삼아라!** 힘든 한 주를 보냈는가? 그 시간을 무사히 보낸 직원들에게 노고를 치하하는 감사나 축하의 말을 전하라! 회사명 혹은 직책과 회사명을 결합한 기준을 이용하면 당신 회사의 개별 부서를 표적으로 설정할 수 있다.

4. **새로 옮긴 회사에서 당신을 소개하라.** 소셜 미디어 전문가로서 이제 막 새로운 회사에 취직했는가? 새 동료들에게 광고로 자기 소개를 해서 당신이 얼마나 뛰어난 소셜 미디어광인지 보여줘라.

5. **배우자 혹은 연인을 표적으로 삼아라.** 당신은 이미 이 수용자의 모든 것을 알고 있다. 모든 항목을 입력하라. 그러면 그 또는 그녀만을 위해 말 그대로 당신의 사랑을 알리는 광고가 탄생할 것이다. 〈그림 15.1〉의 예를 참고하라.

6. **핵심 파트너와 발전 가능성 있는 관계를 구축하라.** 관계를 구축하고 싶은 회사의 직원 가운데 프로필에 'CEO'나 '사장'과 같은 직책이

그림 15.1 **구체적 표적이 정해진 사랑 광고**

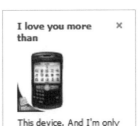

I love you more than ✕

This device. And I'm only miserable when I'm without you. Hope we can unplug for a day soon. I love you.
Unlike
You like this.

이 기기보다 당신을 더 사랑해.

내가 우울해지는 건 당신이 없을 때뿐이야.
우리가 머지않아 이걸 하루 정도
꺼둘 수 있게 되면 좋겠어.
사랑해.
좋아요 취소
회원님이 좋아합니다.

입력되어 있는 사람들을 표적으로 삼아라.

7. **1차원 미디어를 표적으로 삼아라.** 〈뉴욕타임스〉, 〈월스트리트 저널〉, 지역 TV 방송국, 국제적 출판물을 간행하는 출판사의 직원들과 친분을 쌓아라.

8. **'스폰서 스토리'를 이용하라.** 페이스북의 최신 광고 포맷 스폰서 스토리(Sponsored Stories)를 이용하면 팬들이 당신의 페이지와 상호작용할 경우 광고가 '홈' 페이지에 표시된다(스폰서 스토리란 페이스북 이용자들이 자신이 방문한 가게의 위치를 알리거나 특정 브랜드에 좋아요 버튼을 누를 경우 그 활동 정보가 이용자 친구들의 '홈' 페이지에 마련된 스폰서 스토리라는 코너에 노출되는 광고 포맷이다—옮긴이). 이로써 광고에 커다란 소셜적 맥락이 생긴다.

이 여덟 가지 방법은 당신이 고객, 잠재 고객, 동료, 직원, 파트너 등과 온라인 및 오프라인에서 더 견고한 관계를 형성하는 데 도움이 될 것이다. 하지만 이는 단지 시작일 뿐이다. 페이스북 광고를 통해 특정 수용자층을 표적으로 설정하는 다른 방법에는 무엇이 있을까?

좋아할 만한 광고를 만들어라

표적 설정 기준을 모두 선택한 뒤에는 헤드라인, 몇 줄의 카피, 사진을 이용하여 실제 광고를 제작하게 된다. 사진은 페이스북 광고에서 단연 중요한 요소다. 따라서 사람들의 주목을 끌 만한 밝고 적절한 크기의 이미지가 필요하다. 페이스북에서는 비용을 추가하지 않고도 횟수 제한 없이 여러 편의 광고를 시행할 수 있으므로 수십 개의 이미지, 헤드라인, 카피 중 무엇이 좋아요를 이끌어내는 데 가장 효과적인지 테스트해볼 수 있다. 일일 예산도 정해야 하는데 최저 5달러부터 시작해서 원하는 만큼 입력하면 된다. 광고는 PPC(Pay Per Click, 클릭당 지불)나 PPM(Pay Per Impression, 노출당 지불) 방식으로 구매한다. PPM 방식의 경우 광고가 수천 번 노출되어도 클릭하는 사람이 없으면 아무런 성과를 거두지 못할 수도 있다. 그래서 페이스북은 1,000번 노출을 단위로 광고비를 부과한다. PPC 방식일 때는 사람들이 광고를 클릭하고 당신의 페이지를 방문한 경우에만 광고비를 지불한다. 즉 확실한 성과가 발생했을 때만 비용이 드는 셈이다. 돈을 들인 만큼 사람들의 행동을 보장받으려면 PPC 방식을 권한다.

소셜 광고의 소셜적 성격을 유지하라

많은 회사들이 페이스북 광고를 이용하여 직접적 매출을 이끌어내는 데 실패한다. 사람들이 페이스북에서 시간을 보내는 것은 다른 이들과 교제하고 관계를 형성하기 위해서지 제품을 사기 위해서가 아니기 때문이다. 광고는 웹사이트나 쇼핑카트가 아닌 팬 페이지에 링크하라. 이것이 광고의 성공을 가져다주는 공식이다. 사용자들을 당신의 페이지에 접속하게 함으로써 그들과의 관계 형성이 촉진된다. 그들은 콘테스트에 참여하기도 하고 제품이나 서비스, 당신이 속한 업계에 관해 질문도 할 것이다. 또한 그들은 커뮤니티 내의 다른 사람들과 교류할 기회도 누린다. 5장의 내용을 기억하라. 목표는 고객 및 잠재 고객의 관심을 끌고 그들과 관계를 형성하는 것이다. 당신의 회사에 관한 멋진 인상을 줄 시간은 충분하다. 무엇보다 그들로 하여금 당신을 좋아하게 하는 것이 우선이다.

더 많은 예산(최소 2만 5,000달러)을 투입할 수 있는 대형 브랜드라면 페이스북의 '홈페이지 참여 광고(Homepage Engagement Ads)'를 구입하는 방법도 있다. 이것은 페이스북의 탁월한 표적 설정 옵션에 상호작용성과 기능성을 더한 광고 포맷이다. 이 광고를 이용하면 여론조사를 수행하고, 동영상을 삽입하고, 고객들의 이벤트 참여 의사를 확인하고, 관심을 드러내고 주소를 밝힌 이들에게 제품 견본을 배포하는 표본조사 프로그램도 실시할 수 있다.

그 밖의 소셜 네트워크 광고

페이스북 광고는 가장 많이 이용되며 가장 효과적인 소셜 네트워크 광고 포맷이다. 하지만 소셜 네트워크 광고가 페이스북에만 있는 것은 아니다. 예컨대 링크드인과 트위터에서도 직접 광고가 가능하다. 이들 소셜 네트워크 역시 구체적 수용자를 설정할 수 있으며, 광고를 실시한 기업이 지속적으로 온라인 소셜 웹을 구축하고 온라인에서의 존재 감을 키워가는 데 기여한다.

링크드인 광고를 이용하여 전문직 종사자에게 다가가라

링크드인은 1억 명 이상의 사용자 프로필을 보유하고 있는데, 페이스북에 비해 비즈니스에 좀 더 초점이 맞춰져 있다. 페이스북만큼 구체적이진 않지만 링크드인 역시 분야, 직책, 근속 연수, 나이, 성별, 지역 등의 훌륭한 표적 설정 기준을 바탕으로 특정 영역의 전문가들에게 쉽게 다가갈 수 있는 길을 제공한다. PPC 방식과 PPM 방식을 모두 사용할 수 있으며, 광고 예산은 최소 10달러부터 정할 수 있다.

링크드인 광고의 소셜적 측면 중 가장 멋진 점은 각 광고 아래에 광고를 낸 사람의 개인 프로필이 링크된다는 것이다. 페이스북의 '연결된 회원의 친구' 광고만큼 강력한 보증은 아니지만, 그래도 무척 매력적인 기능이다. 투명성과 절묘하게 접속을 유도하는 능력이 참신하다. 링크드인 광고는 얼굴 없는 대기업이 아닌 말 그대로 한 개인, 다시 말해 광고를 보는 사람과 마찬가지로 링크드인을 사용하는 한 개인이 그 광고를 만들었다는 사실을 보여준다. TV나 신문에서 보는 모든 광고에 광고주의 개인 정보가 실린다고 상상해보라. 이는 더 큰 투명성과 책임성을 낳고, 결국 더 좋은 광고의 제작으로 이어질 것이다.

트위터 광고를 이용하면 흐름에 합류할 수 있다

트위터는 지금까지 다수의 광고 모델을 선보여왔으나 2011년 현재는 '프로모티드 트윗(Promoted Tweets)', '프로모티드 트렌드(Promoted Trends)', '프로모티드 트위터 계정(Promoted Twitter Accounts)'이라는 모델이 사용된다. 세 가지 모두 사용자가 트위터에서 특정 키워드를 사용하면 해당 회사의 최근 트윗을 사용자에게 보여준다. 이러한 과정은 구글의 '애드워즈'와 매우 흡사한 것으로, 애드워즈에서는 사용자가 특정 키워드로 검색을 할 경우 사전에 그 키워드를 선택하여 구매한 광고주들의 목록이 표시된다. 하지만 구글과 달리 트위터는 검색이 아닌 대화를 중심으로 한다. 예컨대 트위터에서 '브루클린의 의사'로 검색을 해서 이용자들이 이 지역 내 의사에 대해 한 말들을 살펴보라. 만약 브루클린 지역의 어떤 의사가 '브루클린', '의사', '환자', '간호'와 같은 특정 키워드를 구입했다면 그의 최근 트윗이 당신의 트위터 흐름 맨 위에 나타날 것이다.

페이스북 광고의 경우 컴퓨터에서는 각 페이지의 오른편에, 휴대전화에서는 페이지 하단에 표시된다. 하지만 유료 광고는 사람들의 뉴스피드, 즉 글 흐름 속에 끼어들 수 없다. 반면 트위터는 광고가 사용자의 트위터 흐름 속에 표시될 수 있게 하는 실험을 하고 있다. 트위터 측에서 중시하는 점은 '광고가 사용자와 관련성이 있으며 사용자 사이에서 반향을 불러일으키는가?'이다. 트위터 경영진에 따르면, 아무런 반향(클릭이나 리트윗)을 불러일으키지 않는 광고는 설령 단기적 수익 감소를 초래하더라도 그냥 사라지게 함으로써 사용자 경험이 최적의 상태로 유지된다고 한다.

소셜 네트워크 광고로 얻는 평생 가치

광고는 전통적으로 인지도를 높이고, 구매 의사를 증진시키며, 수동적 수용자를 고객으로 전환시키는 것을 목표로 해왔다. 1차원 미디어의 광고를 본 수용자는 해당 브랜드에 대해 좀 더 알게 되며, 그 제품을 구입할지 말지 결정한다. 소셜 네트워크 광고가 1차원 미디어 광고와 다른 점(혹은 더 가치 있는 점)은 수용자와 대화를 시작한다는 데 있다. 페이스북이나 트위터의 광고가 꼭 해야 할 일은 좋아요나 팔로어를 발생시키는 것이다. 이 단계가 성공적으로 지나면 광고비를 더 들이지 않고도 그 팬이나 팔로어와 평생 이야기를 나누고, 관계를 형성하며, 마침내 제품을 판매할 수 있게 된다! 물론 당신이 보내는 소셜 네트워크 메시지가 마케팅이나 매출 위주로 변질되면 사람들은 당신을 '싫어할' 수도, '언팔로잉'할 수도 있다. 이런 상황은 대부분 이메일 마케팅에서 일어난다. 이메일 수신자 명단은 보통 관계 형성이나 가치 제공보다는 제품 판매에 이용되기 때문이다. 그 결과 한때 팬이었던 사람들은 자주 짜증을 느끼고 심지어 넌더리를 내다가, 마침내 이메일 수신자 명단에서 탈퇴한다.

소셜 미디어의 등장으로 당신은 놀라운 기회를 얻었다. 이제 이상적 고객층을 표적으로 삼아 클릭 한 번 이끌어낼 비용(표적 설정 기준에 따라 0.5~3달러 정도)만 들이면 그들의 마음을 움직여 **좋아요**를 누르고 대화에 합류하게 할 수 있다. 일단 커뮤니티에 들어온 고객은 당신이 적절한 방식으로 참여를 유도하는 한 말 그대로 평생 당신을 주목할 것이다. 이것이 바로 처음 한 번의 광고, 좋아요, 팔로잉 또는 클릭이 가져다주는 평생 가치다.

라이커블 미디어: 광고 시행착오를 거쳐 회사를 성장시키다

라이커블 미디어는 이제까지 300명이 넘는 의뢰인의 요청으로 페이스북 광고를 구입하여 '연결된 회원의 친구'를 비롯한 각종 표적 설정 기준을 활용함으로써 다수의 커뮤니티를 성장시켰다. 하지만 페이스북 광고 활용법과 관련하여 내가 가장 즐겨 소개하는 사례는 우리 회사를 홍보하면서 겪었던 일이다. 페이스북 광고는 우리가 회사를 알리는 과정에서 사용했던 유일한 유료 광고였다. 그 결과 3년 만에 라이커블 미디어는 완전한 무명에서 수백만 달러 규모의 회사로 성장했다. 초기에는 표적을 바르게 설정하지 못했으나 우리는 경험을 통해 차츰 배워 나갔다. 그리고 그 과정에서 우리가 들인 돈은 고작 하루에 30달러였다.

처음 우리가 한 일은 '관심사' 항목에서 '마케팅', '홍보', '소셜 미디어' 같은 키워드로 표적을 설정한 것이었다. 그 결과 이 분야에 관심 있는 팬들을 많이 찾긴 했지만 그들은 실질적인 잠재 고객이 아닐 수도 있었다. 그들 중에는 이 주제에 관심은 있지만 의사결정권은 없는 이들이나 학생들도 포함되어 있었기 때문이다. 그래서 우리는 방향을 바꾸었다.

 마케팅 대행사 선정은 회사 내 여러 직원의 의견을 거쳐 결정된다. 우리는 '직책'을 기준으로 그들 대부분을 찾아낸 다음, 그 표적 수용자 (최고마케팅경영자, 마케팅 부사장, 마케팅 부장, 브랜드 관리자 등)를 대상으로 지속적인 광고를 시행했다. 광고에는 연락을 달라거나 웹사이트를 확인해달라는 메시지는 전혀 없었다. 다만 우리 페이스북 페이지에 접속하여 커뮤니티에 합류해달라는 요청만 담겨 있었다. 광고를 낸 뒤 우리는 온라인에서 찾아내거나 직접 작성한 훌륭한 콘텐츠를 날마다 올리는 한편, 소셜 미디어를 활용하는 최선의 방법을 조언하기도 했다. 이 궁극의 풀마케팅(pull-marketing: 광고 및 홍보 활동에 고객을 직접 주인공으로 참여시키는 판매 기법-옮긴이) 모델이 마침내 효과를 발휘하여 지금까지 광고를 보고 커뮤니티에 찾아온 이들 가운데 수십 명이 전화나 이메일로 우리에게 도움을 요청했다. 우리 페이스북 커뮤니티의 팬 1만 6,000명 중 앞으로 더 많은 이들이 우리에게 연락을 취할 것이다. 하지만 그들이 연락을 하는 것은 우리가 판매할 준비가 되었을 때가 아닌, 그들이 구매할 준비가 되었을 때다.

뉴트로지나: 페이스북 광고를 이용하여 적합한 팬을 발견하다

 뉴트로지나는 거대 브랜드라 인지도 문제는 전혀 없다. 하지만 뉴트로지나가 개발한 여드름 해법 스킨ID는 참여자가 자신의 피부 문제를 밝혀야 하므로 공개적인 지지를 원치 않는 이들도 있다. 이런 점 때문에 회사 입장에서는 10대 고객들의 추천을 이끌어내는 것이 한층 중요해졌다.

페이스북 광고를 시행하며 우선 뉴트로지나는 프로필의 관심사에 '피부 관리', '피부 건강' 등의 키워드를 올려놓은 10대 청소년을 표적으로 삼았다. 광고 덕분에 수천 명의 팬이 생기자 뉴트로지나는 미국 전역의 10대를 대상으로 '연결된 회원의 친구' 광고를 시행했다. 페이스북에서 광고를 본 모든 10대는 그들의 친구 중 누군가가 이미 스킨ID를 좋아한다는 사실을 발견했다. 10대는 전체 인구 집단 가운데 아마도 친구의 말에 가장 영향을 많이 받는 집단일 것이다. 친구가 이 제품을 지지한다는 사실을 확인하자 수천 명의 10대들이 추가로 좋아요 버튼을 눌렀다. 현재 뉴트로지나 커뮤니티에서 스킨ID를 공개 지지하는 인원은 8만 명이 넘는다.

스타벅스: 페이스북 광고로 매출을 향상시키다

커피 소매업의 선두를 달리는 스타벅스는 자사의 팬 커뮤니티를 2,000만 명 이상의 거대한 규모로 성장시켰다. 사실 이는 페이스북 광고에 수백만 달러에 달하는 자금을 투입한 결과였다. 하지만 다른 브랜드는 아직 제대로 못하고 있으나 스타벅스는 성공적으로 해낸 일이 한 가지 있으니, 그것은 바로 광고와 커뮤니티 활동을 통해 팬들을 오프라인 매장으로 끌어들였다는 점이다.

페이스북의 '이벤트' 게시판을 통해 스타벅스는 '무료 페이스트리의 날', '프라푸치노(Frappuccino) 특별 할인 시간', '신제품 비아(VIA) 시음 행사' 등 수십 가지 이상의 홍보 행사를 성공적으로 기획해 시행했다. 이들 이벤트는 지금까지 총 200만 명 이상의 고객을 스타벅스 매장으로 끌어들였다.

1. 페이스북 광고 범주를 참고하여 최적의 표적 수용자를 규정하라. 인구통계 기준 및 관심사 기준을 모두 입력한 뒤 페이스북에서 당신의 수용자층이 어느 정도 규모인지 정확히 파악하라.

2. 창의적 광고 아이디어를 다양하게 시험해보라. 우선은 아주 적은 예산으로 여러 가지 사진과 헤드라인을 시도해서 어느 것이 가장 효과적인지 알아내라. (최소 5달러만 있어도 시작할 수 있다. 누구나 감당할 수 있는 예산이다.) 광고를 당신의 웹사이트가 아닌 페이스북 페이지에 링크하라.

3. 당신의 회사가 링크드인 광고나 트위터 광고로 이득을 볼 수 있을지 파악하라. 회사가 아직 트위터나 링크드인에서 전혀 활동하지 않고 있다면 광고를 하는 보람이 없을 수도 있다. 하지만 언젠가는 반드시 그곳에서 광고를 시행해야 하므로 시험을 해볼 가치는 있다.

좋아할 만한 소셜 광고를 만들어라

온갖 형태의 성가시고 달갑잖은 광고가 지배하는 오늘날 세상에서 소셜 미디어 광고는 당신을 더욱 좋아할 만한(말 그대로의 의미든, 페이스북에서의 '좋아요'든) 존재로 만들어준다. 이들 광고를 이용하면 완벽한 표적 수용자를 찾아 그들과 관계를 맺고 소셜 미디어 특유의 '입소문을 통한 보증'을 최대한 활용할 수 있다. 소셜 미디어 광고는 매매 기회를 만들어내기보다 잠재 고객 및 그들의 친구와 평생 가는 관계를 확립하는 데 강점이 있다. 전통적 광고(효과가 있는지 없는지 분명치도 않은)의 축소를 고려해야 할 오늘날의 어려운 경제 상황을 감안하면, 지금이야말로 팬 기반을 확대하고 신규 고객을 창출하기 위해 소셜 광고를 면밀히 검토해야 할 시기다.

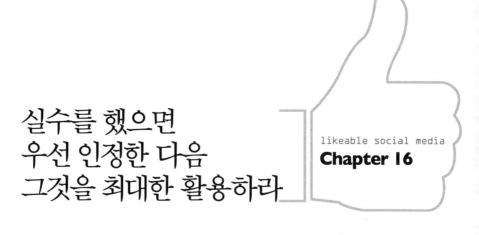

실수를 했으면
우선 인정한 다음
그것을 최대한 활용하라

2010년 6월 3일, 주식회사 앤 테일러(Ann Taylor Inc.) 소유의 의류 브랜드 로프트(Loft)는 페이스북 페이지에 키 큰 금발 여성들이 신제품 실크 카고 바지를 입고 있는 사진을 올렸다. 사진의 캡션에는 클릭만 하면 구매 화면으로 연결되는 링크가 달려 있었다.

소셜 미디어에서 자주 볼 수 있는 글이었고, 패션 업계에서 흔하디흔한 사진이었다. 그러나 어떤 이유에서인지 팬들은 이 글에 대해서만 특히 부정적으로 반응했다. 팬들도 모델이 입은 바지가 멋져 보인다는 점은 인정했다. 하지만 그들은 그 바지가 '누가 입어도 보기 좋을' 제품은 아니며 '키가 177~178센티미터 정도 되고 사진 속의 모델처럼 깡마른 몸매라면 멋져 보일 것'이라 불평했다. 팬들은 '현실적인 여성'이 바지를 입은 모습을 보여달라고 로프트에 요구하기 시작했다.

이런 요구에 아무런 반응을 보이지 않을 회사도 많을 것이다. 패션 업계는 사실상 현실적인 여성이 아닌 엄청나게 마른 모델의 이미지를 기반으로 하여 발전해왔으며, 반대 의견이 제기된 적도 있었지만 달라진 것은 거의 없었다.

하지만 이틀 뒤 로프트는 '현실적인 여성'들이 그 제품을 입은 사진과 함께 '죄송합니다'라는 글을 올렸다. 앤 테일러의 여성 직원들이 바지를 입은 그들 자신의 모습을 사진에 담아 올린 것이었다(〈그림 16.1〉).

그림 16.1 **로프트 직원 모델**

LOFT Hi! My name is Julie and I am LOFT's Manager of Digital Programs. Yesterday we received a request to show our new silk cargo pants on real women. Through the day we will be showcasing women at LOFT wearing the pant. To get us started I am posting a gallery showing how I wear the pant at work, at night, and on the weekend.

I am 5'3" and a size 6 and a regular shopper of LOFT's petite collection though I shop regular sizes as well.

How I Wear Our New Silk Cargo Pant
June 17 at 11:53am · Like · Comment · Share

👍 43 people like this.

💬 View all 48 comments

로프트: 안녕하세요! 저는 로프트의 디지털 프로그램 담당자 줄리예요. 어제 저희 신제품 실크 카고 바지를 현실적인 여성들이 입은 모습을 보여달라는 요청을 받았어요. 그래서 오늘은 로프트의 여성들이 이 바지를 입은 모습을 보여드리기로 했어요. 우선은 제가 일할 때, 밤에, 주말에 이 바지를 입은 모습이 담긴 사진을 올립니다.

저는 키 160센티미터에 6사이즈(한국식 사이즈로는 66에 가까움—옮긴이)를 입고요, 로프트의 쁘띠 컬렉션을 자주 구입하는 편이에요. 표준 사이즈도 사긴 하지만요.

페이스북 커뮤니티는 크게 기뻐했다. 로프트 입장에서 더욱 반가운 점은, 그들이 취한 조치가 소문을 타고 순식간에 알려지면서 패션 업계와 온라인 세계에서 미디어의 큰 관심을 받았다는 것이다. 그로부터 몇 개월이 지나고, 로프트의 페이스북 페이지에는 여전히 깡마른 모델의 사진이 올라오지만, 팬들이 올리는 모든 의견과 질문(좋은 내용이든, 나쁜 내용이든, 불쾌한 내용이든)에 로프트의 직원들이 신속히 응답하는 모습도 볼 수 있다. 이 페이지는 지난 2010년 6월 이래로 커뮤니티가 대폭 성장했다는 사실도 강조한다(현재 로프트의 팬 수는 25만 명을 넘어섰다).

로프트가 취한 조치는 무엇인가? 간단히 말해 그들은 재빨리 실수를 인정하고 바로잡았다. 페이스북에 몸매도 사이즈도 서로 다른 직원들 자신의 사진을 올림으로써 그들은 비난받을 위험을 감수하며 마음을 터놓고 '진실하게' 고객 및 수용자를 대할 의지가 있음을 보여주었다. 이로써 로프트는 실수를 거의 즉각적으로 만회했을 뿐만 아니라 불쾌감을 느꼈던 고객들과 개인적 차원에서 관계를 형성할 수 있었으며, 미디어에 긍정적 방향으로 부각될 기회까지 얻었다.

한마디 말이 큰 효과를 발휘한다

실수를 저질렀을 때 '죄송합니다'라고 말하는 것은 잘못을 만회하는 데 큰 효과를 발휘한다. 회사는 사람들로 구성되고, 모든 사람은 때때로 실수를 한다. 그러므로 회사가 가끔 잘못을 저질러 고객을 속상하게 혹은 화나게 하는 것은 피할 수 없는 일이다. 문제는, 그리고 고객을 특히 불만스럽게 하는 것은 회사가 사과를 하고 문제를 신속히 처리하려는 모습을 보이지 않는 경우다.

누군가와 데이트를 해본 남성이라면 상대의 말에 귀를 기울인 뒤 '미안하다'고 말하는 것이 연인 관계에서 가장 중요한 능력이라는 사실을 알 것이다. 기업 역시 마찬가지다. 특히 규모가 크거나, 주식시장에 상장되었거나, 대형 법무팀을 보유하고 있다면 '죄송합니다'라는 말을 하기가 어려울 수도 있다. 하지만 그것은 언제나 해야 하는 올바른 일이다.

사과의 말을 전하는 법

소비자에게 사과의 말을 전하는 최선의 방법은 조직 내 최고위자, 이를테면 CEO가 짤막한 온라인 동영상을 통해 문제를 언급하고 어떻게 바로잡을 것인지 밝히며 죄송하다는 말을 하는 것이다. CEO 혹은 조직의 리더 위치에 있는 누군가가 직접 말을 하면 고객은 그 회사가 문제를 진지하게 대하고 있다는 인상을 받는다. 동영상을 통한 메시지 전달은 당신의 회사에 인간다움을 부여하는데, 언론 보도 자료나 편지로는 결코 할 수 없는 일이다. 동영상은 고객의 시간을 존중한다는 의미에서 길이가 짧아야 하고 상냥한 분위기가 담겨야 한다. 또한 CEO는 최대한 겸손하고 자연스러운 모습을 보일 준비가 되어 있어야 한다.

만약 CEO가 카메라 앞에 서는 데 능숙하지 않다면 다른 고위급 경영자가 대신 동영상 사과를 하는 방안도 고려해볼 수 있다. 이때 CEO

를 대신하는 인물 역시 고위 경영진의 일원이어야 하며, 전체 팀을 대표하여 이야기를 해야 한다. CEO가 편지를 쓸 수도 있다. 물론 동영상보다는 효과가 미약하겠지만 말이다. 그럼에도 CEO의 '방송에 맞지 않는 기질' 때문에 편지가 최선의 방법이라고 판단될 경우에는 최대한 친절하고 진심 어린 편지를 써야 한다. 난해한 법률 용어와 기업 내부에서 통용되는 전문 용어의 사용은 피하도록 하라.

계획 밖의 일에 대비한 계획

회사가 언젠가 고객에게 실수를 하리라는 것은 안다. 하지만 언제 어떤 실수로 누구를 불쾌하게 만들지는 알 수 없다. 그렇다면 현 시점에서 해야 할 최선의 행동은 계획 밖의 일에 대비하여 계획을 세우는 것이다. 그동안 기업은 홍보 회사와 내부 PR팀에게 '위기 시 커뮤니케이션 대책'의 수립을 맡겼다. 이 문제와 관련하여 예전과 가장 달라진 점이라 하면, 오늘날 소문이 퍼져 나가는 속도는 과거 어느 때보다 빠르다는 것이다. 회사의 대응이 더딜수록 문제는 급속히 악화된다. 그러므로 어떤 상황이 닥쳐도 신속히 대처하고 적절한 소셜 미디어 응답을 결정할 수 있는 직원들을 여러 부서에서 선발하여 실수가 일어나기 전에 미리 팀을 조직해둘 필요가 있다.

변호사에게 인간이 되는 법을 가르쳐라

변호사와 기업 홍보 담당자들은 '죄송합니다'라는 말을 못 쓰게 막고 엉망으로 만들어놓는 이상한 능력이 있다. 더구나 위기가 한창일 때 변호사와 논쟁을 벌이는 것은 무엇보다 피해야 할 일이다. 따라서 위기가 닥쳤을 때 어떤 언어를 사용하고 어떤 언어를 사용하지 말아야 하는지 미리 자세한 계획을 세워두는 것이 중요하다. 간단히 말하자면, 대부분의 경우 솔직하고 직접적인 언어가 기업 내에서 통용되는 전문 용어보다 더 효과적이다. 소셜 미디어 환경에서는 특히 더 그렇다. 편안한 언어는 당신을 더 진실하고 상처 받기 쉬운 인간적 존재로 보이게 해준다. 고객 입장에서도 상처 받기 쉬운 실제 인간에게 화를 내기란 '사악한 기업'(위기 때의 이야기이긴 하지만 고객은 아마 당신을 이렇게 바라볼 것이다)에 분노하는 것보다 훨씬 어려운 일이다. 위기 상황이 되면 당신은 "죄송합니다, 저희가 큰 실수를 저질렀습니다"라고 말할 것임을 변호사에게 미리 알려라. 그것만으로도 당신은 다른 대다수 기업에 비해 훨씬 많은 준비를 갖춘 셈이다.

소방 훈련을 실시하라

학교에서 긴급 화재 발생 시의 대처법을 가르치기 위해 소방 훈련을 실시하는 것과 마찬가지로, 불가피한 위기에 대비할 유일한 길은 사전에 훈련을 하는 것뿐이다. 최악의 사태를 가정하라. 가령 당신의 레스토랑에서 식사를 하던 고객이 갑자기 사망한다든가, 직원이 매장 계산대에서 라이플총을 꺼내 드는 상황 말이다(비정상적이고 실현 가능성이 낮을수록 좋다). 물론 이런 일은 일어나지 않기를 바라지만, 이 정도 상황은 아니라 해도 언젠가는 당신이 미처 상상하지 못했던 문제가 분명 일어날 것이다.

그렇다면 그에 대비한 계획은 무엇인가? 회사 내의 여러 팀에서 누가 나서서 얼마나 신속히 문제에 대처할 것인가? 위기가 금요일 밤에 닥친다면 어떻게 할 것인가? 홍보 담당 부사장이 마침 휴가 중이라면 어떻게 할 것인가? 소셜 미디어는 하루 24시간, 일주일에 7일, 1년 365일 내내 작동한다. 그러므로 어떤 문제가 생겨도 신속히 대응할 수 있는 계획이 필요하다. 당신은 고객과 어떻게 소통할 것인가? 당신의 직원, 파트너, 벤더들은?

결코 일어날 것 같지 않은 일에 미리 대비하는 것이 우스꽝스러워 보일지도 모르겠다. 하지만 소셜 미디어 위기에 대비하지 않아서 문제가 생겼을 때 너무 늦게 혹은 형편없이 대응한다면 브랜드에 심각한 피해가 발생할 수 있다. 예컨대 지난 2010년 멕시코 만 원유 유출 사건이 터졌을 때 석유 회사 브리티시 페트롤륨(British Petroleum, BP)이 어떻게 대응했는지 생각해보라. 만약 BP가 페이스북과 트위터에서 더 신속히, 진지하게, 성실히 대응했더라면 아마 회사의 평판과 주가에 미친 피해도 훨씬 적었을 것이다.

사과를 했다고 문제가 해결된 것은 아니다

죄송하다는 말은 위기 처리의 시작일 뿐이다. 오늘날 과거 어느 때보다 중요한 능력은 소셜 네트워크에서 사람들의 말에 귀를 기울이고 응답하는 것이다. 부디 심각한 문제가 일어나기 전에 이 과정이 당신의 일상적 영업 관행에 통합되기를 바란다. 하지만 어떤 이유에서든 그렇게 하지 못했다면 유사시에 더 많은 자원을 온라인 커뮤니티 관리에 할당한다는 계획을 세워두어야 할 것이다. 위기가 닥치면 페이스북과 트위터 커뮤니티의 트래픽이 분명 늘어날 터이기 때문이다.

가능하다면 언제든 불만을 제기한 사람들에게 개별적으로 사과하고 지속적인 후속 조치를 취하라. 신속히 응답하고 관심을 보임으로써 심각한 실수를 극복하고 문제 발생 이전보다 더욱 굳건한 평판을 얻을 수 있다. 실수와 위기는 제각기 다른 형태와 규모로 다가올 것이다. 따라서 다양한 수준의 대응책을 마련해야 한다. 무엇보다 중요한 점은 문제가 무엇이든 간에 성실히 주의를 기울이고, 관심을 보이고, 신속히 사과한 다음 얼른 문제를 바로잡는 것이다.

엄청난 실수를 저질렀지만 신속히 사과하고 문제를 바로잡다 : 제트블루

항공사는 미국에서 가장 쉽게 미움 받는 회사 중 하나다. 비행기 여행은 힘든 경험이 될 때가 많고, 그럴 경우 항공사 브랜드는 고객 불만이 집중되는 표적이 되곤 한다. 하지만 제트블루는 고객에게 호의적이고 높은 평가를 받는 견고한 브랜드를 보유하고 있다. 2007년 2월, 이 회사는 커다란 위기에 봉착했는데, 일주일 동안 태풍이 몰아치고 갖가지 내부 문제가 발생해 수백의 항공편이 취소되면서 승객 수천 명이 오도 가도 못하게 된 것이다.

회사의 평판을 완전히 무너뜨릴 재앙이 될 뻔한 이 위기를 모면할 수 있었던 것은 제트블루의 신속하고 적절한 온라인 대응 덕분이었다. 회사의 CEO 겸 설립자인 데이비드 닐먼(David Neeleman)은 3분 길이의 유튜브 동영상을 통해 사과와 함께 다시는 이런 일이 일어나지 않도록 하겠다는 약속을 전했다. 이 동영상은 페이스북과 트위터에서 공유되어 수십만 명의 사람들이 보았다. 닐먼은 동영상 녹화에 이어 〈데이비드 레터맨 쇼(Late Show with David Letterman)〉를 비롯한 전통적인 미디어에도 모습을 드러냈다. 그는 겸손한 모습으로 문제를 바로잡기 위해 헌신하고 있음을 보여주었다.

어떤 항공사든 최악이라 할 만한 상황에서 브랜드에 심각한 타격을 입힐 수도 있었던 이 위기는 이내 잊혔고, 제트블루는 곧 고객 만족 부문의 선두 주자로 복귀했다. 소셜 미디어가 성장을 거듭한 지난 몇 년간 제트블루는 페이스북과 트위터 같은 도구를 이용하여 고객의 마음을 사로잡는 최고의 항공사 중 하나로서 그 위치를 지켰다.

재난에 직면하여 브랜드를 구해내다: 도미노 피자

2009년 4월, 노스캐롤라이나 주의 도미노 피자(Domino's Pizza)에서 일하는 종업원 두 명이 동영상을 하나 제작하여 유튜브에 올렸다. 동영상에는 그들이 고객에게 제공할 음식을 몸 이곳저곳에 문지르는 등의 역겨운 행동을 하는 모습이 담겨 있었다. 이 동영상은 브랜드에 치명적인 재난을 초래할 만한 성질의 것이었다. 너무 지저분해서 웬만한 사람들은 영상을 보고 나면 한참 동안 아무것도 먹을 수가 없었기 때문이다. 수십만 명이 이 동영상을 보았으며 내용 중 일부는 전국 TV 방송에도 소개되었다.

도미노는 즉시 웹사이트에 사과문을 올렸다. 문제의 종업원들은 해고를 당했다. 도미노는 그들을 고소하여 법이 허용하는 한도에서 가장 무거운 처벌을 받도록 하겠다는 뜻을 밝혔다. 비록 사건이 터진 지 꼬박 일주일이 지난 뒤이긴 했지만 미국 도미노 사의 사장 패트릭 도일 (Patrick Doyle)은 동영상 사과도 발표했다. 이런 '추잡한' 위기 앞에서 브랜드는 어떤 조치를 더 취해야 할까? 패스트푸드 레스토랑인 도미노 피자의 음식 품질에 대한 평판은 애초부터 최고 수준은 아니었다. 그런데다 이런 문제까지 터졌으니 회사나 고객이 상상할 수 있는 최악의 상황이 벌어진 셈이었다.

도미노가 택한 길은 '처음부터 다시 시작하기'였다. 그들은 3분 길이의 유튜브 및 페이스북 동영상을 이용한 광고 캠페인에 착수했다. 도미노의 맛을 싫어하는 고객들의 이야기가 담긴 동영상이었다. 실제로 이 영상에는 크러스트 맛이 마분지 같다는 등의 매우 비판적인 의견이 그대로 인용되었다. 그다음에는 새로운, 더 맛있는 피자를 만들기 위해 힘을 모아 노력하는 직원들의 모습이 나온다(〈그림 16.2〉).

이 광고 캠페인을 접한 사람들은 도미노가, 실제로는 거대 기업인 이 브랜드가 고객의 말에 귀 기울이고 더 나은 회사가 되기 위해 노력하는 약자라는 인상을 받았다. 그것은 아마 당시 도미노가 실제로 그런 상황에 처해 있었기 때문일 것이다.

TV 광고로 내보내기에는 너무 길었지만 유튜브에는 더할 나위 없이 잘 어울리는 이 3분 길이의 동영상은 물론 문제가 된 역겨운 동영상만큼의 조회 수를 기록하지는 못했지만, 그래도 70만 명 이상이 감상했다. 더구나 이 동영상은 브랜드에 인간다움을 부여했으며, 고객을 가장 필요로 하는 시기에 회사와 고객을 이어주는 매개체 역할을 했다.

그림 16.2 도미노 피자의 방향 전환

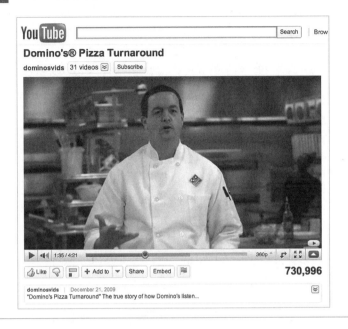

회사가 신속히 응답하지 않은 경우: 모트린 엄마들

2008년 11월의 어느 토요일, 모트린(Motrin)의 웹사이트에 다음과 같은 음성 해설이 담긴 진통제 광고가 올라왔다.

아기를 '입는' 것이 유행인 것 같아요. 그러니까, 이론적으로 보면 그건 정말 멋진 발상이죠. 앞으로 메는 캐리어도 있고, 띠도 있고, 포대기도 있고, 주머니도 있어요. 앞으로 또 뭐가 나올지 어떻게 알겠어요? 아기를 옆으로, 앞으로 입고 두 손은 비워두세요. 아마 그건 진정한 유대감을 형성하는 경험일 거예요. 아기를 엄마의 몸 가까이 붙여서 데리고 다니면 덜 운다는 얘기도 있죠. 하지만 '나'는 어떤가요? 아기를 입는 엄마들은 그러지 않는 엄마들보다 더 많이 울죠? 저는 정말 그래요! 이런 상황은 등, 목, 어깨에 엄청난 압박을 줘요. 제가 방금 등 얘기를 했나요? 하지만 저는 이 고통을 참을 거예요. 좋은 고통이니까요. 제 아이를 위한 고통이요. 더구나 그렇게 하면 저는 누가 봐도 아기를 키우는 엄마로 보일 거예요. 공식적인 인정을 받는 셈이죠. 그러니 만약 제가 피곤하거나 정신없어 보여도 사람들이 이해해줄 거예요.

이 광고에 많은 엄마들이 불쾌함을 느꼈다. 온라인 커뮤니티에서 활발히 목소리를 내는 엄마 블로거들은 격분했다. 몇 시간 만에 이 광고는 전 세계 트위터에서 뜨거운 화제로 떠올랐다. 엄마들의 반응을 담은 9분짜리 동영상이 유튜브에 올라와 수만 건의 조회 수를 기록했다. 하지만 그날은 토요일이었던지라 회사나 광고 대행사 직원 누구도 대응에 나서지 않았다. 회사 측에서는 월요일이 되어서야 반응을 보였지만 문제의 광고는 이미 수천 명에 이르는 엄마들의 주목을 받은 뒤였고, 그들 중 다수가 반감을 표했다. 회사는 광고를 내리고 사과문을 발표했지만 이미 피해가 발생한 뒤였다.

즉각적 정보 공유가 가능한 세계에서는 일어날 수 있는 모든 일에 대한 대비가 필요하다. 누군가가 당신의 광고나 마케팅 활동에 대해 주말에 비난할 경우, 누가 대응하기로 되어 있는가? 만약 모트린이 처음부터 만반의 준비를 했더라면 수천 명의 엄마들이 부정적 피드백을 보내는 사태를 사전에 막고 신속히 사과할 수 있었을 것이다.

좋아할 만한 실수: 갭

2010년 10월, 의류 소매 업체 갭(Gap)은 새로운 로고를 공개했다. 공개 직후부터 몇몇 소셜 미디어 채널에서 거의 대부분의 고객들이 로고가 보기 싫다는 의견을 내놓았다. 수천 명의 사람들이 로고가 추하다며 이의를 제기했고, 심지어 어떤 이는 가짜 트위터 계정을 만들어 갭을 조롱하기까지 했다.

새 로고가 찍힌 유인물을 제작하는 데 이미 수백만 달러를 지출한 상황이었지만 갭은 재빨리 실수를 깨닫고 며칠 만에 페이스북 페이지에 다음과 같은 글을 올렸다.

예, 새 로고가 마음에 들지 않는다는 여러분의 의견을 확실히 들었어요. 보내주신 피드백으로부터 많은 것을 배웠고요. 저희는 언제나 브랜드와 고객에게 가장 유익한 길을 택하고자 한답니다. 그래서 크라우드 소싱을 하지 않고 오늘 밤부터 예전의 블루박스 로고를 다시 사용하기로 했어요.

격의 없고 겸손한 어조의 이 메시지는 갭이 고객의 말에 귀 기울이며 관심을 쏟고 있음을 보여주었다. 만약 그들에게 유연성이 부족하고 전통적인 경영진의 성격이 강했다면 이런 신속한 결정은 불가능했을지도 모른다. 하지만 오늘날에는 위기 상황에서의 신속한 의사결정이 과거 어느 때보다 필요하다. 비록 비용 면에서 손실을 보긴 했지만 이 사례는 갭의 전반적 평판을 높였으며, 더 큰 문제가 될 수도 있었던 실수를 방지하는 결과를 낳았다.

I. 소셜 미디어 위기 계획을 세워라. 고객이 부정적 경험담을 유튜브에 올리거나, 홍보 활동이 잘못되거나, 커뮤니케이션이 계획대로 진행되지 않는다면 어떻게 할 것인가? 누가 어떻게 공개적 대응에 나설 것인가? 결정에 대한 최종 책임은 누가 질 것인가?

2. 문제 상황이 발생했을 때 겸손하고 인간적인 언어로 신속히 응답할 수 있도록 법무팀 및 기업 홍보팀과 협력하여 지침을 수립하라.

3. 계획을 세웠다면 몇 차례의 '소방 훈련'을 실시하여 조직이 위기에 얼마나 잘 대응하는지 확인하라.

4. 당신의 회사에 관한 온라인 대화에 언제나(주말이나 휴일에도) 눈과 귀를 집중하라.

예기치 못한 일에 미리 대비하고 신속히 사과한다면

인간에게는 서로의 실수를 용서하는 놀라운 능력이 있다. 기업 역시 용서할 수 있다(특히 문제가 된 기업 이면에 인정 많고, 이해심 있고, 도리를 아는 사람들이 있다는 사실을 상기시킬 경우 더 그렇다). 조직이 난제에 직면하는 것은 실수와 위기에 미리 대비하여 유연하게 대응하지 못했을 때뿐이다. 미리 계획을 세우고 공개적으로 신속하게 진심 어린 사과를 한다면 어떤 소셜 미디어 문제 앞에서도 굳건한 브랜드 평판을 지킬 수 있을 것이다.

설렘, 놀라움, 기쁨을 지속적으로 전하라

likeable social media
Chapter 17

몇 개월 전 나는 어떤 비즈니스 회의에 참석해서 언제나 그러하듯 그곳에서 배운 내용을 트위터에 올리고 있었다. 강연자 중 한 명이 짐 콜린스(Jim Collins)의 《성공하는 기업들의 8가지 습관(Built to Last)》이라는 책을 반드시 읽어봐야 한다며 추천했다. 전에도 들어본 적 있는 책이라 기억해뒀다 구입하려고 이런 트윗을 올렸다. "추천받은 비즈니스 서적: 성공하는 기업들의 8가지 습관. 읽어보신 분 있으세요?"

몇 개의 답장이 왔는데 그중에서 제시 랜드리(Jesse Landry)라는 사람이 보낸 것이 제일 마음에 들었다. 그는 내 팔로어 중 한 명으로 실제로 만난 적은 없었는데 다음과 같은 내용의 답장을 보내왔다. "아직 그 책을 안 사셨다면 제가 가진 책을 내일까지 보내드리고 싶네요."

"훌륭한 책이에요, 데이브. 꼭 확인해보세요"도 아니고, "제 걸 빌려

드리고 싶네요"도 아니었다. 그는 내일까지 그 책을 내게 보내주겠다고 제안했다. 답장을 보자마자 감동한 나는 꼭 내일까지 보내줄 필요는 없지만 보내준다면 정말 고맙겠다는 말과 함께 내 주소를 적어 그에게 다시 답장을 보냈다. 그럼에도 그는 다음 날 내가 받아볼 수 있도록 책을 보내주었다. 감동이 두 배가 되었다.

나는 제시의 프로필을 통해 그가 중소기업에 인적 자원 서비스를 제공하는 어드미니스태프(Administaff)라는 회사의 컨설턴트라는 사실을 발견했다. 제시는 내게 일과 관련된 이야기는 전혀 꺼내지 않았다. 만약 그가 그랬다면 아마 나는 이렇게 말했을 것이다. "고맙습니다만 사양하겠습니다." 그리고 그가 나와 거래를 하고 싶어서 책을 보내주었다고 생각했을 것이다. 제시가 그런 이야기를 하지 않았기 때문에 나는 그의 직업을 확인하고, 그 회사를 조사하고, 언젠가 내가 필요로 하는 서비스를 그가 제공해줄 수 있을지 알아본 뒤 기분이 무척 좋아졌다.

제시는 '순수한 호의로' 내게 책을 보내주었고 직접적 대가는 아무것도 받지 않았다. 그로부터 몇 개월이 지난 지금 나는 라이커블 미디어의 인적 자원 문제를 아웃소싱하는 것을 검토 중이다. 그러다 보니 자연히 제시와 어드미니스태프에 연락하여 혹시 내 문제를 해결하는 데 도움을 줄 수 있는지 알아보게 되었다. 하지만 책을 보낼 당시 제시가 이런 상황이 오리라는 것을 미리 알 도리는 없었다. 그는 그냥 책을 보냈던 것이다.

고객에게 작은 일들을 해줌으로써 그들에게 놀라움과 기쁨을 선사하거나, 예상치 못했던 가치를 제공하거나, 개개인의 얼굴에 미소를 더해줄 길을 찾아낸다면 당신은 언제나 돋보이고, 기억되고, 그 커뮤니티의 구성원들을 대상으로 한 비즈니스에서 성공할 것이다. 사람들의 주목을 끄는 것은 온라인 소셜 미디어 이전 시대에도 중요했지만, 소문이 번개 같은 속도로 퍼지는 오늘날에는 필수 요소가 되었다. 소셜 네트워크에서 사람들의 주목을 끌려면 어떻게 해야 할까?

당신은 이미 경쟁에서 앞서 있다

반가운 사실은 '좋아할 만한 소셜 미디어'의 기본 원칙을 따르는 것만으로도, 즉 페이스북에서 모든 사람의 의견에 빠짐없이 귀를 기울이고 투명하게 응답하는 것만으로도 소셜 네트워크를 여전히 방송처럼 대하는 수많은 다른 기업에 비해 훨씬 앞서 나갈 수 있다는 점이다. 하지만 결국 경쟁자들은 당신을 따라잡고 소셜 미디어를 이용하는 최선의 방식을 깨닫게 될 것이다. 지금 페이스북에서 당신은 사람들의 주목을 받기 위해 현실 세계의 경쟁자들과 다툴 뿐만 아니라 모든 고객의 친구들, 그리고 그들이 이미 애착과 유대감을 느끼는 브랜드들과도 경쟁하고 있다.

따라서 단지 남들보다 더 낫다는 것만으로는 충분치 않다. 당신은 남들이 하지 않는 색다른 무언가를 할 방법을 찾아야 한다. 당신이 지금까지 이 책에서 읽은 모든 내용은 소셜 네트워크를 훌륭히 이용하기 위해 지켜야 할 기준에 관한 것이었다. 하지만 여기서 더 나아가 사람들의 예상을 뛰어넘으려면 어떻게 해야 할까? 경쟁자들 사이에서 돋보이려면 어떤 작은 일(그리고 큰 일)들을 해야 할까? 소셜 네트워크를 이용하여 남들과 차별화된 존재가 되려면, 사람들이 '와!' 하고 놀랄 만한 순간을 되도록 많이 만들어내려면 어떻게 해야 할까? 당신이 원할 때 사람들에게 '놀라움과 기쁨'을 선사하려면 어떻게 해야 할까?

작은 일이 중요하다

꼭 베풀지 않아도 되는 사소한 호의가 무엇보다 중요한 역할을 할 때가 많다. 이 장 도입부에 소개한 일화에서 제시는 굳이 내게 책을 보내줄 필요가 없었다(그가 책을 보내는 데 많은 비용이 들지 않았길 바라는 마음이다. 배송비가 책값보다 더 비쌌을 수도 있기 때문이다). 하지만 그것은 분명 눈에 띄는 행동이었다. 당신의 회사를 다른 회사들보다 돋보이게 해주고 소비자의 눈길을 끌 만한 작은 일에는 무엇이 있을까? 이는 당신이 몸담은 분야 및 온라인 커뮤니티의 구체적 특성에 따라 달라진다.

한 가지 예를 들자면, 꼭 당신의 회사가 언급되지 않더라도 사람들의 대화에 '귀를 기울이고' 직접적으로 당신을 향한 것이 아니더라도 그들의 질문에 응답하는 것이다. 대화의 일부가 되어 당신의 회사 혹은 업계와 관련된 커뮤니티에 참여하되, 회사를 홍보하거나 제품을 판매하려 들지는 마라. 이는 특히 낯선 사람과의 대화가 흔히 이루어지는 트위터에서 손쉽게 할 수 있는 일이다. 예컨대 당신이 부동산 중개인이라면 계약금 때문에 은행 대출을 받으려는 사람들의 질문에 귀를 기울이고 답변과 함께 도움이 될 만한 글의 링크를 제공할 수 있을 것이다. 만약 민박을 운영한다면 멋진 휴양지를 찾는 사람들의 질문을 유심히 들은 뒤 이국적인 장소에 자리 잡은 몇몇 민박집(업계 행사에서 만나 서로 알게 된)을 추천할 수도 있다.

트위터와 페이스북에서 사람들에게 예상치 못했던 가치를 제공하고 그 대가로 아무것도 바라지 않으면 당신의 비즈니스에 영향을 미칠 '와!' 순간이 창출된다. 트위터에서 당신이 추천한 민박집은 언젠가 그들의 팔로어에게 당신을 추천하기도 할 것이다. 당신이 알려준 대출 관련 글이 사람들에게 큰 도움을 주었다면 그 잠재적 구매자들은 집을 살 때 당신에게 도움을 청할 것이다.

전자 제품 쇼핑몰 베스트바이(Best Buy)는 트위터에서 질문에 답변하는 형태로 사람들에게 예상 밖의 가치를 전하기 시작한 최초의 대기업이다. 베스트바이는 거의 1,000명에 달하는 직원들을 트위터에서 전자 제품 관련 질문에 답변하도록 교육하여 '트웰프포스(Twelpforce)'라는 팀을 조직했다. 이들은 매장을 방문한 고객들을 응대할 때 외에는 온라인의 고객 혹은 잠재 고객이 올린 모든 질문(설령 그 질문이 베스트바이에서 판매하지 않는 제품에 관한 것이라 할지라도)에 충실히 답변한다.

큰 일 역시 중요하다

규모가 큰 조직은 콘테스트나 경품 추첨과 같은 큰 행사로도 '와!' 순간(참여자들과 우승자, 당첨자만 누리는 것이긴 하지만)을 창출할 수 있다. 사람들을 당신의 브랜드와 더 가까워지게 하거나 정서적 유대감을 강화할 콘테스트를 기획한다면 그들에게 장기적 영향을 미칠 가능성도 더욱 높아진다.

유수의 스포츠 장비 회사 프랭클린 스포츠(Franklin Sports)는 메이저리그에 타격용 장갑을 공급하는 공식 업체로 유명하다. 이 회사가 판매하는 타격용 장갑과 기타 야구 장비들은 수백만 미국인이 사용하고 있지만 페이스북 팬 페이지의 시작은 보잘것없었다. 팬 페이지가 만들어진 뒤 첫 5개월간 회사의 팬 수는 고작 1,900명에 불과했다.

2010년 9월, 프랭클린은 메이저리그와의 관계를 이용하여 팬 유치 노력을 한층 강화했다. 만약 앞으로 2주 안에 팬 수가 만 명이 되면 팬 한 명을 선정하여 플레이오프 티켓 두 장을 제공하기로 한 것이다. 모든 이들이 즐길 수 있는 선물은 아니었지만 야구광이라면 충분히 탐낼 만한 경품이었다. 수백 명의 팬들이 친구에게 이 팬 페이지를 알리기 시작했고 2주 만에 프랭클린은 좋아요를 기존의 다섯 배가 넘는 만 번으로 늘렸다. 플레이오프 티켓을 받은 팬은 한껏 기뻐했고 프랭클린은 그 과정에서 커뮤니티에 활기를 불어넣었다.

네트워크 분야의 세계 선두 주자 시스코(Cisco)는 거대 기술 기업이다. 소셜 미디어를 통해 고객에게 기쁨을 선사하는 일의 중요성을 인식한 이 회사는 소셜 미디어를 회사의 영업 관행 전반에 통합할 방안을 모색 중이다. 시스코의 소셜 미디어 마케팅 관리자인 페트라 나이거(Petra Neiger)는 이렇게 말한다.

우리는 다양한 차원에서 참여가 이루어져야 한다고 믿습니다. 정보를 공유하고, 대화를 나누고, 고객과 파트너를 양성하고 그들에게 설렘과 영감을 줄 길을 찾는 과정에는 모두 참여가 필요하죠. 각 접근법에는 저마다 목적이 있습니다. 가령 특별한 할인 판매나 경품 추첨으로 고객을 설레게 하면 자발적 입소문, 매출, 참여가 늘어나죠. 우리의 페이스북 추첨 행사가 훌륭한 예입니다. 고객 양성이 제대로 이루어지면 고객 및 영향력 있는 소비자와 브랜드 간의 관계가 한 차원 높은 수준으로 발전합니다. 즉 고객이 브랜드를 알리는 대사나 아이디어 팀으로 진화하는 것이죠. 우리 대사들은 시스코의 충성스런 지지자들로서 입소문을 내고, 시스코와 관련된 대화에 참여하거나 새로운 대화를 시작하고, 부정확한 정보를 바로잡고, 심지어 중요한 정보를 우리에게 알려주는 역할까지 합니다. 지금까지 참여에 기울인 노력 덕분에 우리는 표적 수용자들의 집단적 지혜를 이용하여 새로운 기회를 창출할 수 있게 되었습니다.

시스코는 소셜 미디어 플랫폼에 대규모·소규모 전략을 모두 통합시켜야 하며, 고객 및 파트너에게 추가적인 무언가를 제공하여 주목을 받음으로써 그들과의 관계를 발전시켜야 한다는 점을 이해하고 있다. 또한 이 회사는 내가 그동안 소셜 네트워크에서 지켜본 그 어떤 회사도 하지 않는 남다른 일을 한 가지 하고 있다. 시스코는 특별히 선정한 고객들에게 페이스북에 개설된 시스코 네트워킹 아카데미(Cisco Networking Academy) 팬 페이지(Facebook.com/CiscoNetworkingAcademy)의 관리자 역할을 맡긴다. 즉 17만 5,000명의 팬들에게 전달되며 시스코의 브랜드 평판에도 영향을 미칠 수 있는 콘텐츠 관리의 권한을 고객에게 부여한 것이다. 시스코의 회사 규모를 감안할 때 이는 극히 위험한 조치였지만 지금까지는 긍정적 성과를 거두고 있다. 이 조치를 통해 시스코는 브랜드 평판의 관리를 맡긴 일군의 고객에게 기쁨을 선사했을 뿐만 아니라 예상 밖의 출처(고객!)에서 자원을 발견하여 커뮤니티 운영에 관련된 업무량을 줄일 수 있었다.

모든 사람이 무언가를 얻을 때 당신은 모든 것을 얻는다: 커뮤니티 성장에 기여하는 경품 함께하기

콘테스트와 경품 추첨은 분명 설렘을 자아내지만, 무엇보다 고객들을 설레게 하는 것은 참가자 모두에게 무언가를 얻을 수 있는 기회를 제공하는 것이다. 모두에게 기회를 나누어주면 팬 페이지 전체가 협력하여 커뮤니티의 성장을 촉진한다. 우리 라이커블 미디어가 이 현상을 처음 목격한 것은 앞서 7장과 13장에서 살펴보았던 컴벌랜드 팜즈 칠존의 페이지에서였다. 컴벌랜드 팜즈는 뉴잉글랜드 지역 10대들이 칠존에 열광한다는 사실을 파악하고 제품에 대한 그들의 애착을 페이스북 커뮤니티 쪽으로 끌어들이고자 했다. 페이스북 소셜 광고, 단체 봉사활동, 일주일에 한 번씩 열린 칠 존 무료 제공 행사 등을 실시한 결과 칠 존 페이지의 팬 수는 첫 달에 만 명 이상으로 급증했다. 입소문을 퍼뜨려 팬 페이지를 다른 사람들에게 알리도록 장려하기 위해 컴벌랜드 팜즈는 "2009년 8월 21일까지 팬 수가 5만 명이 되도록 도와주면 '무료 칠 존의 날'을 개최하겠다"는 도전 과제를 제시했다(〈그림 17.1〉).

그 결과 행사가 시작된 지 3개월도 지나기 전에 2만 명 이상의 팬이 늘어나 목표했던 수치를 뛰어넘었다.

커뮤니티에 가입한 팬의 수만 봐도 믿기 어려운 결과였지만 이들 팬의 정서는 더욱 놀라웠다. 그들은 "저는 전교생 모두에게 팬이 되어달라고 부탁했어요", "팬이 5만 명이 되기 전에는 쉬지 않을 거예요. 칠 존이 최고예요!"와 같은 글을 올렸다.

판매 실적도 훌륭했다. 2009년 6월 5일 개최된 첫 번째 '무료 칠 존

그림 17.1　무료 칠 존 홍보 행사

무료 칠 존의 날
패스워드: FACEBOOK
　　　　(무료 칠 존의 날에 사용해야 합니다)
8월 21일 금요일

의 날'에는 과거 비슷한 시기에 비해 2만 7,000개의 제품이 더 제공되었다. 또 다른 '무료 칠 존의 날 도전 과제'가 달성되어 8월에 다시 개최된 두 번째 행사에서는 첫 번째 행사 때에 비해 매출이 23퍼센트 증가했는데, 총매출의 50퍼센트는 페이스북 덕분에 발생했다.

자동화된 도구에 인간적 느낌을 가미하라

당신의 회사를 좋아하는 수많은 사람들과 팔로어, 그들과 주고받는 대화를 관리하는 데 사용하는 도구는 물론 매우 소중한 것이지만 그 무엇도 인간을, 즉 소셜 미디어의 인간적 요소들을 대신할 수는 없다. 소셜 네트워크의 홍보 행사, 콘테스트, 무료 경품, 추첨 등은 수천 혹은 수백만의 사람들을 즐겁고 기쁘게 해준다. 하지만 큰 기업에서 실제 사람이 인간적이고 특별한 응답을 보낸다면 그 어떤 멋진 콘테스트보다 고객에게 큰 감동을 안겨줄 수 있지 않겠는가?

독특한 말은 특별한 효과를 발휘한다

때로는 공개적으로 사람들을 인정하는 것만으로도 충분히 놀라움과 기쁨을 선사할 수 있다. 소기업의 소셜 미디어 이용에 관한 내용을 주로 다루는 유명 블로그 '소셜 미디어 이그재미너(Social Media Examiner)'는 유료 광고를 전혀 시행하지 않았지만 1년도 채 안 돼 2만 5,000번 이상의 좋아요를 받을 만큼 팬 기반을 성장시켰다. 이곳 직원들은 '모든 의견과 질문에 응답하기', '가치 있는 콘텐츠 공유하기' 등의 기본적인 일에 충실히 임한다. 하지만 여느 회사와는 다른 점도 한 가지 있는데, 팬이 1,000명 늘어날 때마다 그 1,000번째 팬이 누구인지 밝히고 해당 팬에게 감사를 전한다. 가령 팬이 5,000명이 되었을 때 '소셜 미디어 이그재미너'는 커뮤니티에 5,000번째 팬이 누구인지 공개했다. 6,000명이 되었을 때도 그랬으며, 3만 명이 되어가는 지금도 같은 방식으로 그 '중요한 사건'을 기념하고 있다. 이는 100만 번째 고객에게 선물을 주는 상점의 홍보 행사와 비슷하다. 차이점은 이그재미너의 경우 인정과 개인적 감사 외에는 더 받는 것이 없다는 사실이다. 그렇다 하더라도 수천 명의 사용자들 사이에서 공개적으로 인정받는 것은 분명 기분 좋은 일이다. 또한 이는 커뮤니티의 성장을 팬들에게 넌지시 상기시키는 역할도 한다.

배우이자 자선가인 에드워드 노턴(Edward Norton)이 설립한 온라인 기부 커뮤니티 크라우드라이즈(Crowdrise)는 트위터를 통해 이용자들의 글, 기부, 참여에 감사를 표하고 때로는 무작위로 몇몇을 선정하여 모자, 포스터, 티셔츠를 선물하기도 한다. 이 단체는 대다수 사람들에게 익숙하지 않은 독특한 감사의 말을 한다는 점이 특징이다. 어떤 값진 계획에 기부금을 내면 당신은 이런 트윗을 받을 것이다. "놀라운 하루 보내세요.", "생애 최고의 날을 맞으시길." 그날 하루가 어떠했든 이런 트윗을 받으면 분명 얼굴에 미소가 떠오를 것이다. 그리고 아마 주변 친구들에게도 이 얘기를 하게 될 것이다. 어떤 회계사가 새 팔로어에게 "너무 많은 세금이 당신을 괴롭히지 않기를 기원합니다"라는 트윗을 보내거나, 어떤 변호사가 새로 알게 된 링크드인 지인에게 "법의 가호가 당신과 함께하기를"이란 감사의 말을 했다고 상상해보라. 당신은 어떤 말로 사람들의 주목을 끌고 조금이라도 남들과 다르다는 인상을 주겠는가?

콘돔과의 놀라운 대화 – 좋을 수도 있고 싫을 수도 있지만

2009년 말, 뉴욕 시 보건부는 'NYC 콘돔' 캠페인에 대한 화제를 불러일으킨다는 목표를 세웠다. NYC 콘돔은 미국 최초로 지방자치단체의 브랜드가 붙은 콘돔이다. 뉴욕 시가 실시하는 이 프로그램은 더 안전한 섹스를 장려하는 노력의 일환으로 매년 1,000만 개의 콘돔을 무료로 나누어준다.

보건부는 트위터로 뉴욕 시민들을 깜짝 놀라게 해서 그들이 어리석은 행동을 하기 전에 한 번 더 생각할 기회를 주고자 했다. 그들은 콘돔 자신의 목소리로 트윗을 올리는 트위터 계정을 하나 만들었다 (Twitter.com/NYCcondom). 처음에는 밤마다 트위터를 검색해서 파티에 가려는 사람들, 주고받는 대화로 미루어 보아 콘돔이 필요할 것 같은 사람들을 찾았다('여자랑 하기', '만남 기대', '밤샘 파티' 같은 키워드로 검색했다).

그런 다음 그들에게 매일 밤 다음과 같은 재미있는 트윗을 보냈다.

"절 가져가세요. 제가 당신을 보호해드릴게요."
"저만 집에 내버려두고 나가지 마세요."
"제가 필요하다면 오늘 밤에 꼭 착용하세요."
"뉴욕에서 누굴 만나러 간다고요? 절 가져가세요. 간단한 일이잖아요."

사람들은 놀라움을 넘어서 충격까지 받았다. 대다수 사람들은 놀라긴 했어도 콘돔과 생각지 못했던 '직접 대화'를 나누는 것이 재미있다는 반응을 보였다. 몇몇 사용자는 NYC 콘돔을 꼭 챙기겠다는 뜻을 밝히며 잊지 않도록 상기시켜줘서 고맙다는 인사를 콘돔에게 전했다. 또 어떤 이들은 이 글들을 리트윗하며 보건부의 재치와 현명함을 다른 이들에게 알렸다.

부정적 방향으로 놀란 사람들도 일부 있었다. 트위터에서 오가는 대화는 기본적으로 누구나 볼 수 있게 공개되어 있다. 하지만 정부 기관이 보낸 트윗을 본 순간, 그들은 온라인에서 자신이 이야기한 섹스 계획을 현실 세계의 사람들이 듣고 있다는 사실이 새삼 떠올라 불편한 기분을 느꼈던 것이다. 그렇지만 이 캠페인은 점점 더 화제가 되었고, 보건부가 표적 수용자로 삼은 뉴욕 시민들에게 커다란 놀라움을 선사했으며, 몇몇 사람들의 행동에 영향을 미치기도 했다. 어쩌면 트위터 하는 콘돔 덕분에 목숨을 건진 사람들도 있을지 모른다.

실천 과제

I. 소셜 네트워크에서 고객의 예상을 뛰어넘어 그들을 놀랍고 기쁘게 할 전략을 개발하라. 우선은 소비자 입장이 되어서 당신이라면 회사가 어떤 행동을 취했을 때 긍정적 놀라움을 느끼겠는지 다섯 가지 예를 적어라.

2. 페이스북과 트위터에서 홍보 행사, 콘테스트, 무료 경품, 추첨 등을 실시하는 데 들일 수 있는 예산이 얼마나 되는지 파악하라. 당신이 생산하는 제품과 서비스를 토대로, 당신을 **좋아하는** 모든 이들에게 무엇을 나누어줄 수 있는지 결정하라.

3. 소셜 네트워크 커뮤니케이션 계획을 수립하라. 이 계획에는 고객 및 잠재 고객과 이야기할 때 활용할 독특한 언어에 관한 내용도 포함되어야 한다. 예산이 많건 적건 간에 독특한 캐치프레이즈가 있다면 차별화에 성공하고, 사람들을 미소 짓게 하고, 그들로 하여금 입소문을 퍼뜨리게 할 수 있다.

주목을 받으려면 언제든 놀라움을 선사할 수 있는 준비를 갖춰라

사람들에게 놀라움을 선사하면서도 그들을 미소 짓게 할 시스템과 절차를 구축하려면 어떻게 해야 할까? 소셜 네트워크에서 점점 더 많아지는 경쟁자들 사이에서 당신을 돋보이게 해줄 대화 문화를 조성하고 촉진하려면 어떻게 해야 할까? 모든 팬 및 팔로어에게 진심으로 보상한다면 온라인 지지자들로 이루어진 거대한 집단에 활기를 불어넣을 수 있을 것이다. 고객 및 잠재 고객에게 선사하는 가치와 기쁨의 수준을 지속적으로 끌어올려라. 그러면 그들은 필요한 상황이 되었을 때 당신을 떠올리는 것은 물론, 같은 상황에 처한 다른 사람들에게 당신을 추천하기도 할 것이다.

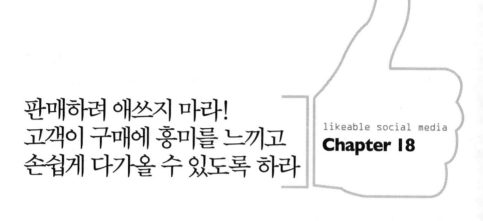

판매하려 애쓰지 마라!
고객이 구매에 흥미를 느끼고
손쉽게 다가올 수 있도록 하라

2009년 12월 초, 나와 아내는 소셜 미디어에 빠진 커플답게 노트북 컴퓨터를 가지고 소파에 함께 앉아 있었다. 캐리는 페이스북에 로그인하여 친구들이 올린 업데이트와 자신이 좋아하는 페이지를 빠짐없이 확인했다. 그러던 중 그녀는 리미티드(Limited)에서 최근에 출시한, '오프라(Oprah: 〈오프라 윈프리 쇼〉를 뜻한다-옮긴이)에서도 봤던' 스카프에 관한 글을 발견했다. 그녀는 그 업데이트에 흥미를 느껴 클릭했다. 그러자 화면에 전형적인 '쇼핑카트'로 보이는 것이 나타났다. 스카프의 색을 선택하는 옵션도 있었다.

하지만 그녀와 내가 그때까지 보아온 여느 온라인 쇼핑카트와 전혀 다른 점 한 가지가 있었다. 그것은 바로 그 쇼핑카트가 리미티드의 웹사이트가 아닌 페이스북 뉴스피드에 나타났다는 사실이었다. 순전히 호기심 때문에(물론 그 스카프는 멋졌고 '오프라'에도 나왔던 것이긴 하지만) 그녀는 클릭을 계속해서 구매 과정을 진행한 끝에 페이스북 내에서 신용 카드 번호를 입력하고 스카프를 구매하기에 이르렀다. 스카프는 이틀 뒤에 집으로 배달되었다. 그때는 이미 아내가 수백 명의 페이스북 친구들에게 아름다운 스카프를 얼마나 간편하게 구입했는지 들려준 뒤였다.

캐리는 스카프를 구입했지만 리미티드 사가 그것을 적극적으로 그녀에게 판매한 것은 아니었다. 페이스북 플랫폼 내에서 물리적 물품을 대상으로 한 최초의 상거래 중 하나라 할 수 있는 이 거래에서 리미티드는 수천 명의 팬들이 간단하고 매력적이라 느낄 만한 구매 과정을 선보였다. 리미티드는 애플리케이션을 제작하여 고객이 페이스북을 벗어나지 않고도 모든 제품을 둘러볼 수 있게 했고, 수개월에 걸쳐 팬들에게 믿음을 주었으며, 〈오프라 윈프리 쇼(The Oprah Winfrey Show)〉에서 언급됨으로써 다시 한 번 신뢰를 얻었다. 이 모든 측면이 더해져 리미티드는 소셜 채널을 일시적으로 판매 채널로 변화시킬 기회를 얻었고, 그 결과 수천 달러에 달하는 즉각적 수익을 거두었다.

판매는 금기어가 아니다, 다만 단순하고 간편해야 할 뿐이다 (간편함이 효과를 발휘한다)

페이스북을 비롯한 소셜 네트워크들은 몇 년 안 되는 짧은 기간에 엄청난 성장을 이루었다. 명칭에서 드러나듯 소셜 네트워크는 기본적으로 소셜 채널이지 판매 채널이 아니지만, 그렇다고 해서 페이스북을 판매, 마케팅, 비즈니스 성장에 직접적으로 이용할 수 없다는 의미는 아니다. 기본적으로 '소셜 채널'이라는 말은 대다수 사람들이 페이스북이나 기타 소셜 네트워크를 이용할 때 다른 사람들과 교제하고 관계를 맺길 기대하지 쇼핑을 기대하지는 않는다는 의미다. 소셜 네트워크를 판매 채널로 변화시키려면 구매 과정을 최대한 수월하고 만족스럽게 만들어야 한다. 또한 신중한 자세를 취해야 한다. 마케팅이나 판매를 지나치게 강요하면 당신이 애써 얻으려 했던 그 중요한 신뢰와 호감이 무너질 것이다.

모든 판매자가 품고 있는 커다란 의문은 '소셜 미디어를 이용하여 어떻게 돈을 벌 것인가?'이다. 일정 기간 투입한 시간과 비용에 대한 진정한 대가는 무엇인가? 투자 대비 수익은 다양한 형태로 나타난다. 이를테면 브랜드 명성과 신뢰성, 충성심과 구매 빈도의 증가, 추천 증가, 광고 필요성의 감소 등이 그것이다. 하지만 직접적 매출을 올리려면? 대답은 다음과 같다. 만약 당신이 이 책의 1장부터 17장까지 소개된 전략을 충실히 따른다면 페이스북에서 사람들에게 제품이나 서비스를 판매해도 무방하다. 오히려 권할 만한 일이다. 판매 과정을 최대한 손쉽고, 재미있고, 널리 알릴 만하게 만들고 지나친 강요는 반드시 피하기 바란다.

이런 상황을 생각해보라. 만약 당신이 온라인에서 잠재 고객의 관심을 끌고, 적합한 사람들을 대상으로 한 훌륭한 제품이나 서비스를 보유하고 있으며, 간편하고 흥미로운 구매 과정을 갖추었다면 사실상 판매를 위해 애쓸 필요가 없다. 판매와 마케팅은 고객 입장에서 대개 성가시고 달갑지 않은 경험인 반면 구매는 재미와 보람이 있는, 때로는 짜릿하기까지 한 경험이다. 소셜 네트워크에서 판매 및 마케팅 기회가 아닌 구매 기회를 창출하려면 어떻게 해야 할까?

소셜 미디어 네트워크 및 페이지를 통해 제품이나 서비스를 고객에게 직접 판매하는 몇 가지 방법이 있다. 다음은 당신이 상점을 차리는 데 도움을 줄 페이스북 애플리케이션의 몇몇 예다.

표 18.1　**제품 판매에 사용되는 5가지 페이스북 앱**

앱	웹사이트	장점
에잇스브리지 (8thBridge)	8thBridge.com	간편하고 개인화되어 있으며 참여적이다. 당신만의 이커머스 플랫폼을 제작할 수 있다.
페이브먼트 (Payvment)	Payvment.com/ facebook	페이스북 페이지에 기업 수준의 매장을 열 수 있다.
숍탭(Shop Tab)	ShopTab.net	페이스북에 쉽고, 빠르고, 저렴하게 상점을 만들 수 있다.
샤우트렛(Shoutlet)	Shoutlet.com	하나의 플랫폼으로 소셜 미디어 마케팅 커뮤니케이션을 구축하고, 관리하고, 측정할 수 있다.
쇼앤셀 (Show & Sell)	NorthSocial.com/ store/show—sell	페이스북 페이지를 상점으로 탈바꿈시킨다.

앱을 염두에 둬라

구매 과정과 관련된 기술에 초점을 맞추는 것은 매우 중요한 일이다. 구매 과정이 매끄러울수록 팬, 팔로어, 사용자가 고객이 될 확률도 높아진다. 단순하지만 고도로 기능적이며 개개인의 필요에 맞춘 페이스북, 아이폰, 기타 휴대전화 앱을 제작하라. 세 가지 모두를 개발하면 더 좋다. 페이스북 페이지나 웹사이트에 사용이 간편한 쇼핑카트를 준비하라. 만약 전자결재 시스템을 이용할 의향이 없거나 그러기에 여의치 않은 경우라면(예를 들어 의사, 변호사, 회계사가 '쇼핑카트' 서비스를 제공할 가능성은 낮을 것이다), 유능하고 매력적이며 친절한 직원으로 하여금 전화에 응대하거나 입구에서 고객을 맞이하게 하라.

구매 과정이 원활할수록 더 큰 매출이 발생할 것이며, 더 큰 화제를 불러일으켜 앞으로의 판매 기회도 늘어날 것이다.

'트윗'에는 판매가 없다 – 정말 그럴까?

라이커블 미디어는 의뢰인에게 트위터를 이용할 때 참고할 간결한 지침을 제안한다. 우리는 각 항목의 머리글자를 따서 이를 '트윗 (TWEET)'이라 부른다.

- 신뢰 구축(Trust-building): 관계를 구축하라.
- 지혜(Wisdom): 업계 리더와 고객으로부터 배워라.
- 귀를 열어라(Ears Open): 대화에 귀를 기울여라.
- 브랜드를 확립하라(Establish your brand): 강력한 존재감을 창출하라.
- 당신이 하는 일을 세상에 알려라(Teach the world about what you do).

손쉽게 기억할 수 있게끔 고안된 이 지침에는 판매에 관한 내용이 없다. 마케팅에 관한 얘기도 없다. 하지만 당신이 귀 기울이고, 배우고, 적합한 사람들과의 신뢰를 구축하고, 적합한 팬층을 대상으로 브랜드를 확립하고, 당신의 조직이 하는 일을 사람들에게 널리 알린다면 굳이 판매에 애쓸 필요도 없을 것이다. 사람들은 이미 당신의 제품과 서비스를 알 테고, 구매할 준비가 되면 당신을 찾을 것이다. 구매 과정에는 마찰이 적을수록 좋다. 또한 계산 및 주문 과정이 명확하고 간단할수록 고객이 만족할 가능성도 높아진다.

결론적으로 당신은 계속해서 팬과 팔로어에게 당신이 무엇을 하는지, 혹은 무엇을 판매하는지 알리고 그들에게 구매 기회를 제공해야 한다. 당신은 세상에서 가장 매력적이고, 투명하고, 응답성 높고, 배려심 깊은 회사가 될 수 있다. 하지만 사람들에게 당신이 무엇을 판매하는지 알리지 않고, 그들의 관심을 끌지 못하고, 구매 방법을 가르쳐주지 않으면 소셜 네트워크에서 형성한 존재감을 최대한 활용할 수 없을 것이다.

페이스북의 판매 깔때기에는 판매가 포함된다

전통적인 판매 깔때기(sales funnel: 제품이나 서비스의 판매 과정을 깔때기 형태로 나타낸 것—옮긴이)에는 인식, 의향, 계기, 구매가 포함된다. 페이스북을 비롯한 소셜 미디어의 판매 깔때기에도 역시 구매가 포함된다. 다만 구매에 이르기까지 거쳐야 할 단계가 더 많을 따름이다(〈그림 18.1〉). 우선은 사람들이 당신을 인식하고 좋아하게 해야 한다. 그런 다음에는 잠재 고객과 일련의 상호작용을 거쳐 그들을 참여시키고, 그들에게 흥미롭거나 교육적이거나 가치 있는 콘텐츠를 제공한다. 고객이

그림 18.1 페이스북 판매 깔때기

구매할 준비가 되었다면, 그리고 구매 과정이 명확하고 간단하다면 판매가 이루어진다.

전통적 판매 깔때기와 비교했을 때 페이스북 판매 깔때기의 가장 뛰어난 부분은 단 한 번의 판매에서 과정이 끝나지 않는다는 점이다. 구매 이후에도 고객은 당신을 '안 좋아하게' 되지 않는 한 언제까지나 당신과 연결되어 있을 것이다. 그러므로 매출이 이루어진 뒤에도 당신은 고객에게 제품 구매 외의 가치를 제공하여 계속해서 그들의 마음을 끌 수 있다. 첫 판매 이후 소셜 네트워크에서 고객과 관계를 유지하면 커다란 이점을 얻는다. 즉 당신은 고객의 소셜 그래프를 이용할 수 있으며, 당신의 회사를 별다른 저항 없이 그들의 친구 및 팔로어에게 소개할 수도 있다. 페이스북을 통한 판매 과정은 분명 과거에 비해 더 많은 단계를 필요로 하지만, 한편으로 더 높은 구매 빈도를 이끌어내고 고객 네트워크에서 당신의 인지도를 높여준다.

소셜 네트워크와 재고 관리를 통해 남은 제품을 전부 팔아치워라

재고 비축량이 많지 않고 할인을 해서 빨리 팔아야 하는 상황이라면 소셜 미디어를 이용하는 것보다 더 신속하고 효과적인 길은 없다. 이러한 소셜 네트워크 이용으로 이득을 누릴 만한 대표적 업종으로는 항공사, 호텔, 극장 등을 들 수 있는데 특히 비행기가 출발하기 직전, 방이 예약되기 직전, 막이 오르기 직전에 유용할 것이다. 꼭 이들 업종이 아니더라도 대부분의 회사는 신중한 재고 관리와 가격 조절 및 유통, 그리고 대형 소셜 네트워크 커뮤니티(회사와 친근한 관계를 유지하고 있으며 회사가 성장에 도움을 준)로부터 혜택을 얻을 수 있다.

델: 트위터를 통한 판매로 '좋아할 만한' 결과를 얻다

트위터를 이용한 재고 처분에 가장 큰 성공을 거둔 회사는 델(Dell)이다. 델은 150만 명 이상의 팔로어가 있는 트위터 계정(@DellOutlet)을 통해 컴퓨터와 기타 전자 기기 재공급품(refurbished product : 공장 출하 당시부터 결함이 있어서 제조사의 손질을 거친 뒤 정품보다 싼 가격으로 판매하는 제품-옮긴이)을 700만 달러어치 넘게 판매했다.

델은 어떻게 이러한 성과를 거두었을까? 재고가 과도하게 쌓이자 델은 가격을 대폭 할인한 뒤 적절한 시기에 구매 링크가 첨부된 트윗을 올려 할인 사실을 알렸다. 그 결과 즉각적 매출이 발생한 것은 물론 입소문까지 퍼졌다. 결국 더 많은 트위터 사용자들이 델의 팔로어가 되었고, 그럼으로써 다음번 할인 행사 때는 더 큰 매출을 올릴 가능성이 생겼다.

출발 직전에 사는 비행기 표 값은 왜 평소보다 더 싸지 않고 오히려 비싼지 궁금해한 적 없는가? 출발 직전에 표를 사는 승객은 비싼 요금을 내든가 계획을 바꾸어 다른 항공편을 이용해야 하는데, 이 때문에 비행기는 빈 좌석이 많은 채로 혹은 절반쯤 빈 상태로 운항할 때가 흔히 있다. 제트블루는 소셜 미디어를 이용하여 '빈 좌석' 문제를 해결한 최초의 항공사다. 제트블루는 이 한정된 재고의 처리를 전담하는, 즉 출발 직전에 빈 좌석이 있을 경우 요금을 알리고 승객을 모으는 데만 이용되는 트위터 계정을 만들었다(@JetBlueCheeps). 비행기 표 한 장에 39~89달러를 받는 것이 제트블루 입장에서 그리 큰 수입은 아니지만 좌석을 비워둔 채로 비행하는 것보다는 나은 일이다. 트위터에 제트블루의 제안이 뜨길 기다릴 수 있는 융통성 있는 고객은 이를 최대한 유리하게 이용할 수 있을 것이다.

당신에게도 대폭 할인해서 얼른 처분해야 하는 재고가 있는가? 이때 소셜 미디어를 이용하면 즉각적 매출이 발생할 뿐만 아니라 소문이 번개처럼 퍼지는 미디어에서 화제를 불러일으킬 수도 있음을 기억하라. 또한 당신은 다시 되돌아오는 고객, 그리고 새로운 고객도 확보할 것이다.

그루폰을 비롯한 소셜 커머스 모델은 어떤 방식으로 작동하나?

11장에서 언급했던 그루폰과 그 밖의 수많은 유사 사이트들은 충분한 수의 소비자들이 동시에 구매에 나설 경우에 한해 저렴한 가격 조건을 제공하는 방식으로 작동한다. 이 모델의 원리는 간단하다. 구매자의 수가 보장되는 대가로 대폭 할인을 제공하며, 이메일과 소셜 미디어 도구를 통해 할인 판매에 관한 소문이 신속히 퍼지게 한다. 그루폰은 지역 내 레스토랑이나 비수기를 맞은 스파에 고객들을 끌어들이는 데 엄청난 성공을 거두었으며, 갭과 같은 대형 브랜드 제품을 온라인에서 판매하여 막대한 매출을 올렸다. 주목할 점은 그루폰이 고객에게 판매를 했다기보다 매력적인 인센티브를 창출하여 고객이 구매에 나서게끔 만들었다는 사실이다.

판매자와 기업주의 고민은 이미 할인해서 판매하는 제품에서 그루폰이 다시 상당액의 수수료를 떼기 때문에 회사가 충분한 투자 대비 수익을 올릴 가능성이 그만큼 줄어든다는 것이다. 그루폰 모델은 이미 50퍼센트 할인된 제품 혹은 서비스 판매 수입에서 50퍼센트의 수수료를 취하므로 결국 회사는 재고가 1달러어치 판매될 때마다 25센트밖에 받지 못한다. 다수의 조직은 늘어난 수입과 입소문, 신규 고객 확보로 충분한 이득을 얻는다. 하지만 경우에 따라서는 그루폰의 계산법이 의뢰 기업에 이익을 가져다주지 못하기도 한다.

이상적 해법은 자체적으로 충분한 규모의 팬층을 구축하여 중간 상인을 전혀 거치지 않고 자사의 데이터베이스를 통해 집단 구매를 유도하는 것이다. 집단 판매 모델을 이용하여 고객에게 직접 제품을 판매하

라. 이메일, 페이스북, 트위터, 그 밖의 어떤 데이터베이스를 이용하든 상관없다. 제안에 관심을 보일 만한 사람들을 충분히 확보한 뒤 그들로 하여금 대규모로 제품을 구매할 수 있게 하면 당신도 집단 소셜 구매로 이익을 얻을 수 있다. 와일드파이어 인터랙티브(Wildfire Interactive)는 비교적 저렴하고 페이스북 페이지에 손쉽게 설치되는 '집단 구매' 애플리케이션을 제작한다(Wildfireapp.com). 물론 이러한 도구보다 더 중요한 점은 거래에 참여할 수용자층을 구축하는 것이다!

구매 기회 + 참여를 이끌어내는 페이스북 업데이트 = 더 큰 매출

소셜 미디어 경쟁의 목표가 커뮤니티를 위해 참여적이고 가치 있으며 좋아할 만한 콘텐츠 및 경험을 창출하는 것이라면, 그리고 비즈니스 경쟁의 목표가 잠재 고객의 흥미를 돋울 만한 구매 기회를 창출하는 것이라면, 하나의 페이스북 업데이트를 통해 이 두 가지 목표를 결합하는 방안을 숙고해보기 바란다. 가령 당신은 신발 마케팅 및 판매를 담당하고 있다. 사람들의 참여를 이끌어낼 만한 페이스북 업데이트의 예로는 "미국 여성의 가장 일반적인 신발 사이즈는 얼마일까요?" 등이 있을 것이다. 한편 커뮤니티 구성원의 흥미를 자극할 판매 관련 업데이트라면 다음과 같은 것을 들 수 있겠다. "이곳을 클릭하셔서 여성화 신상품을 50퍼센트 할인된 가격에 구입하세요.(링크)"

이때 기억해야 할 것은 페이스북의 뉴스피드 알고리즘이다. 업데이트가 사람들의 뉴스피드 상단에 머무르기 위해서는 답글과 '좋아요'가 필요하다. 즉 50퍼센트 할인 제안이 클릭을 이끌어내기 이전에 일단 사람들의 눈길이라도 끌려면 우선 업데이트가 뉴스피드 위쪽으로 올라가야 한다. 할인 제안으로 주목을 받는다고 해서 당장 매출로 이어지지는 않을 것이다. 오히려 사람들이 당신을 '안 좋아하게' 되거나 당신의 업데이트를 더 이상 보지 않으려 할 수도 있다. 그러니 두 가지 목표를 결합하여 다음과 같이 양쪽의 장점만 취한 업데이트를 시도해보기 바란다. "미국 여성의 가장 일반적인 신발 사이즈는 얼마일까요? 생각해보신 뒤 링크를 클릭해서 정답을 확인하시고, 엄선된 신발을 50퍼센트 할인된 가격에 구입하세요.(링크)"

커뮤니티의 참여를 이끌어냄으로써 당신은 가치를 창출하고 사람들의 페이스북 뉴스피드를 최대한 활용할 수 있다. 참여와 매력적인 할인 제안의 결합은 곧 팬들에게 멋진 구매 기회를 부여하는 것이며, 이는 당신의 회사에 그 못지않게 멋진 판매 기회를 가져다준다.

1-800-플라워즈닷컴은 승리를 거둘 것이다. 소비자가 좋아할 만한 소셜 판매가 무엇인지 잘 알기 때문이다

1-800-플라워즈닷컴은 업계 최초로 기억에 남는 1-800 번호를 사용해서 전국적인 꽃 판매 업체가 되었다. 이어서 업계 최초로 웹사이트를 통한 강력한 이커머스 플랫폼을 확립함으로써 경쟁에서 또다시 한 발 앞서 나갔다. 1-800-플라워즈닷컴은 앞으로도 미국 전역의 소비자를 대상으로 하는 꽃 판매점으로서 지배적 위상을 유지할 것이다.

이커머스와 소셜 미디어를 결합하는 일의 중요성을 이해하고 있기 때문이다.

1-800-플라워즈닷컴은 지난 2009년 서드파티(third-party: 공식적으로 하드웨어나 소프트웨어를 개발하는 업체 외에 주어진 규격에 맞추어 제품을 생산하는 중소 규모의 개발자-옮긴이) 기술 회사인 에잇스브리지를 통해 대형 소매업체 가운데 세계 최초로 페이스북 매장을 열었다(Facebook.com/1800Flowers). 이곳에서는 페이스북 플랫폼을 벗어나지 않고도 상거래의 전 과정이 이루어진다. 더 중요한 점은 이 회사가 페이스북 팬 기반을 상당한 규모로 성장시켜 11만 명 이상의 고객을 보유하고 있다는 사실이다. 플라워즈닷컴은 매주 홍보 행사와 콘테스트를 개최하고, 질문을 하고, 팬들이 보낸 피드백에 귀를 기울인다. 또한 그들은 고객의 문의에 투명하고 신속하게 응답하고, 고객이 자신의 이야기를 공유하도록 장려하며, 무작위로 선정한 팬에게 놀라움과 기쁨을 선사한다. 그들은 고객의 마음을 사로잡으며 참여를 이끌어내고 있다!

1-800-플라워즈닷컴의 지속적 성공은 바람직한 소셜 미디어 이용 방식과 손쉽고 매력적인 구매 기회가 결합된 결과다. 당신이 플라워즈닷컴, 델, 제트블루가 취한 방식을 본보기로 삼아 이들처럼 하려면 어떻게 해야 하겠는가? 온라인에서 고객이 가장 '좋아할 만한' 구매 과정을 만들어내려면 어떻게 해야 하겠는가?

실천 과제

I. 당신의 현재 온라인 구매 과정에 대한 평가를 실시하라. 온라인 쇼핑카트는 얼마나 간단하고 매력적인가? 당신이 소비자라면 당신 회사에서 얼마나

손쉽고 흥미롭게 구매를 하겠는가?

2. 판매에 이용되는 페이스북 애플리케이션들을 조사하고 〈표 18.1〉에서 소개된 앱이나 다른 장에서 언급되었던 앱 중 하나를 선택하여 페이스북 페이지에 통합하라. 당신이 종사하는 업종에 맞게 간단한 휴대전화 애플리케이션도 개발하여 사람들이 당신을 발견하고 필요로 하는 모든 곳에서 구매 기회를 이끌어내라.

3. 참여를 이끌어내는 질문이나 가치 있는 콘텐츠가 매력적인 할인 제안과 결합된 페이스북 업데이트 견본을 다섯 가지 작성하라. 이 업데이트에는 당신의 웹사이트로 연결되는 링크도 포함하여 더 많은 정보나 구매를 원하는 이들이 이용할 수 있게 해야 한다. 결과를 테스트, 추적, 측정하여 장래의 투자 대비 수익을 극대화하라.

언제나 소비자의 입장이 되어 판매가 아닌 구매를 생각하라. 그러면 매출이 발생할 것이다

푸시마케팅 전략의 시대는 급속히 막을 내리고 소비자에게 더욱 이로운 시대가 도래하고 있다. 언제나 소비자처럼 생각하고, 당신이 소비자라 해도 반길 만한 구매 기회를 창출하며, 구매 과정을 간단하고 손쉽게 만들어라. 인내심을 갖고 커뮤니티에 꾸준히 가치를 제공하라. 원할 때면 언제 어디서든 고객이 당신의 제품이나 서비스를 구매할 수 있도록 간단하고 사용자 친화적인 기회를 개발하라. 그러면 매출이 발생할 것이다.

결론

좋아할 만한 존재가 되라

마케팅, 미디어, 커뮤니케이션에서의 중대한 패러다임 전환이 한창 진행 중이다. 페이스북을 비롯한 소셜 네트워크는 '높아진 투명성'과 '과거 어느 때보다 큰 힘을 부여받은 소비자'를 특징으로 하는 새로운 시대의 개막을 알리고 있다. 이러한 변화는 틀림없이 거대한 기회를 창출할 것이다. 그리고 사고와 전략을 조정하여 이 변화에 적응하고 소셜 미디어를 통해 성공적으로 계획을 이행해내는 조직이 그 기회를 잡을 것이다.

　당신은 새롭게 등장한 갖가지 소셜 네트워크 도구 및 사이트에 압도당할지도 모른다. 이른바 전문가들은 상충하는 정보를 알려주거나 저마다 다른 우선 사항을 강조해서 더 큰 어려움을 안겨주곤 한다. 회사나 단체에 소속되어 있다면 당신은 결과에 따라 움직이고 평가받을 것이다. 소셜 미디어 이용에 따른 성과는 즉각적으로 뚜렷이 나타나지 않을 때가 많으므로 전통적 마케팅 전략에 의존하여 당장 성과를 내고 싶다는 생각이 들 수도 있다. 그 유혹을 이겨내기 바란다.

기억해야 할 핵심 개념

이 책에서 개략적으로 설명한 열여덟 가지 개념은 당신이 소셜 미디어 계획을 개념화하고, 개발하고, 시행하는 데 필요한 지침 역할을 할 것이다. 페이스북을 비롯해서 고객이 사용하는 각종 소셜 네트워크에 익숙해지면 자원을 어디에 어떻게 분배할지 결정하는 데 도움이 되리라 믿는다. 소셜 미디어에서 이용 가능한 도구들을 파악해두면 일이 더욱 손쉬워질 것이다. 하지만 그 과정은 기가 질릴 만큼 어려울 수도 있다. 이 책의 내용만 해도 완전히 소화하고 실천하기가 쉽지 않을 것이다. 그러니 소셜 미디어의 가능성을 처음 탐구할 때는 네 가지 핵심 개념에 우선 집중하길 권한다. 그것은 다음과 같다. "귀를 기울이고, 투명성을 받아들이고, 모든 이에게 신속히 응답하고, 좋아할 만한 존재가 되라."

유심히 귀를 기울여라

소셜 미디어가 야기한 패러다임 전환에서 가장 중요한 점은 고객 및 잠재 고객이 공개적으로 나누는 대화를 들을 수 있게 되었다는 것이다. 당신은 오늘 당장 아무런 비용도 들이지 않고 듣기를 시작할 수 있다. 그리고 이는 당신이 소셜 미디어 마케팅 및 광고 목표를 효과적으로 완수하는 데 필요한 정보와 준비를 갖출 수 있게 해줄 것이다. 당신이 귀 기울이고 있음을 고객이 알게 되면 당신은 언제나 그들의 사랑을 받을 수 있다. 말을 하기 전에 먼저 귀를 기울여라. 일단 말을 시작한 다음에도 듣기를 멈추지 마라.

투명성은 새로운 기본이다

사람들은 정직하고 투명한 사람을 좋아한다. 당신 역시 그런 사람들을 좋아한다. 그럼에도 어째서인지 수많은 기업이 비즈니스의 여러 측면에서 여전히 비밀스러운, 심지어 부정직한 모습을 보인다. 투명성과 개방성을 받아들여라. 실수를 저지르거나 상황이 계획대로 풀리지 않을 때 솔직한 모습을 보여라. 인터넷은 하루가 다르게 투명해지고 있다. 이 상황은 소비자에게 굉장히 유익할뿐더러 판매자에게도 큰 도움이 될 수 있다. 당신이 투명성을 받아들이기만 한다면 말이다.

모든 이에게 빠짐없이 응답하라

이 세상이 당신을 향해, 그리고 당신에 관해 이야기하고 있다. 곳곳의 사람들이 자신의 문제들(다른 경쟁자들보다 당신이 더 잘 해결할 수 있는 문제들)을 놓고 의견을 나누고 있다. 이 세상은 당신에게 그들이 원하고 필요로 하는 것에 관해 이야기하고 있으며, 당신의 조직은 그것을 제공할 수 있다. 고객 혹은 잠재 고객이 소셜 네트워크에서 공개적으로 이야기할 때, 그때가 바로 당신이 이야기에 응답하고 그들을 참여시킬 기회다. 응답하지 않는 것은 고객에게 부정적 인상을 주거나 경쟁자에게 기회를 내주는 행동이다. 반면 응답을 할 때마다 당신은 고객, 잠재 고객, 그들의 모든 친구에게 긍정적 인상을 남긴다.

좋아할 만한 존재가 되라

결국 소셜 네트워크에서의 성공은 당신이 좋아할 만한 존재가 될 수 있느냐 없느냐에 따라 좌우된다. 이 말에는 두 가지 기본적 측면이 있는데, 곧 고객이 좋아할 만한 영업 방식과 좋아할 만한 콘텐츠다. 고객이 좋아할 만한 영업 방식을 취한다는 것은 당신이 대우받고 싶은 그대로 고객을 대우한다는 의미다. 고객에게 영향을 미칠 하나하나의 결정을 내릴 때마다 당신은 황금률을 따라야 한다. 좋아할 만한 콘텐츠란 당신이 그 콘텐츠의 수용자가 되었을 때 좋아요 버튼을 누를 것 같은 업데이트를 의미한다. 소비자의 입장에 서서 그들이 좋아하고, 답글을 달고, 다른 사람들에게 널리 알릴 만한 이야기, 글, 사진, 동영상, 링크, 애플리케이션을 제작해 공유하라. 사람들이 좋아할 만한 존재가 되려면 당신은 언제나 당신의 커뮤니티를 존중하고 거기에 가치를 더해주어야 한다.

끝이 아니다. 이제 시작이다

이제 실제 무대로 나아가 이 책의 내용을 적용해볼 때가 되었다. 소셜 미디어를 이용하여 회사를 성장시키고 회사의 목표를 이루어라. 책 서두에서 했던 부탁을 다시 한 번 하겠다. 질문, 제안, 칭찬, 불만이 있으면 언제든 Twitter.com/DaveKerpen으로 트윗을 보내거나 Facebook.com/LikeableMedia로 페이스북 메시지를 보내주기 바란다. 여러분이 그렇듯 나 역시 투명하고, 응답에 적극적이며, 좋아할 만한 사람임을 입증할 기회가 생겼으면 하는 바람이다.

놀라운 존재가 되라. 좋아할 만한 존재가 되라. 페이스북에서 여러분과 만나게 되길 고대한다.

부록

주요 소셜 네트워크에 관한
기억을 되살려줄 길잡이

내 아내 캐리와 나는 최근 집을 새로 구입했다. 캐리가 집수리, 실내장식, 가구 쇼핑에 정신없이 빠져들어 있는 동안 나는 한 사람의 소비자로서 그녀가 투자 및 구매 결정을 내리는 데 어떻게 소셜 미디어를 이용하는지, 어떤 네트워크가 어떤 식으로 그녀의 선택에 영향을 미치는지 지켜보게 되었다.

소셜 미디어 이용자는 누구나 자신만의 네트워크 이용 패턴이 있다. 내 아내는(그리고 현재 거의 10억 명에 달하는 다른 사람들 역시) 예나 지금이나 현실의 친구들을 사귀기 위해 페이스북을 사용한다. 만약 당신이 '현실 세계'에서 캐리를 만난 적이 있다면 그녀는 아마 당신을 페이스북 친구로 등록할 것이다. 반면 트위터는 유명 연예인들에게 좀 더 가까이 다가가고(그녀가 다소 부끄럽게 여기면서도 내심 즐기는 일 가운데 하나는 저스틴 비버(Justin Bieber), 애쉬튼 커처, 하이디 몬테그(Heidi Montag)의 트윗을 읽는 것이다!), 서로 아는 사이는 아니지만 공통점이 있는 사람들(아이를 키우는 엄마들, 소셜 미디어 컨설턴트, 같은 지역 주민)과 연락을 주고

받는 용도로 사용한다. 또한 그녀는 자신이 좋아하는 브랜드와도 트위터로 관계를 맺는다. 링크드인은 그녀가 업무와 관련하여 지금까지 받은 모든 연락처를 관리하는 롤로덱스(Rolodex : 회전식 명함 정리기의 상품명—옮긴이) 역할을 하며, 유튜브는 그녀가 한 번도 해본 적 없는 일을 배우기 위해 찾아가는 곳이다. 적극적인 인터넷 및 소셜 미디어 사용자인 그녀는 필요한 경우 다른 소셜 사이트와 도구들도 사용한다.

이만하면 당신도 캐리의 소셜 DNA를 파악했을 테니 이제 그것이 실생활에서 어떻게 작용하는지 살펴보자. 우리의 새집을 수리하는 과정에서 그녀가 맨 먼저 한 일은 육체노동을 맡아줄 시공업자를 찾는 것이었다. 여기서 세 가지의 중요한 일이 일어났다. 첫째, 그녀는 구글 검색을 했다. 검색을 통해 그녀는 주택 서비스 제공 업체에 관한 소셜 리뷰 사이트인 서비스매직(ServiceMagic)을 발견했다. 그녀는 이 사이트에서 여러 시공업자에 대한 리뷰를 확인할 수 있었다. 둘째, 그녀는 페이스북에 글을 올려 친구들에게 지붕 수리에 대해 잘 아는 사람 없느냐고(아니면 그런 사람과 알고 지내는 사람 없느냐고) 물었다. 셋째, 그녀는 트위터 팔로어들에게도 같은 질문을 던졌다. 그렇게 해서 여러 사람의 응답을 받은 캐리는 페이스북 친구들의 답글(그녀는 이것을 가장 중요하게 여긴다)과 트위터 팔로어들의 답장을 서로 비교해가며 참고했다. 그런 다음 추천받은 시공업자를 서비스매직에서 찾아 그들에 관한 리뷰를 확인했다. 이후 캐리는 선정된 시공업자의 훌륭한 솜씨에 관해 자신이 직접 리뷰를 작성했고, 서비스매직에 페이스북 기능이 통합되어 있는 덕분에 그 리뷰를 친구들에게도 보여줄 수 있었다. 그녀의 리뷰는 열 번의 좋아요를 받았다.

다음은 실내장식 차례다. 아내와 나는 책이 엄청나게 많은데, 다행히 우리가 구입한 집에는 바닥부터 천장까지 닿는 책꽂이가 딸린 전통 방식의 거실이 있었다. 완벽한 서재를 만들 아이디어를 찾기 위해 구글 검색을 하던 캐리는 우연히 하우즈(Houzz)라는 웹사이트를 발견했다. 실내 장식가와 디자이너들이 그들의 의견과 제안을 담은 슬라이드 쇼를 주제별로 만들어 공유하는 소규모 틈새 소셜 네트워크였다. 그녀는 서재를 주제로 한 여섯 개가량의 슬라이드쇼를 골라서 트위터로 친구들에게 보여주고 피드백을 구했다. 또한 하우즈 네트워크의 사람들 몇 명과도 알고 지내게 되었다.

이후 페이스북에서 친구들과 소식을 주고받던 캐리는 뉴스피드에서 그녀가 이전에 좋아한다고 했던 가구 판매점 레이모어 & 플래니건이 올린 흥미로운 글을 발견했다. "집 안에 멋진 서재를 만들고 싶으세요? 단조로운 공간에 완벽한 포인트를 주고 싶다면 이곳을 클릭하세요." 링크는 도서관이나 서재에 적합한 가구들을 소개하는 페이지로 연결되어 있었다. 현재 포트 워싱턴의 우리 집에 있는 전기 벽난로도 그 가구 중 하나였다.

레이모어 & 플래니건이 마침 캐리가 가구를 구매하려 하던 적절한 시기에 그 글을 올린 것은 단지 운이 좋아서였을까? 아니다. 몇 주 전 캐리는 그 회사가 가구를 취급하고 우리가 이사를 할 예정이라는 이유로 레이모어 & 플래니건 페이스북 페이지의 팬이 되기로 했다.

레이모어 & 플래니건은 현명한 마케팅 방식을 이용하여 캐리와 관계를 형성한 셈이다. 이와 마찬가지로, 서재 설치에 관한 트윗을 검색하던 디자이너라면 누구든 트위터에서 캐리와 관계를 형성할 수 있었으며, 하우즈의 디자이너 역시 캐리에게 우리 집의 빈 공간을 가늠해 본 뒤 조언을 해주고 싶다는 요청을 할 수 있었다. 이제 이들 네트워크 는 소비자와 관계를 구축하기에 충분할 만큼 자리를 잡았다. 판매자는 고객 및 표적 수용자가 이들 사이트를 어떤 식으로 사용하는지 파악한 뒤 자연스럽게 그들에게 다가가기만 하면 된다.

이사를 한 뒤, 캐리는 유튜브에서 책꽂이를 멋지게 배치하는 법을 배 웠다. 고백하건대 그날 밤 우리는 무척 즐거운 기분으로 와인을 마시고 책들을 살펴보며 실용적이면서도 그림같이 멋진 서재를 꾸몄다. 새집에 서 낭만적인 저녁을 보낼 수 있게 해준 유튜브에 감사한다.

각각의 네트워크와 그 쓰임새

우리의 집 꾸미기 이야기에서 드러나듯, 각종 소셜 네트워크의 생활 속 통합은 이제 우리 삶에서 아주 흔한 일이 되었다. 분명 당신과 당신 의 친구들은 날마다 소셜 네트워크를 이용할 것이며, 이는 소비자로서 당신이 행동하고 결정을 내리는 데 영향을 미칠 것이다. 하지만 소셜 네트워크를 마케팅 및 광고 목적으로 활용하려면 우선 이 도구를 완전 히 이해해 자유자재로 다룰 수 있어야 한다.

사람마다 소셜 미디어와 소셜 네트워크를 이용하는 방식은 제각각 이다. 우리 모두에겐 고유한 소셜 DNA가 있기 때문이다. 페이스북이 기업 입장에서 염두에 둬야 할 가장 중요한 소셜 네트워크이긴 하지 만 결국 모든 사용자가 찾는 것은 한 가지다. 즉 그들은 접속해서 참여하고, 말하고 들을 수 있는 수단을 찾는다. 다만 그들은 저마다 참여의 방식이 다르기 때문에 다른 종류의 네트워크를 선택하는 것뿐이다. 틈새 소셜 네트워크는 수천 개나 된다. 따라서 당신의 회사가 충족시킬 수 있는 소비자 요구가 어떤 커뮤니티에 존재하는지 조사하는 것도 충분히 가치 있는 일이다.

그 수많은 틈새 네트워크를 모두 살펴볼 수는 없으니 여기서는 다시 한 번 기억을 되살리는 차원에서 주로 사용되는 네트워크의 종류, 기본적 사용법, 판매자가 소셜 미디어 네트워크를 마케팅 계획에 처음 통합하려 할 때 도움이 될 몇 가지 조언 등을 설명하고자 한다. 어떤 네트워크를 선택하든 당신은 그 네트워크를 페이스북과 통합하고 페이스북을 소셜 전략의 중추로 활용해야 한다. 그럼으로써 페이스북에서 당신의 존재감은 한없이 강해질 것이며, 거둬들이는 성과 또한 훨씬 풍부해질 것이다.

소셜 미디어 초심자를 위한 첫걸음인 동시에 베테랑을 위한 복습서라 할 수 있는 이 부록은 책 전반을 통해 개괄적으로 설명한 열여덟 가지 개념을 더 잘 이해하도록 도와줄 것이다. 앞으로 소개될 정보와 통계 자료를 유심히 살펴보기 바란다. 당신이 소셜 네트워크 베테랑이더라도 온라인 소셜 미디어의 능력과 위력 및 도구를 한층 깊이 파악하게 해줄, 좋아할 만한 내용을 발견하게 될지 모르니 말이다.

페이스북: 8억 명의 사람들이 틀릴 리는 없다

최선의 활용법: 표적 수용자와 친근한 관계를 형성하고 그들을 참여시켜라

페이스북은 세계 최고의 소셜 네트워크로, 현재 8억 명 이상이 이용 중이며 사용자가 날마다 거의 100만 명씩 늘어나고 있다. 페이스북은 개인 프로필, 그룹, 페이지라는 세 가지 요소를 특징으로 한다.

- **프로필** 각 개인이 페이스북 서비스에 등록해서 자신의 신원을 밝히고 다른 사람들과 교류하는 데 필요한 수단이다. 두 개의 개인 프로필이 서로 친구 관계가 되면 그 사용자들은 상대방의 정보 흐름에 동등한 접근 권한을 얻는다. 두 개인이 페이스북에서 가까운 관계가 되면 그들은 '친구'로 간주된다.
- **그룹** 그룹은 어떤 주제, 어떤 관심사를 가지고도 만들 수 있으며 누구나 가입할 수 있다. 사실상 공식 단체의 성격을 띠는 그룹도 있긴 하지만(예를 들면 '버락 오바마의 대통령 당선을 위한 공식 그룹'), 다수의 그룹은 비공식적이며 때로는 우스꽝스러운 그룹도 있다('이 그룹에 가입하시면 제가 담배를 끊겠습니다', '못된 놈들 엿이나 먹어라', '할아버지 사랑해요'). 페이스북 그룹을 활용하는 좋은 방법 중 하나는 부서, 클럽 등 사람들이 여럿 모인 집단에서 내부 커뮤니케이션 수단으로 삼는 것이다. 그룹은 누구에게나 공개하거나 특정한 사람들에게만 공개할 수도 있고, 완전히 비밀로 해서 그룹의 모든 활동이 외부에는 일절 알려지지 않게 할 수도 있다.
- **페이지** 흔히 '팬 페이지' 혹은 '비즈니스 페이지'라고도 부른다. 페이지는 기업, 비영리단체, 브랜드, 정부, 연예인, 기타 유명 인사 등을 공식적으로

대표하고 그들의 목소리를 전하는 것을 목적으로 한다. 페이스북에서는 응답성 높고, 투명하고, 매력적인 브랜드를 구축할 기회 대부분을 페이지를 통해 얻는다. 페이스북 페이지는 개인 프로필과 비슷한 방식으로 작동하지만 몇 가지 주목할 만한 예외가 있다. 첫째, 페이지는 일방통행 성격을 띤다. 특정 사업체의 페이지에 접속한 개인은 그 사업체의 글 흐름을 자유롭게 살펴볼 수 있지만, 사업체는 개인의 글 흐름이나 데이터에 접근할 수 없다. 둘째, 페이지는 웹 기능성을 높인다. 사업체의 페이지에 애플리케이션을 설치하면 기존의 웹사이트에서 사용되던 모든 기능을 그대로 재현할 수 있다. 셋째, 아마도 가장 중요한 점일 텐데, 사용하는 용어가 다르다. 페이지에 접속한 개인이 사업체나 유명 인사 등 페이지가 대표하는 대상에 호감을 느끼면 그들을 **좋아한다**고 하는 반면, 개인 사용자끼리는 서로 '친구' 사이라고 한다.

  말이나 글을 다루는 사람이라면 누구나 언어의 중요성에 동의할 것이다. 그런데 페이스북을 비롯한 여러 소셜 네트워크들은 이 점을 충분히 고려하지 않고 용어를 사용하기도 한다. 가령 마이스페이스(MySpace)는 개인과 비(非)개인을 전혀 구분하지 않고 모든 관계를 '친구'라 부른다. 하지만 이 용어는 이치에 잘 맞지 않는다. 당신은 알고 지내는 사람들과 친구가 된다. 어떤 시리얼 브랜드를 아무리 좋아한다고 해도 친구는 아니다. 페이스북도 처음에는 사람들에게 페이지의 '팬이 되어달라(become a fan)'고 요청하는 방식으로 개인 사용자와 그 외 사용자의 차이를 구분했다. 일정 영역에서는 이러한 설정이 효과를 발휘했지만(뉴욕 메츠, 버락 오바마, 애쉬튼 커처의 '팬'이 될 수는 있다),

이 또한 문제가 없는 것은 아니었다. 사용자가 시리얼 브랜드 치리오스(Cheerios)를 좋아할 수는 있지만 치리오스의 '팬이 될' 가능성은 낮을 테니 말이다. 페이스북이 '팬 되기'라는 용어를 '좋아요'로 바꾸자 전보다 수백만 명이나 더 많은 이들이 '좋아요'를 클릭했다. 현재 페이스북에는 기업이나 단체를 대표하는 수천만의 페이지가 있으며, 평균적으로 한 명의 사용자는 5~50개의 페이지를 좋아하는 것으로 나타난다. 어떤 이들은 수백 개의 페이지를 좋아하기도 한다.

좋아하는 콘텐츠 – 페이지와 친구

2009년 2월, 페이스북은 친구나 팬 페이지가 공유하는 모든 콘텐츠에 좋아요 기능을 덧붙였다. 이 간단한 행위로 사람들은 "이거 참 좋네요"라고 일일이 답글을 작성하지 않고도 콘텐츠에 대한 인정 혹은 지지 의사를 표현할 수 있게 되었다. 점점 시간에 쫓기는 오늘날의 세상에서 콘텐츠에 달린 좋아요 버튼은 상호작용성을 대폭 높여준다. 또한 매번 좋아요를 클릭할 때마다 당신의 친구들과 페이스북은 당신이 어떤 사람인지, 어떤 콘텐츠를 가치 있게 여기는지 더 잘 이해하게 된다.

좋아할 만한 또 다른 것들

페이스북은 2010년 소셜 웹의 재조직을 추구하는 차원에서 세 가지의 핵심 기능을 더 추가했다. 커뮤니티 페이지, 소셜 플러그인, 플레이스(places)가 바로 그것이다.

- **커뮤니티 페이지** 페이스북 사용 주체가 임의로 만들 수는 없지만 수백만의 사용 주체를 대표하는 페이지다. 커뮤니티 페이지는 공인되지 않은 팬 페이지라 생각하면 된다. 2010년 4월, 페이스북은 사용자들이 명시한 관심사, 좋아요, 학력과 직업, 답글 등을 토대로 650만 개의 커뮤니티 페이지를 자동 생성했다. 이들 페이지에는 위키피디아(Wikipedia) 항목이 포함된 경우가 많으며 어떤 회사, 단체, 그때그때의 화제에 관한 공개 글을 모두 보여준다. 〈그림 A. 1〉과 〈그림 A. 2〉는 우리 회사 라이커블 미디어의 공식 페이지와 커뮤니티 페이지다. 커뮤니티 페이지는 소셜적 측면에서 서로 연관성이 있는 수백만 개의 링크를 웹에 추가했다. 이를 통해 사람들은 공통의 관심사와 교육 수준, 직업을 가진 다른 이들을 발견할 수 있다.

- **소셜 플러그인** 이 기능 덕분에 페이스북은 단순한 거대 소셜 네트워크에서 벗어나 당신의 소셜 그래프를 토대로 인터넷 전체를 재조직하는 중심부가 되었다. 2010년 4월, 페이스북은 이른바 '소셜 플러그인'이란 것을 발표했다. 간단한 몇 줄의 코드로 프로그램된 이 버튼들을 웹사이트에 설치하면 사람들의 웹사이트 이용 경험 속에 페이스북 정보를 차곡차곡 쌓아 나갈 수 있다. 좋아요 버튼은 이들 버튼 가운데 단연 돋보이는 장치다. 좋아요 버튼이 발표된 이래 지금까지 200만 개 이상의 개별 웹사이트가 이 버튼을 설치했다. (당신도 설치할 수 있다. Developers.Facebook.com을 방문해보기 바란다.) 좋아요 버튼의 등장으로 사람들은 웹사이트, 제품, 글, 사진, 동영상 등을 클릭 한 번으로 친구들에게 소개하고 지지할 수 있게 되었다. 장차 그 웹사이트를 방문하는 이들은 얼마나 많은 사람들이 이 웹사이트 내의 특정 대상이나 웹페이지를 좋아했는지 볼 것이다. 하지만 더욱 중요한 점은 자신의 친구들이 그곳을 좋아했는지 확인할 수 있다

라이커블 미디어의 공식 페이스북 팬 페이지

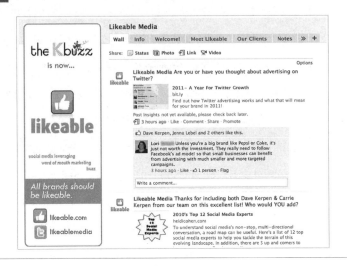

라이커블 미디어의 페이스북 커뮤니티 페이지

는 점이다.

- **페이스북 플레이스** 2010년 말 도입된 페이스북 플레이스는 모든 종류의 물리적 장소에 '플레이스' 페이지를 부여하여 온라인상에서 그 장소에 '체크인'하는 고객에게 할인 등을 제공할 수 있게 한 서비스다. 이 기능은 오프라인 매장을 보유한 사업자에게 특히 중요하다. 위치기반 서비스에 대해서는 포스퀘어를 다룰 때 더 살펴보기로 하고 여기서는 당신이 물리적 장소를 보유하고 있거나 그 장소에 관한 마케팅을 맡은 경우 '플레이스' 페이지를 신청할 수 있다는 사실만 알아두기 바란다. 다시 말해 만약 당신의 조직이 종류에 상관없이 현실 세계의 물리적 장소에서 영업을 한다면 플레이스 페이지(들)를 신청하여 커뮤니케이션 및 마케팅에 활용할 수 있다.

이들 기능의 등장으로 개인화된 웹은 이전에 구글이 조직한 링크 중심의 비개인적 웹보다 훨씬 매력적이다. 더구나 이 웹은 대단히 강력하기도 하다. 좋아요의 잠재력을 온전히 이해하는 최선의 길은 그것을 직접 경험해보는 것이다. 그러니 지금 옆에 컴퓨터나 스마트폰이 있다면 잠시 책을 내려놓고 로튼토마토즈닷컴(RottenTomatoes.com)을 방문하기 바란다. 이 영화 리뷰 사이트는 페이스북이 '즉각적 개인화'라 부르는 소셜 플러그인들을 깊이 통합시켰다. 그래서 페이스북에 로그인한 상태에서 이 사이트를 방문하면 친구들이 좋아하고, 리뷰를 작성하고, 의견을 나눈 모든 영화들을 확인할 수 있다. 당신은 평론가가 작성한 리뷰와 친구, 가족, 지인, 그 밖에 관심사와 취향이 당신과 비슷한 많은 사람들이 작성한 리뷰 중 어느 쪽을 택하겠는가?

로튼토마토는 페이스북 덕분에 웹상에서 더욱 훌륭한 영화 미리보기 경험을 제공할 수 있을 것이다. 좋아요 버튼이 미치는 영향은, 그리고 어떤 브랜드, 회사, 연예인, 아이디어를 공개적으로 **좋아하는** 10억 명 가까운 사람들이 미치는 영향은 그야말로 광대하다. 친구들 사이의 입소문이 가장 효과적인 마케팅 형태라는 점에는 누구나 동의할 것이다. 그리고 이제 페이스북 덕분에 당신이 웹에서 검색하는 모든 것에 대해 친구들이 어떤 의견을 남겼는지, 무엇을 추천했는지 확인하기가 과거 그 어느 때보다 수월해졌다. 기억해야 할 점은, 지금은 단지 성장의 초기 단계에 불과하다는 사실이다. 앞으로 페이스북에 가입하는 사람들이 계속 늘어나고 점점 더 많은 웹사이트에서 페이스북 플러그인을 사용자 경험 속에 통합한다면 웹은 더욱 개인화될 것이며, 친구들이 이미 좋다고 한 사람이나 장소 또는 그 밖의 모든 것을 찾아내기도 더욱 손쉬워질 것이다.

페이스북에서 반드시 고려해야 할 중요한 기능 두 가지는 회사의 웹사이트에 소셜 플러그인을 설치하는 것, 그리고 팬 페이지다. 팬 페이지에는 페이지를 방문하는 이들이 맨 먼저 접하게 되는 기본 '랜딩 탭(landing tab)'이 있다. 〈표 A.1〉에 정리된 몇 가지 랜딩 탭의 예를 확인해보기 바란다.

일단 사람들이 당신의 페이지를 **좋아하게** 되면, 그때부터는 상태 업데이트, 사진, 동영상, 링크, 가상 선물 보내기 등의 애플리케이션, 콘테스트, 홍보 행사 등을 통해 그들을 커뮤니티에 참여시키는 것이 무엇보다 중요하다(〈표 A.2〉).

페이스북 팬 페이지에는 당신이 상호작용적 웹사이트에 기대하는 모든 기능을 충실히 통합할 수 있다.

소셜 플러그인은 웹사이트 내에 설치되는 것이니 페이스북 플랫폼을 웹사이트로 가져온다고 생각하면 된다. 페이지는 당신의 브랜드를 페이스북으로 가져오는 것이다. 가장 인기 있는 플러그인은 좋아요 버튼이지만 그 밖에 공유하기나 추천하기 버튼, 실시간 방송에 이용되는 라이브스트림(Livestream) 등도 있다. 페이스북의 최신 플러그인들을 확인하고 그것을 웹사이트에 설치하려면 Developer.Facebook.com/docs/plugins를 방문하기 바란다.

페이스북은 혁신을 거듭하고 있다. 그래서 페이스북을 적절히 활용하기 위한 최선의 수단과 전략도 계속 변한다. 또한 기업들은 이용 가능한 도구들을 최대한 활용하기 위해 언제나 심혈을 기울인다. 변화에 뒤처지지 않고 따라가는 것은 결코 쉽지 않은 일이다. 〈표 A.3〉에 소개된 다섯 개의 블로그를 살펴보기 바란다. 페이스북에 관한 최신 동향을 파악하고 페이스북의 변화를 유익하게 활용할 방법을 배우고자 한다면 읽어볼 가치가 있는 글들이 올라오는 곳이다.

페이스북은 분명 앞으로도 오랫동안 최고의 소셜 네트워크 자리를 지킬 것이다. 하지만 페이스북 말고는 이용할 만한 다른 네트워크가 아무것도 없을까?

표 A.3 페이스북의 변화를 따라가는 데 도움이 되는 5개의 블로그

블로그	웹사이트
올 페이스북(All Facebook)	AllFacebook.com
더 페이스북 블로그(The Facebook Blog)	Blog.Facebook.com
인사이드 페이스북(Inside Facebook)	InsideFacebook.com
라이커블 미디어	Likeable.com/blog
매셔블(Mashable)	Mashable.com/social-media/facebook

트위터: 좋든 싫든 이루어지는 실시간 소비자 참여

최선의 활용법: 소비자 통찰, 고객 서비스, 실시간 커뮤니케이션

앞에서 소셜 미디어는 성대한 칵테일파티라고 말한 바 있다. 페이스북이 소비자의 고등학교 동창회, 북 클럽, 놀이집단이라면 트위터는 광란의 파티가 열리는 화려하고 기분 좋은 장소로, 140자짜리 대화를 통해 누구하고나 언제든 어떤 화제를 가지고도 소통할 수 있는 곳이다.

트위터는 2006년에 탄생했다. 미디어와 유명 연예인들의 도움에 힘입어 5년도 채 지나기 전에 전 세계 트위터 사용자 수는 2억 5,000만명을 넘어섰다. 그러나 트위터는 여전히 내가 '시리얼 신드롬'이라 명명한 문제를 겪고 있다. 많은 이들이 트위터를 연예인과 자아도취자들이 설치는 곳, 즉 아침에 먹은 음식 얘기와 같은 일상생활의 자질구레한 일들을 올리는 사람들로 넘쳐나는 곳이라 여긴다. 분명 트위터에는 그런 사람들도 어느 정도 있지만, 다른 많은 사용자들은 칵테일파티에서 그러듯 트위터를 통해 여러 가지를 배우고 나누며 발전한다.

트위터에서 자신의 생각을 공유하는 방식에는 세 종류가 있다. 일반 업데이트, @답글(reply), 쪽지(direct messages)다.

- **일반 업데이트** 트윗이라고도 하는 이 메시지는 당신을 팔로잉하는 모든 이들의 글 흐름 속에 나타난다.
- **@답글** 이 메시지는 한 명 이상의 트위터 사용자의 관심을 끌지만 메시지의 대상이 되지 않는 다른 사용자들을 성가시게 하지는 않는다. 예컨대 당신이 트윗 첫머리에 @DaveKerpen(내 트위터 아이디다)을 붙이고 글을

작성했다면 그 트윗은 나, 그리고 나와 당신을 모두 팔로잉하는 사람들에게만 보인다. 이 방식은 불필요한 잡음을 최소화하고, 대화에 직접적으로 관여하지 않은 이들을 귀찮게 하지 않으면서도 몇 번이든 트윗을 보낼 수 있게 해준다. 당신의 트위터 흐름 속에 논의 중인 문제와 관련 있는 글만 남기고 싶다면 이 메시지를 이용하면 된다.

- **쪽지** 문자메시지와 비슷하게 두 계정 사이에서 비공개로 주고받는 메시지다. 계좌번호나 전화번호 같은 개인 정보를 알리거나 요청할 때 유용하다.

트위터와 페이스북의 큰 차이점 중 하나는 트위터상의 대화는 대체로 훨씬 공개적이라는 것이다. 페이스북 이용자들은 주로 친구들과 교류하는 반면, 트위터 사용자 가운데 비공개 글만 올리는 이들은 5퍼센트가 되지 않는다. 대다수가 완전히 공개된 대화를 나누는 쪽을 택하기 때문이다. 그러므로 판매자들은 트위터에서 대화를 검색하여 현재 사람들이 주고받는 모든 이야기들을 볼 수 있다. 트위터 검색은 구글로 대화를 검색하는 것과 비슷하며, 수많은 기업들이 이를 통해 소비자의 마음을 간파한다.

소셜 미디어 전략을 생각하기 전에 당신은 우선 트위터로 가서 소셜 미디어상에서 현재 당신이 어떤 존재로 여겨지고 있는지부터 파악해야 한다. 당신에 관한 말들이 없을 것 같은가? 브랜드 이름에 대한 언급이든, 브랜드와 관련된 경험에 관한 언급이든 소비자는 당신의 회사 혹은 그와 비슷한 다른 회사와의 상호작용에 대해 이야기하고 있을 것이다. 구체적 전략에 착수하기 전에 그들이 무슨 말을 하는지 알아둘 필요가 있다. 그들은 당신의 회사가 하는 일에 대해 이야기할 때 어떤 말을 쓰는가? 검색해야 할 것은 바로 이 말들이다. 만약 당신의 회사가 특정 장소와 관련이 깊다면 '고급 검색'을 이용하여 구체적 지역을 검색 범위로 지정하라.

트위터는 훌륭한 고객 서비스 수단이기도 하다. 이 부분에서도 페이스북과 트위터의 차이점을 발견할 수 있다. 트위터에서는 어떤 브랜드가 팔로어에게 쪽지를 보낼 수 있는 반면, 페이스북에서는 개인 사용자만 쪽지를 주고받을 수 있다. (그래서 애를 먹는 회사들이 많다. 하지만 이는 사용자들에게 감당 못할 만큼 많은 스팸 메시지가 쏟아져 들어오는 사태를 막기 위한 조치임을 이해해야 한다.) 트위터가 고객 서비스에서 효과를 발휘하는 또 다른 이유는 고객이 서비스 수단으로 트위터를 선택했기 때문이다. 트위터를 통해 고객 서비스를 받고자 하는 고객들이 점점 늘어나고 있으며, 이러한 요구는 앞으로도 더욱 거세지기만 할 것이다. 〈표 A.4〉에 소개된 열 곳의 회사를 확인하기 바란다. 고객 서비스에 트위터를 효과적으로 이용 중인 회사들이다.

오프라인 행사나 실시간 채팅에도 트위터를 이용할 수 있다. 트위터는 특정 개인들과 불특정 집단에 동시에 말을 걸고자 할 때 사용하면 효과적이다. 예컨대 당신이 누군가에게 직접적으로 트윗을 보내면, 즉 하나의 트위터 아이디 앞으로 메시지를 보내면 오직 그 사용자만 트윗을 받아볼 것이다. 만약 어떤 집단 앞으로 보내는 트윗에 누군가의 트위터 아이디를 추가하면(가령 그 사용자를 축하해주기 위해서) 집단 구성원 전부와 특정 아이디의 주인 모두가 메시지를 받을 것이다.

또한 트위터는 콘테스트와 홍보 행사를 개최하는 데도 이용된다. 트

트위터를 이용하는 유명 회사 10곳

회사	트위터 아이디
베스트바이	@BestBuy
델	@DellOutlet
홈디포(Home Depot)	@HomeDepot
제트블루	@JetBlue
코닥(Kodak)	@KodakCB
사우스웨스트 에어라인(Southwest Airlines)	@SouthwestAir
스타벅스	@Starbucks
테이스티 디-라이트(Tasti D-Lite)	@tastidlite
홀푸드(Whole Foods)	@WholeFoods
자포스	@Zappos

표 A.5 트위터 애플리케이션 5가지

애플리케이션	웹사이트
트윗덱(TweetDeck)	TweetDeck.com
훗스위트(Hootsuite)	Hootsuite.com
트월(Twhirl)	Twhirl.org
디지트윗(DigiTweet)	DigiTweet.com
시드믹(Seedmic)	Seedmic.com

위터를 처음 접해보는 사용자는 뭐가 뭔지 몰라 금방 당황하게 될 수
도 있으니 트위터 경험을 쉽고 풍부하게 만들어주는 갖가지 애플리케
이션을 활용하길 권한다. 우선 〈표 A.5〉에 소개된 것들을 참고하고,
원포티닷컴(oneforty.com)을 방문해서 개인 및 기업용으로 개발된 수천
가지의 트위터 애플리케이션을 더 살펴보기 바란다.

트위터의 모든 가능성을 배우는 가장 좋은 방법은 오늘 당장 가입해서 직접 사용해보는 것이다. 이미 가입했다면 트위터에 좀 더 많은 시간을 할애하기 바란다. 다음과 같은 일들을 시도해보라.

- 날마다 트위터닷컴에서 30분씩 보내라.
- 마음에 들고 소통하고 싶은 개인 및 조직 사용자 20~30명을 팔로잉하라.
- 스마트폰에 트위터 앱을 다운로드하라.

그러면 2주 내에 트위터가 비즈니스에 어떻게 사용되는지 지금보다 훨씬 잘 이해하게 될 것이다.

유튜브: 사진 한 장에 말 천 마디의 가치가 있다면 동영상의 가치는 얼마나 크겠는가?

최선의 활용법: 기업 문화나 제품 사용법을 보여줘라

구글이 보유한 유튜브는 그 자체만으로도 세계 최대의 검색 엔진 중 하나라 할 수 있다. 유튜브는 현재 세계에서 규모가 가장 큰 동영상 공유 사이트로, 자체 서버에 수억 개의 동영상을 보유하고 있으며 매달 수백만 개가 새롭게 추가된다. 기업 문화, 멋진 제품과 서비스, 전문 지식 등을 동영상으로 만들어 유튜브에 올려라. 당신의 비즈니스와 관련된 키워드로 검색을 하는 사람들이 그 동영상을 발견할 것이다.

▌ 온라인 동영상에 관한 몇 가지 조언 ▌

1. 화질, 음질보다 내용이 중요하다. 괜찮은 플립 캠코더 정도면 동영상을 제작하기에 충분하다.

2. 동영상은 언제나 짧고 유쾌해야 한다. 경험적으로 보자면 한 편당 30~90초 길이가 적당하다.

3. 동영상 제작을 즐겨라. 동영상은 브랜드의 개성을 보여주는 훌륭한 매개체다.

4. 유튜브에만 올릴 것이 아니라 페이스북, 비메오(Vimeo) 등 여러 사이트에 올려라. 튜브모굴 같은 서비스를 이용하여 동영상을 다양한 사이트에 배급하는 방안도 고려하라.

5. 사람들의 의견에 답변하라. 다른 소셜 네트워크에서와 마찬가지로 유튜브에서도 이용자들의 의견과 질문에 응답해야 한다.

마케팅 및 광고 산업에서 단연 최고의 비중을 차지해온 TV 광고가 입증하듯, 이야기를 들려주기에 동영상보다 더 좋은 수단은 없다(TV는 전 세계에서 지출되는 광고비의 32퍼센트 이상을 차지한다[1]). 유튜브를 비롯한 각종 온라인 동영상 채널을 이용하면 전통적 TV 광고보다 훨씬 적은 돈을 들이고도 사람들에게 동영상을 보여줄 수 있다. 당신은 수용자들에게 문제의 해결 방법이 담긴 유익한 동영상을 제공하는 신뢰받는 조언자인가? 아니면 철저히 고객에게 초점을 맞추고 동영상에 사용자들의 모습을 담음으로써 그들이 당신의 제품이나 서비스에 관한 의견을 밝히도록 하는가? 어느 쪽이든 팬들이 당신의 브랜드에 대해 가장 좋아하는 점이 무엇인지 포착하고, 유튜브를 통해 그것에 생기를 불어넣어라. 〈표 A.6〉에는 동영상 콘텐츠와 채널을 만들어 유튜브의 위력을 효과적으로 활용하는 다섯 곳의 회사가 소개되어 있다.

사람들이 온라인 검색을 하는 이유는 무엇인가? 대개는 뭔가 알고 싶은 것(어떤 일을 하는 법, 뭔가가 있는 장소 등)이 있기 때문이다. 그와 같은 의문 가운데 당신의 제품 혹은 고객 경험과 관련된 것이 있다면 동영상을 제작하여 의문에 답하라.

또한 '바이러스처럼 순식간에 널리 퍼져' 수백만 건의 조회 수를 기록하는 인기 동영상을 만드는 것이 유튜브의 전부라는 생각을 버려라. 그런 유튜브 동영상을 만드는 것이 가능할까? 물론 가능하다. 하지만 당신이 지금껏 유튜브에서 봤던 유행 동영상 가운데 최근에 접한 열 개를 떠올려보라. 그 가운데 기업이 제작한, 혹은 비즈니스 목적으로 제작된 동영상은 거의 없을 것이다. 사람들 사이에서 유행하는 동영상들은 대부분 자연스럽게 인기를 얻는다. '연출된' 동영상이 그런 식으로 유행하는 경우는 드물다. 콘텐츠가 유행하는 데 꼭 필요한 요소는 '인간 경험의 자연스러움'인데, 이는 인위적 연출이 불가능한 경우가 많다. 심지어 패러디 동영상도 원본에 담겨 있던 경험을 토대로 만들

표 A.6 놀라운 유튜브 채널 5개

회사	웹사이트
블랙베리	YouTube.com/BlackBerry
콜드웰 뱅커(Coldwell Banker)	YouTube.com/ColdwellBanker
홈디포	YouTube.com/HomeDepot
나이키 풋볼(Nike Football)	YouTube.com/NikeFootball
워너브라더스 레코드(Warner Bros. Records)	YouTube.com/WarnerBrosRecords

어져 세상에 알려지고 '유행 동영상'이 된다.

동영상을 애써 유행시키려 들지 말고 고객 및 잠재 고객 중심으로 질문에 답변하는 데 초점을 맞춘다면 훨씬 더 의미 있는 조회 수를 기록할 수 있을 것이다. 당신의 목표는 동영상으로 최대한 많은 사람들에게 다가가는 것이 아니라 당신에게 꼭 필요한 사람들에게 다가가는 것임을 기억하라.

포스퀘어를 비롯한 위치기반 네트워크: 고객이 있는 그곳으로 다가가라

최선의 활용법: 고객이 당신의 영업 장소에, 혹은 그 근처에 있을 때 그들에게 다가가라. 구매 시점의 소비자 행동을 파악하라

위치기반 소셜 네트워크가 장차 소셜 미디어 이용의 대세가 되리라는 점에는 의심의 여지가 없다. 포스퀘어, 고왈라(Gowalla), SCVNGR, 숍킥(Shopkick)은 현재 선두를 달리는 네 가지의 위치기반 소셜 네트워크지만 이 영역에서 누가 승자가 될지는 아직 분명치 않다. 사실 페이스북이 위치기반 소셜 네트워크 영역에 진출하며 선보인 페이스북 플레이스는 이미 다른 모든 서비스를 합친 것보다 20배나 많은 사람들이 이용했다. 따라서 결국에는 페이스북이 가장 유력한 경쟁자가 될 수도 있다.

위치기반 네트워크의 토대가 된 발상은 어딜 가든 스마트폰으로 '체크인'을 해서 친구들에게 자신이 어디 있는지 알리고 그 대가로 다양한 보상을 받는다는 것이다. 이는 사용자에게 뜻밖의 재미있는 경험을 선사한다. 판매자로부터 사용자의 위치에 맞춘 구매 제안을 받을 수도 있다. 아직은 체크인으로 자신의 위치를 알린다는 개념을 완전히 받아들이지 않은 소셜 미디어 사용자도 많고 프라이버시 침해에 대한 우려도 남아 있다. 하지만 이것이 크고 작은 규모의 모든 판매자에게 엄청난 기회임은 분명한 사실이다. 사람들이 구매를 하거나 매장을 방문하려 할 때 그들과 대화를 나눌 수 있다는 것은 판매자로서 흥분되지 않을 수 없는 일이다.

포스퀘어는 체크인을 토대로 사람들에게 가상 '배지'를 수여한다. 즉 배지가 행동을 이끌어내는 셈이다. 가령 20군데의 피자 가게에서 체크인을 하면 '피자이올로(pizzaiolo) 배지'를 받고, 놀이터에서 10회 체크인하면 '베이비시터 배지'를 받는다. 또한 포스퀘어는 지난 60일 동안 어떤 장소에서 가장 많이 체크인한 사람을 그곳의 '시장(mayor)'으로 간주한다. 소매 업체와 레스토랑은 그들 매장의 시장에게 충성심에 대한 보상으로 좋은 구매 조건을 제안하거나 '체크인'을 하는 모든 이들에게 입소문에 대한 보상으로 할인을 해줄 수 있다. 포스퀘어를 이용해본 적이 없는 사람에게는 시장이니 배지니 하는 것이 유치해 보일지도 모르겠다. 하지만 그것은 매우 효과적으로 사용자의 행동을 이끌어낸다. 지금까지 500만 명 이상의 사람들이 포스퀘어에 가입했으며 그들 대다수는 더 많은 배지를 받고, 시장이 되고, 할인 등을 제공받기 위해 날마다 체크인한다(〈표 A.7〉).

2010년 11월, 페이스북은 '딜스(Deals)'라는 모바일 로열티 프로그램(loyalty program : 충성스런 고객에게 보상을 제공하여 지속적인 구매를 장려하

표 A.7	배지 및 시장을 이용한 포스퀘어의 성공적인 홍보 활동

홍보 활동	설명
코난 블림프 배지 (Conan Blimp Badge)	TBS는 코난 오브라이언(Conan O'Brien)이 진행하는 새로운 쇼의 방송을 앞두고 미국을 횡단하는 거대한 오렌지색 비행선(blimp)을 띄운 뒤, 포스퀘어 체크인 기능을 활용했다. '코난 비행선'에 체크인한 사용자는 코난 배지를 받았다.
골든 코랄 배지 (Golden Corral Badge)	노스캐롤라이나 주 캐리에 문을 연 새 매장으로 고객들을 끌어들이기 위해, 뷔페 전문 업체 골든 코랄은 3개월에 걸쳐 해당 매장의 시장에게 날마다 한 끼의 무료 식사와 음료를, 매일 5번째로 체크인하는 사람에게 무료 식사를 제공하는 홍보 활동을 펼쳤다.
스웜 배지(Swarm Badge)를 얻을 기회 제공: AJ 바머스(AJ Bombers)	사업체가 포스퀘어 사용자들에게 '스웜 배지'(50명 이상의 사용자가 같은 장소에서 동시에 체크인할 때만 획득 가능)를 얻을 기회를 제공함으로써 매장으로 고객을 끌어들인 사례다. 햄버거 레스토랑 AJ 바머스의 오너 조 소지(Joe Sorge)는 이 제안 덕분에 밀워키 매장에 161명의 사람들을 모을 수 있었다.
시장에게 1달러 할인된 프라푸치노 제공: 스타벅스	2010년 봄, 전국의 스타벅스 매장에서 시장들에게 이런 메시지가 발송되었다. "저희 매장의 시장에게는 새롭게 선보이는 '나만의 프라푸치노'가 1달러 할인된 가격으로 제공됩니다. 사이즈에 상관없이 어떤 맛이든 자유롭게 즐기세요. 할인 기간은 6월 28일까지입니다." 또한 스타벅스 열성 팬들은 서로 다른 5곳의 매장에 체크인해서 '바리스타 배지'를 받기도 했다.

고 신규 고객을 확보하기 위한 마케팅 활동-옮긴이)을 개시했다. 현재 판매자들이 페이스북 플레이스를 통해 고객에게 제안할 수 있는 거래(딜)의 종류는 네 가지다.

- **개인 딜** 할인, 무료 상품, 기타 보상을 제공받는 거래
- **친구 딜** 친구들을 모아 다 함께 할인을 요구하는 거래

- **충성도 딜** 매장을 자주 찾는 고객을 위한 거래
- **자선 딜** 체크인을 하면 판매자가 고객 대신 기부를 하는 거래

페이스북 플레이스 페이지가 있는 사업체는 딜스를 무료로 이용할 수 있다. 다만 수수료를 낼 경우에는 해당 업체의 딜을 추가로 광고할 수 있는 기회를 준다. 그러나 딜을 고안하고 페이스북 생태계를 통해 이를 자연적으로 알리는 데는 여전히 비용이 들지 않는다. 이는 규모에 상관없이 모든 조직이 손쉽게 실행 가능한 일이다.

전 세계 8억 명에 달하는 사용자와 2억 5,000만 이상의 모바일 사용자 덕분에 페이스북 딜스는 포스퀘어 등이 도입한 위치기반 체크인 보상 비즈니스에 즉각적 규모 확대와 신뢰성을 가져왔다. 이 새로운 플랫폼이 포스퀘어와 그 몇몇 복제품, 혹은 그루폰과 그것을 모방한 다른 서비스에 손해를 입힐지 도움을 줄지는 아직 두고 봐야 할 일이다. 하지만 페이스북 딜스가 장차 무시할 수 없는 주요 세력이 되리라는 점에는 의심의 여지가 없다.

모바일 및 위치기반 소셜 미디어의 잠재적 영향력은 아무리 강조해도 결코 과장이 아니다. 지난 수년간 사람들은 소셜 미디어 이용을 긍정적으로 받아들이고 페이스북이나 트위터 같은 유력 소셜 네트워크들을 탁월한 브랜드 구축 및 평판 조성 수단으로 지지해왔다. 그러나 소셜 네트워크의 판매 깔때기는 기존의 판매 깔대기에 비해 길이가 더 길다. 소셜 네트워크에서는 고객을 획득하기에 앞서 **좋아요**, 팬, 팔로어를 확보하고 그들과 관계를 형성한 다음, 그들이 구매할 준비가 될 때까지 기다려야 한다. 반면 페이스북 딜스를 이용하면 사람들의 흥미

를 자아낼 만한 구매 제안을 고안한 뒤, 뉴스피드의 바이러스적 특성이 더해진 강력한 소셜 그래프를 통해 그것을 순식간에 널리 알릴 수 있다. 페이스북 딜스는 최초로 소셜 네트워크를 통해 신규 고객을 신속히 확보할 길을 열어주었다.

링크드인: 1억 명 이상의 이런저런 전문직 종사자

최선의 활용법: 신규 모집, 유지, 업계 내 협력

혹시 당신은 전문직 종사자로서 정리 정돈을 잘하는 사람인가? 내 경우를 솔직히 털어놓자면, 전에 내 명함꽂이를 본 사람들은 움찔 놀라는 일이 많았다. 명함이 넘칠 만큼 꽉 차 있어서 툭하면 사방으로 쏟아지곤 했던 것이다. 이 성가신 물건이 그래도 한때는 무엇보다 중요했다. 사무실에 불이 나면 당장 챙겨야 할 것들 중 하나일 정도로 말이다. 여전히 명함집을 늘 가지고 다니는 이들도 있겠지만 링크드인 덕분에 명함집은 이제 급격히 쓸모없어지고 있다. 링크드인은 전문직 종사자들로만 이루어진 소셜 네트워크 가운데 가장 규모가 큰 곳으로, 자녀의 사진을 올리거나 스포츠와 음악 이야기를 나누지도 않는 이 네트워크의 사용자 수는 무려 1억 명이 넘는다.

명함은 옛 동료가 재무계획 일을 그만두고 가수나 작곡가가 되었다는 사실을 알려주지 않는다. 또 예전 당신의 첫 직장에서 조수로 일했던 직원이 유수의 법률 회사에서 임원 변호사가 되었다는 사실도 알려주지 않는다. 하지만 링크드인은 이러한 것들을 알려준다. 이것이 바로 사용자 입장에서 매력적인 점이다. 그렇다면 기업 입장에서는 어떨까? 기업 입장에서도 근본적으로 마찬가지다.

링크드인은 적절히 사용할 경우 인력 모집 담당자에게 꿈같은 도구다. 그들이 팀에 합류시키고 싶어 하거나, 비즈니스 계약이나 파트너십에 관해 논의하고 싶어 하는 사람이 누구든 간에 링크드인 안에서 여섯 단계만 거치면 필요한 인물을 발견하여 연락을 취할 수 있을 것이다. 뿐만 아니라 링크드인을 이용하면 당신의 회사는 업계에서 가장 근무 환경이 좋은 곳으로 자리매김할 수도 있다. 인사 담당 부서와의 협력하에 기업 문화가 담긴 유튜브 동영상을 제작하여 역동적인 회사 프로필을 보여주는 방안을 고려해보라.

링크드인은 B2B 영역의 판매자에게 특히 유용하다. 기업 중역, 잠재 고객, 벤더, 파트너들은 페이스북보다는 비즈니스에만 초점이 맞추어진 링크드인 같은 네트워크를 더 확실한 곳으로 여긴다. 당신의 회사를 위한 공간을 만들어 해당 분야에서 사고의 리더가 되라. 회계 회사를 운영하고 있는가? 공인회계사를 대상으로 하는 링크드인 그룹을 만들어 새로운 세법에 관해 의견을 나누며 같이 연구하라. 레스토랑 체인을 보유하고 있는가? 레스토랑 경영 전문가들을 대상으로 하는 링크드인 커뮤니티를 구축하라.

물론 이런 일들의 상당 부분은 페이스북으로도 할 수 있다. 하지만 사람들을 참여시키려면 표적 수용자의 DNA에 부합하는 방식을 취해야 한다는 사실을 기억하라. 당신이 입사 지원자들의 페이스북 담벼락에 앞으로 그들이 당신의 회사에서 맡게 될 직책을 적는다면 그다지 달가워하지 않을 이들도 많을 것이다(만약 그들이 현 직장에서 상사와 페이스북 친구 관계라면 특히 그럴 것이다). 또한 다수의 기업 중역들은 설령 페이스북에 가입한다 해도 그것을 개인적 용도로만 사용할 뿐 비즈니스상의 관계망, 비즈니스 활동, 의사결정과 관련해서는 링크드인을 사용할 가능성이 높다. 이는 단지 사용자에게 가장 효과적인 방향으로 도구를 선택하고 사용하는 문제일 뿐이다.

블로그스피어: 이제 모든 블로거는 곧 '미디어'다

최선의 활용법: 표적 수용자와 더욱 깊이 있게 소통하라. 업계에서 사고의 리더로 스스로를 자리매김하라

블로그는 글을 비롯한 여러 콘텐츠를 최근 올라온 것부터 순서대로 보여주는 웹사이트(혹은 웹사이트의 일부분)이다. 세계에는 1억 5,000만 개 이상의 블로그가 존재한다.[2] 블로그로 성공을 거두려면 표적 수용자를 위한 가치 있는 콘텐츠를 제공하고, 지속적으로 글을 올리고(적어도 일주일에 두 번), 진정한 상호작용이 가능한 분위기를 조성해야 한다. 〈표 A.8〉에는 처음 시작할 때 이용하기 적합한 최고의 블로그 플랫폼들이 소개되어 있다.

많은 기업 블로그가 성공을 거두지 못하는 이유는 업데이트가 드물고, 업데이트를 한다 해도 가치 있는 자원이나 콘텐츠가 아닌 마치 보도 자료 같은 글을 올릴 때가 많기 때문이다. 블로그를 이용하면 페이스북이나 트위터보다 더 긴 글에 사진, 동영상, 여론조사, 기타 멀티미디어까지 넣을 수 있다. 또한 블로그에서는 당신이 원하는 속도와 방

최고의 블로그 플랫폼 4가지

플랫폼	웹사이트	장점
워드프레스(WordPress)	WordPress.org	다양한 테마와 플러그인이 제공되며, 이는 워드프레스가 호스팅하는 블로그에서 이용할 수도 있고 별도의 독자적인 블로그에서도 이용 가능하다.
텀비어(Tumblr)	Tumblr.com	블로그와 트위터를 결합한 최고의 마이크로 블로깅 플랫폼.
포스터러스(Posterous)	Posterous.com	post@posterous.com으로 이메일을 보내면 블로그가 생성된다.
블로거(Blogger)	Blogger.com	금방 설치해서 손쉽게 사용할 수 있다.

식대로 이야기를 들려줄 수도 있다.

성공적인 블로그 전략 구축에는 두 가지 측면이 있다. 하나는 블로그를 만들고 성장시키는 것, 다른 하나는 당신의 표적 수용자를 대상으로 삼거나 당신과 비슷한 주제로 글을 쓰는 여타 블로거들과의 상호작용이다. 당신의 블로그를 찾는 대규모 수용자층을 확보함으로써 당신은 스스로 콘텐츠 발행자 혹은 미디어 네트워크가 된다. 그러면 이른바 '미디어' 중개 업체에 의존할 필요도 줄어든다. 오늘날에는 신문보다 더 많은 독자를 보유한 블로그도 많다. 그러니 당신도 블로그 콘텐츠를 이용하여 당신만의 미디어 전달 통로를 발전시킬 수 있을 것이다.

당신의 회사가 블로그를 해야 하는 5가지 이유

당신의 회사가 블로그를 활용해야 하는 이유는 여러 가지가 있지만 다음 다섯 가지는 특히 중요하다. 또한 이 이유들은 당신이 처음 블로그를 시작해서 꾸준히 지속해 나가는 데 도움이 될 아이디어도 제공해 줄 것이다.

1. **대화를 확장하라** 기업 블로그는 수용자 및 고객과의 긴 대화를 나누는 데 더할 나위 없이 좋은 수단이다. 트위터와 페이스북은 빠르고 짧은 메시지를 주고받기에 이상적인 플랫폼이며, 그 중요성 또한 매우 높다. 반면 블로그를 통해서는 당신이 몸담은 업계의 화제와 동향을 깊이 있게 다룰 수 있다.

   또한 블로그는 당신의 수용자들이 원하는 '내부자의 눈으로 본 기업의 모습'을 투명하게 보여주는 데도 도움이 된다. 누군가 당신의 회사를 조사한다면 웹사이트의 평범한 '회사 소개'나 트위터 및 페이스북 업데이트보다는 블로그에서 더 많은 정보를 모을 수 있을 것이다. 질문과 관심에 대한 적극적 응답을 중시하는 것이 페이스북이나 트위터 커뮤니케이션의 특징이라면 블로그는 아이디어, 영업 방식, 당신의 회사를 유일무이하고 놀라운 곳으로 만들어줄 이야기 등을 상세히 다루는 채널 역할을 한다. 뿐만 아니라 블로그는 크라우드소싱으로 정보를 얻는 플랫폼이 될 수도 있다.

   신제품을 개발하려 하는가? 블로그 수용자들에게 조언과 아이디어를 요청하고 표적으로 삼은 소비자를 개발 과정에 참여시켜라!

2. **미래의 고객을 끌어들여라** 블로그는 구매 결정에 영향을 미친다. 당신이 어떤 상품의 개념화 및 제작 과정을 공개하든 그것의 실제 작동 모습을 보여주든, 소비자는 당신이 판매하는 상품이 멋진 이

유를 전보다 더 확실히 이해하고 한층 공감하게 될 터이기 때문이다. 블로그에서 소개되는 상품은 카메라처럼 직접 만져볼 수 있는 물리적 제품일 수도 있지만, 경우에 따라(만약 당신의 회사가 유형의 물건이 아닌 서비스를 제공하는 데 주력한다면) 눈에 보이지 않는 무형적인 것일 수도 있다. 회사의 블로그는 비용 대비 효과가 뛰어난 세일즈콜(sales call: 일반적으로 판매원이 제품 등의 판매를 위해 사전 합의에 따라 고객을 찾아가 만나는 것을 뜻한다-옮긴이) 혹은 광고로 간주할 수 있다. 21세기 소비자들은 자신들이 구매한 제품이나 서비스 브랜드와 온라인 소셜 세상에서도 만나길 바란다. 따라서 기업 블로그를 운영하여 그들이 당신의 회사에 대해 알아보고 회사와 소통할 수 있게 하는 것은 당신이 무엇보다 먼저 취해야 할 조치 중 하나다.

3. **미래의 직원을 끌어들여라** 회사 혹은 브랜드의 훌륭함은 얼마나 뛰어난 인재들을 채용하느냐에 따라 좌우된다. 직원이 될 가능성이 있는 이들에게 당신의 기업 구조(회사 생활, 아이디어가 형성되는 방식, 회사에서 경험할 수 있는 흥미로운 일들)를 들여다볼 수 있게 함으로써 당신은 사실상 그들의 눈앞에서 당근을 흔들어 보이는 셈이다. 표적으로 삼은 잠재적 직원들이 당신의 회사에서 일하는 것이 놀라운 기회인 이유를 실감하도록 하라. 그러면 그들은 당신에게 올 것이다.

4. **사고의 리더로 자리매김하라** 브랜드는 혁신적으로 보여야 할 필요가 있다. 즉 업계 내에서 사고의 리더가 되어야 한다는 의미다. 당신이 종사하는 분야의 경쟁력 있는 회사들이 어떻게 블로고스피어에 참여하고 있는지 보려면 〈표 A.9〉에 소개된 사이트들을 이용하

표 A.9	업계 내의 블로그를 찾는 데 유용한 5개 사이트

사이트	주소
블로그대시(BlogDash)	BlogDash.com
블로그디거(Blogdigger)	Blogdigger.com
구글 블로그(Google Blogs)	BlogSearch.Google.com
아이스로켓(IceRocket)	IceRocket.com
테크노라티(Technorati)	Technorati.com

기 바란다.

블로그를 통해 당신은 회사의 훌륭한 아이디어를 알리고 당신이 몸 담은 분야에서 일어나는 일들에 관해 현명한 견해를 밝힐 수 있다. 좋은 글이 담긴 블로그는 당신을 경쟁자보다 돋보이게 해준다. 글을 작성하거나 그에 필요한 아이디어를 찾는 데 다양한 사람들을 참여시키면 회사에 소속된 모든 이들이 자신의 목소리를 내게 된다. 그들은 분명 멋진 제안을 내놓을 것이다.

5. SEO(search engine optimization, 검색 엔진 최적화) 블로그는 정기적으로 업데이트되는 것이 이상적이다. 이는 검색 엔진을 최적화하는데도 도움이 된다. 마케팅 소프트웨어 회사 허브스팟(Hubspot)의 발표에 따르면, 활발히 업데이트되는 블로그를 보유한 회사는 그렇지 못한 경우에 비해 최고 55퍼센트 더 높은 트래픽을 기록했다(순수 검색에서 검색되는 비율과 다른 사이트를 경유하여 회사의 블로그를 방문할 때 발생하는 '리퍼럴 트래픽(referral traffic)'도 모두 더 높은 것으로 나타났다).[3] 적절한 키워드를 활용하고, 다른 블로거와 서로 링크를 걸어주고, 블로그 커뮤니티의 디렉토리에 자신의 블로그 글을 등록하

면 당신의 블로그를 주시하는 이들이 한층 많아질 것이다. 일단 블로그에 콘텐츠를 올리고 나면 그것은 온라인에 언제까지고 남는다. 특정 주제에 대해 검색을 하다 보면 몇 개월 전, 심지어 몇 년 전에 작성된 글도 발견하게 된다. 블로그 콘텐츠는 작성된 뒤부터 오랫동안 지속적으로 당신을 위해 효과를 발휘할 것이다. 그리고 회사의 블로그와 웹사이트를 주목하는 이들이 늘어날수록 자연히 고객 전환율도 높아질 것이다.

플리커, 마이스페이스, 옐프, 그 밖에 수백 가지의 틈새 소셜 네트워크

최선의 활용법: 구체적으로 설정된 표적 수용자층에 다가가라

당신은 당신에게 필요한 수용자가 누구인지 알 것이다. 이는 판매자로서 당신이 마땅히 알고 있어야 할 점이다. 만약 모른다면 첫 단계로 돌아가 고객의 말에 귀를 기울이고 그들을 이해하는 것부터 시작하라. 알고 있다면 당신의 수용자들 가운데 소셜 네트워크 헤비유저 집단이 이용하는 틈새 네트워크들을 조금 조사해두는 것이 대단히 유익할 것이다. 대다수 고객은 아마 페이스북, 트위터, 유튜브 정도를 사용하겠지만 일부 고객은 그보다 규모가 작은 틈새 소셜 네트워크를 사용할 수도 있다. 현재 온라인에는 말 그대로 세상의 모든 취미를 주제로 한 갖가지 커뮤니티가 존재한다. 따라서 만약 고객이 무엇에 관심이 많은지 파악한다면 가장 적합한 틈새 커뮤니티에서 당신의 존재감을 구축할 수 있다.

사진을 찍는 데 관심이 많은가? 플리커(Flickr)로 가면 된다. 음악이 전부라고? 한때 소셜 미디어의 왕이었던 마이스페이스(Myspace)를 살펴봐라. 흡혈귀를 좋아하는가? 뱀파이어프릭스(VampireFreaks.com)에 가보기 바란다. 개를 좋아하는가? 도그스터(Dogster.com)가 있다. 미국에서 가장 부유한 사람들이 당신의 고객인가? 어플루언스(Affluence.org)를 알아봐라. 심지어 미국의 비밀 첩보원들을 대상으로 하는 에이스페이스(A-Space)라는 사이트가 있다는 소문도 있다.

옐프(Yelp), 트립어드바이저(TripAdvisor), 앤지스리스트(Angie's List)는 '리뷰 스타일' 소셜 네트워크에 속한다. 사용자 리뷰는 여전히 가장 신뢰받는 마케팅 방식 중 하나로, 웹 사용자의 70퍼센트 이상이 이러한 형태의 소비자 참여를 신뢰한다.[4] 이들 틈새 사이트 가운데 어느 곳에 자원을 쏟아부을지는 당신이 무엇을 마케팅하는지, 당신의 수용자층이 누구인지에 따라 달라진다.

레스토랑을 비롯해서 지역별 서비스 업체에 대한 리뷰를 제공하는 옐프와 여행 관련 리뷰 사이트인 트립어드바이저는 갖가지 틈새와 주제를 다루는 수많은 리뷰 사이트 중 두 가지 예일 뿐이다. 판매자로서 당신은 진짜 고객에게 정직한 리뷰를 요청해야 할 책임이 있다. 그런 리뷰를 받는 최선의 방법은 고객에게 그렇게 부탁하는 것이다. 때때로 영수증에 고객 경험에 관한 설문조사에 응하면 10달러 할인 카드를 주겠다는 제안이 적혀 있는 경우가 있는데, 그럴 때면 나는 당혹감을 느낀다. 그러지 말고 옐프나 트립어드바이저, 혹은 다른 적당한 리뷰 사이트에 리뷰를 올려달라고 요청하는 게 어떨까? 만약 리뷰가 긍정적 내용이라면 영수증 설문조사 때보다 브랜드에 훨씬 더 큰 도움을 줄

테고, 부정적 내용이라면 다수 고객들의 생각을 파악하여 문제에 공개적으로 대응하는 계기가 될 것이다.

틈새 네트워크 중에는 페이스북이나 트위터만큼 브랜드 친화적이지 않은 것들도 있지만, 그래도 관심을 기울일 가치가 있다. 우선은 커뮤니티가 작동하는 방식을 조사한 다음, 커뮤니티 리더들에게 관계를 형성할 최선의 방법을 물어라. 다른 대형 소셜 네트워크에 비하면 이것은 작은 그물을 던지는 것이나 마찬가지다. 하지만 대상 집단과 잘 맞는 적절한 방식을 택해 그들을 참여시킨다면 믿을 수 없을 만큼 큰 가치를 얻을 것이다. 기억하라. 당신의 목표는 수용자가 어디에 있든 그들을 발견하고, 귀를 기울이고, 참여시키고, 그들과 한편이 되는 것이다.

👍 감사의 말

나를 아는 이들(그리고 저 거대한 소셜 미디어 세계를 아는 이들)이라면, 내가 여기서 감사의 말을 전하고 싶은 사람들이 말 그대로 수천 명은 된다는 사실도 알 것이다. 하지만 그 모든 이들을 다 적는다면 이 책이 좋은 읽을거리가 될 수 없을 테니 몇몇 주요 범주를 기준으로 되도록 간단히 요약해보겠다. 내 친구, 가족, 동료, 지지자 집단에 속하지만 여기 이름이 없는 사람도 있을 것이다. 만약 당신이 그중 한 명이라면 내 삶에 당신이 미친 영향을 내가 얼마나 고맙게 여기는지 부디 알아주길 바란다.

내가 좋아하는 출판사 가족

이 책에 정성을 기울이며 오늘날에도 여전히 전통적 출판사가 설 자리가 있음을 내게 보여준 맥그로힐 프로페셔널(McGraw-Hill Professional)의 모든 편집자에게 감사한다. 특히 맥그로힐에서 처음으로 내 페이스북 친구 요청을 받아준(큰 의미가 있는 일이다) 마케팅 대리인 줄리아 백스터(Julia Baxter)에게 감사한다. 또한 개발 편집자(developmental editor: 저자의 집필 과정에 긴밀히 협조하며 원고의 질적 수준을 높이는 일을 담당하는 편집자—옮긴이)이자 보스턴 대학교 동창으로, 내 책의 콴(quan: 영화 〈제리 맥과이어〉에 나오는 말로 사랑, 존중, 공동체, 돈 등

358

인생의 중요한 것을 뜻한다-옮긴이)을 세상에 전하는 대사가 되어준 자크 가예브스키(Zach Gajewski)에게 감사한다.

내 책의 저작권 대리인인 폴리오(Folio)의 셀레스티 파인(Celeste Fine)에게 감사한다. 그녀는 내가 출판이라는 이 험난한 신세계를 헤쳐 나가는 데 큰 도움을 준, 누구나 좋아할 만한 에이전트다.

원고 입수 편집자(acquisitions editor: 출판할 만한 원고를 발굴하고 작가와 계약하여 원고를 입수하는 일을 담당하는 편집자-옮긴이) 니키 파파도폴로스(Niki Papadopoulos)가 이메일을 보내고, 격려하고, 계약하고, 도전의식을 북돋아주지 않았다면 이 책은 결코 존재할 수 없었을 것이다. 그녀에게 감사한다.

내가 좋아하는 일터의 가족

나는 내 회사 라이커블 미디어에서 놀라울 만큼 훌륭한 팀원들과 함께 일하는 커다란 행운을 누리고 있다. 맬러리 로젠블루스(Mallorie Rosenbluth), 제나 레벨(Jenna Lebel), 미셸 와이즈먼(Michele Weisman), 에이미 커턴(Amy Kattan), 맨디 커더히(Mandy Cudahy), 로렌 슬리퍼(Lauren Sleeper), 에이미 슬라이프(Amy Slife), 앨리 허조그(Allie Herzog), 카라 프리드먼(Cara Friedman), 클레이 대런(Clay Darrohn), 마이클 내즐리(Michael Nazli), 사이더 리(Sida Li), 조안나 카레로(Joanna Carrero), 줄리아 머피(Julia Murphy), 카일라 브라운(Caila Brown), 딘 오프리아사(Dean Opriasa), 에릭 아치디아코노(Eric Arcidiacono), 댄 버거런(Dan Bergeron), 앨레나 브룩스(Alana Brooks)를 비롯한 모든 정직원 및 파트타임 직원들에게 감사한다. 또한 초창기 케이버즈 팀 멤버인 크리스 푹스(Chris Fuchs), 마리아 라미레즈(Maria Ramirez), 데빈 슈거멜리(Devin Sugameli)에게도 감사한다. 특별 프로젝트의 관리자로 채용되었다가 지금은 회사 운영을 맡고 있는 메건 맥마흔(Megan McMahon)에게 누구보다 큰 감사를 전한다. 메건, 나는 당신 덕분에 미치지 않을 수 있었어요. 당신이 이 책에 얼마나 큰 기여를 했는지 다른 사람들은 모를 거예요. 당신은, 그리고 라이커블의 모든 팀원들은 **최고예요!**

우리 고객들 역시 라이커블 가족의 일부다. 그들과의 비즈니스 및 그들이 보내주는 지지에 깊은 감사를 표한다. 과감히 우리와의 협력을 결정하고 수년간 열렬히 지지해준 1-800-플라워즈닷컴의 짐 맥캔(Jim McCann), 크리스 맥캔(Chris McCann), 케빈 랜포드(Kevin Ranford), 애밋 샤(Amit Shah), 그레그 골러샤브스키(Greg Golaszewski), 그 밖의 모든 팀원에게 감사한다. 오랫동안 꾸준한 지지를 보내준 버라이즌의 엘

레이나 맹고(Elaina Mango), 모린 오하라(Maureen O'Hara), 존 디나폴리(John Dinapoli), 그 밖의 모든 팀원에게 감사한다. 뉴트로지나의 호세 비몬트(Jose Bimont)와 페이설 랭왈라(Faisal Rangwala), 오마하 스테이크의 토드 사이먼(Todd Simon), 우노 시카고 그릴의 릭 헨드리(Rick Hendrie), 스트라이드 라이트의 맬린다 프라이터스(Malinda Freitas), 엑스트라 스페이스(Extra Space)의 제시카 존슨(Jessica Johnson), 헤이니들(Hayneedle)의 더그 닐슨(Doug Nielsen), 그리고 이들의 팀원 모두에게 감사한다. 그 밖에 과거, 현재, 미래의 놀랍고도 멋진, 내가 좋아하는 모든 고객들에게 감사를 전한다. 우리는 함께 힘을 모아 더욱 좋아할 만한 세상을 만들 것이다.

일터의 가족에는 업계의 파트너, 벤더, 친구들도 포함된다. 그들은 스스로 생각하는 것 이상으로 커다란 영감과 지지를 내게 보내준다. 페이스북의 랜디 주커버그(Randi Zuckerberg), 에린 캐널리(Erin Kanaley), 크리스 팬(Chris Pan), 크리스틴 세이어(Kristin Thayer), 그 밖의 모든 팀원에게 감사한다. 내게 연락을 취해 페이스북과의 파트너십을 시작하게 해준 A. J. 테넌트(A. J. Tennant)에게 감사한다. 덕분에 우리 회사는 여러 가지 면에서 크게 성장할 수 있었다. 이들 모두가 날마다 하는 것처럼 나도 세상을 조금이나마 변화시킬 수 있었으면 하는 바람이다.

와일드파이어(Wildfire)의 빅토리아 랜섬(Victoria Ransom)과 알랜 추어드(Alain Chuard), 버디 미디어(Buddy Media)의 마이클 라지로(Michael Lazerow), 입소문마케팅협회(WOMMA)의 크리스틴 스미스(Kristen Smith), 포스틀링(Postling)의 데이비드 리프슨(David Lifson), 패러처의 듀크 청(Duke Chung), 그 밖에 매일 우리와 함께 일하는 모든 회사에 감사를 전한다.

록스타 포럼(Rockstar Forum)의 앤 몰러(Anne Moller), 앤디 코언(Andy Cohen), 벤 로스너(Ben Rosner), 브래드 페들(Brad Pedell), 시시 친(Cece Chin), 비니 캐너리아토(Vinny Cannariato), 케빈 길버트(Kevin Gilbert), 제프 번스타인(Jeff Bernstein), 그리고 기업가조합(Entrepreneurs' Organization, EO)의 친구들에게 감사한다. 그들은 내 삶에 많은 변화를 가져다주었다.

내가 좋아하는 온라인 가족

소셜 미디어 분야에는 내게 영향을 미치고 가르침과 영감을 주며, 나와 생각을 공유하는 '사고의 리더'들이 수십 명 있다. 그들 중 어떤 이들은 나와 절친한 친구 사이지만 어떤 이들은 한 번도 만난 적이 없다. 하지만 이 글에서 언급된 이들(그리고 그 밖의 모든 이들)은 내 세계관에 지대한 영향을 미쳤다. (또한 당연히 트위터에서 팔로잉해야 할 인물들이기도 하다!) 마리 스미스(Mari Smith), 존 벨(John Bell), 제이슨 키이스(Jason Keath), 피터 섕크먼(Peter Shankman), 새라 에번스(Sarah Evans), 제레미야 오양(Jeremiah Owyang), 크리스 브로건(Chris Brogan), 스콧 스트래튼(Scott Stratten), 제이 베어(Jay Baer), 가이 가와사키(Guy Kawasaki), 클라라 쉬(Clara Shih), 데이비드 커크패트릭(David Kirkpatrick), 스콧 몬티(Scott Monty), 데이비드 아마노(David Armano), 에릭 퀄먼(Eric Qualman), 브라이언 솔리스(Brian Solis), 애런 리(Aaron Lee), 토니 시에(Tony Hsieh), 조시 버노프(Josh Bernoff), 닉 오닐(Nick O'Neill), 저스틴 스미스(Justin Smith), 앰버 내슬런드(Amber Naslund), 리즈 스트라우스(Liz Strauss), 토드 데프런(Todd Defren), 샬린 리(Charlene Li), 데이비드 버코위츠(David Berkowitz), 지노 처치(Geno Church), 제프 펄버(Jeff Pulver), 제프리 헤이즐릿(Jeffrey Hayzlett), 필립 호치키스(Philip Hotchkiss), 스테이시 몽크(Stacey Monk), 레슬리 브래드쇼(Leslie Bradshaw), 제시 토머스(Jesse Thomas), 존 잔스(John Jantsch), 데이비드 미어먼 스콧(David Meerman Scott), 브라이언 카터(Brian Carter), 시브 싱(Shiv Singh), 애쉬튼 커처, 게리 베이너처크(Gary Vaynerchuk), 그

레그 버디노(Greg Verdino), 앤 핸들리(Ann Handley), 보닌 바우(Bonin Bough), 앤디 서노비츠(Andy Sernovitz), 피트 블랙쇼(Pete Blackshaw), 로버트 스코블(Robert Scoble), 마이클 스텔즈너(Michael Stelzner), B. J. 에머슨(B. J. Emerson), 세스 고딘(Seth Godin), 줄리언 스미스(Julien Smith), 마크 주커버그, 에브 윌리엄스(Ev Williams), 비즈 스톤(Biz Stone), 데니스 크로울리(Dennis Crowley), 크리스 트레더웨이(Chris Treadaway), 짐 토빈(Jim Tobin), 데이비드 스핑크스(David Spinks), B. L. 오크먼(B. L. Ochman)에게 감사한다. 앞으로도 계속 놀라운 성과를 보여주길 기원한다.

내 사랑스러운 가족

여기서도 내 절친한 친구들을 빼놓을 수 없다. 정신없는 집필 과정에서 내게 휴식과 즐거움을 선사해준 월드투어(World Tour) 소속 친구들, 스티브 에반젤리스타(Steve Evangelista), 케빈 애너냅(Kevin Annanab), 태드 브루노(Tad Bruneau), 앤디 카우프먼(Andy Kaufmann)에게 감사한다. 우리 가족에 긍정적 영향을 미친 리사(Lisa) 아주머니와 마크(Mark) 아저씨, 조건 없는 사랑과 지지를 보내준 할머니에게 감사한다. 그리고 내 형제들, 내가 만나본 사람 중 세상에서 가장 똑똑

한 인물인 필(Phil), 지역 내 마케팅에 관해 선의의 비판을 아끼지 않는 댄(Dan), 끝없는 힘의 원천인 대니(Danny)에게 감사한다. 내게 글 쓰는 법을 가르쳐준 어머니, 사고하는 법을 가르쳐준 아버지에게 감사한다. 마지막으로 우리 집에 있는 여성들에게 감사를 전한다. 내 딸 샬럿과 케이트, 이 책을 쓰느라 아빠가 정신없이 바빴는데도 불평 없이 잘 참아줘서 고맙다. 나는 너희가 무척 자랑스럽다. 사랑한다.

결혼 생활, 비즈니스, 부모 노릇, 인생을 나와 함께하는 동반자 캐리, 누구보다 당신에게 고마워. 내가 나 자신을 믿지 못할 때도 당신은 나를 믿어주었어. 내가 혼자 있고 싶어 하면 그렇게 해주었고 당신을 필요로 할 때면 언제나 내 곁에 있어주었지. 이 책은 당신의 희생 덕분에 탄생할 수 있었어. 고마워. 결코 잊지 않을게. 앞으로도 언제까지나 당신을 사랑해.

이 책이 독자의 손에 전달되기까지 많은 도움을 베푼 그 놀라운, 내가 좋아하는 사람들 모두에게 감사를 전한다.

주(註)

제1장

1. Clark Fredricksen, "Case Study: How IBM Uncovers 'Millions of Dollars' Worth of Sales Leads with Social Media," *eMarketer.com: The eMarketer Blog*, April 30, 2010, eMarketer.com/blog/index.php/case-study-ibm-drives-millions-dollars-worth-sales-leads-social-media/.

제2장

1. Nick O'Neill, "Facebook's Ad Revenue to Surpass $1.2 Billion This Year," *All Facebook: The Unofficial Facebook Resource* (blog), August 16, 2010, AllFacebook.com/facebooks-ad-revenue-to-surpass-12-billion-this-year-2010-08.

2. "About: Twitter is the best way to discover what's new in your world," Twitter, Inc., Twitter.com/about.

제4장

1. Heather Dougherty, "Facebook.com generates nearly 1 in 4 pageviews in the US," *Hitwise Intelligence* (blog), November 19, 2010, Weblogs.hitwise.com/heather-dougherty/2010/11/facebookcom_generates_nearly_1_1.html.

2. Paloma Vazquez, "Why Do People 'Like' A Company or Brand?" *PSFK*, PSFK.com/2010/11/why-do-people-like-a-company-or-brand.html. November 1, 2010.

제8장

1. Aaron Sorkin, interview by Stephen Colbert, "The Colbert Report," Comedy Central, September 30, 2010, available at ColbertNation.com/the-colbert-report-videos/360641/september-30-2010/aaron-sorkin.

부록

1. Jay Yarow and Kamelia Angelova, "Chart of the Day: Internet Advertising Ready to Take More Money Away from Newspapers," *Business Insider*, January 5, 2010, BusinessInsider.com/chart-of-the-day-time-spent-vs-ad-spend-2010-1.
2. "Blogpulse Stats," NMIncite: BlogPulse, 2010, BlogPulse.com.
3. Lily Zhu, "Active Business Blogs Draw 6.9 Times More Organic Search Traffic Than Non-Bloggers," *HubSpot: HubSpot Blog*, February 1, 2010, Blog.Hubspot.com/blog/tabid/6307/bid/5506/Active-Business-Blogs-Draw-6-9-Times-More-Organic-Search-Traffic-Than-Non-Bloggers.aspx.
4. "Global Advertising: Consumers Trust Real Friends and Virtual Strangers the Most," *Nielsen Wire*, The Nielsen Company, Blog. Nielsen.com/nielsenwire/consumer/global-advertising-consumers-trust-real-friends-and-virtual-strangers-the-most/. July 7, 2009.

색인

세상이 지금과 같이 체인점으로 이루어지지 않았던 어느 시절, 상점 가에는 개성 있는 점포들이 많았다. 그리고 역시 개성 있는 점주들은 인정 많은 손님들과 정겨운 잡담을 나눴다. 그야말로 '소셜'의 전성시대였다.

소셜이 별거였나. 타인의 사정에 귀 기울이고 그러다 친해지고, 그렇게 서로 대화를 나누고 그러다 서로를 구석구석 잘 알아가 결국 진심으로 서로에 대해 공감하게 되는 것이었다. 초고속으로 찾아온 고도성장기와 공업화 사회, 모든 것에 규모의 경제가 적용되고 또 규격화된 후 우리로부터 떠나간 것들은 바로 이러한 오리지널 소셜의 풍경들이었다.

대량생산된 공산품이 매스미디어를 통해 단방향으로 선전되고 모두 같은 것을 욕망하며 대량소비되는 사회가 도래한 것이었다. 우리는 광고주와 미디어가 융단폭격을 때릴 만한 '표적 수용자'가 되어 그곳에서 수동적으로 지갑 열기를 기대받았다. 그것이 현대의 풍경이었다.

이 달라진 풍경, 그리 인간의 정서가 어울리는 곳은 아니었나 보다. 따라서 인터넷과 웹이라는 해방구의 등장에 의해 가장 먼저 불거진 욕망은 하나같이 바로 이 단방향 일방성에 대한 반작용이었다. PC 통신에서, 웹에서, 다시 웹2.0에서, 그리고 최근의 소셜 미디어, 소셜 네트워크 열풍까지 온라인에서 우리 모두가 그렇게 떠들어대기 시작한 원인에는 우리에게 익숙한 그 오랜 풍경으로의 회귀 본능 같은 것이 있었다.

작금의 소셜 미디어의 중흥은 그러한 본능의 귀결점, 종결자와 같은 것이다. 우리가 지금까지 마케팅이라 해왔던 활동이 실은 대화여야 한다는, 소박하지만 중대한 자각은 마케팅의 정의를 송두리째 뒤바꾸고 있다. 인간과 인간의 소통, 즉 소셜이 가득한 일상이야말로 느릴 수는 있지만 효과적이고, 또 무엇보다도 감동적으로 가치를 전달할 수 있다고 깨닫기 시작한 것이다.

사실 이러한 각성은 인터넷의 지형도 맹렬한 속도로 바꿔놓고 있다. 지금까지의 웹은 링크, 즉 참조를 많이 받은 문서가 중요하다고 정의했다. 그리고 그 중요한 문서를 기막히게 찾아내는 도구로 구글이라는 초월적 정리자가 부상했다. 한편으로 웹은 사람의 손에 의해 정리되는 것이 중요하다고 정의한 이들도 있었다. 그렇게 구축된 아성이 네이버 왕국이었다. 그러나 지금은 소셜의 시대, 나와 나를 둘러싼 친구와 지인들의 시선, 그리고 그들이 '좋아요'라고 명시적으로 해준 행동 하나하나야말로 기억되고 계산되며 개개인에게 가장 중요한 것을 제공해준다는 믿음이 팽배해가고 있다. 이미 저자는 '링크(Link)'보다 '좋아요

(Like)'가 중요하다고 말하고 있는데, 바로 여기에 이 통찰이 녹아 있다.

도대체 왜 어디서 듣도 보도 못한 페이스북과 트위터가 갑자기 등장해서 유명해졌는지 궁금해할지 모르지만, 이 혜성 같은 기린아들의 등장 배경에는 이러한 지형 변화가 있었던 것이다. 기술은 이미 시장 모퉁이에서 우리가 했던 그 휘발성 강한 대화들을 빛의 속도와 전 지구적 규모로 동시다발적으로 축적해가고 있다.

개인으로서의 우리, 혹은 법인으로서의 우리 모두 이 안에 뛰어들어야 하는 이유는 많다. 그중 하나는 우리 모두가 원했던 것은 바로 인간 본연의 소셜한 대화이기 때문이고, 또 하나는 그 대화에서 소외되는 순간 인터넷이라는 시스템과 세계가 우리를 기억하지 못할 가능성도 커지기 때문이다.

이 책의 관점은 바로 그 시스템과 세계로부터 소외될 우려를 넘어 적극적으로 그 세상에 맞부닥친 이들로부터 시작한다. 저자 스스로 소셜 미디어 마케팅 컨설팅 회사를 운영하고 있는데, 이 책의 박력은 이 실전 감각에서 비롯되는 것으로 보인다. 왜 그들은 자신에게 '좋아요' 버튼을 붙이고, 또 우리는 왜 그 버튼을 누르고 있는지에 대한 현장의 이야기는 독자를 끌어들인다.

모든 것이 투명해진 시대

페이스북과 트위터라는 소셜 미디어, 그중에서도 특히 페이스북은 인간과 인간 사이의 관계와 그 관계에서 일어나는 활동을 계산하기 시작한다. 그리고 정말 좋아할 만한 대상이 나타나면 더 많은 이들이 좋아할 수 있도록 끌어 올리는 일을 획책하고 있다. 우리가 보통 검색 엔진의 상위에 올라가기 위해 여러 가지 지능적 활동을 하는 것을 SEO(Search Engine Optimization), 즉 검색 엔진 최적화라고 한다. 그런데 지금은 SMO(Social Media Optimization), 그러니까 소셜 미디어 최적화가 유행이다. 나를 쉽게 발견하게끔 만들어주는 것이 검색 엔진과 포털에 의해 지배되던 세상에서 소중한 일이었다면, 나를 쉽게 좋아하게끔 만들어주는 것이 소셜 미디어에 의해 점철되어가는 세상에서 필요한 공식인 것이다.

너도 나도 소셜 미디어의 이야기를 하지 않을 수 없게 된 데는 바로 이렇게 나를 드러내고 싶던 웹의 세계로부터, 나를 좋아하게끔 만들고 싶은 소셜의 세계로의 이행이라는 인간 심리와 욕망의 집단적 업그레이드가 숨어 있는 것이다.

그리고 모두 '좋아요'의 개수라든가 팔로어의 수와 같은 일종의 점수 체제로 호감을 계산하기 시작한다. 노력과 최적화에 의해 얼마든지 호감형이 될 수 있다는 암시는 사실 낯설기만 하다. 그러나 그렇게 나 자신과 내 비즈니스를 바꾸어가고 최적화하는 것이 이 새로운 세상을 위한 디지털 합리주의 처세술이라는 것, 이러한 통찰에 이 책은 기대고 있다. '온라인에서의 영향력에 따라 응답의 우선순위'를 달리하라는 저자의 충고가 오히려 자연스러운 이유는 바로 그렇게 차가우리만큼 솔직한 편이 극단적으로 투명한 온라인 세상에서 우리가 살아가는 법이라고 쿨하게 말하기 때문이다.

결국 비즈니스란 무엇인가, 소셜이란 무엇인가, 우리는 끊임없이 누군가에게 구애를 하고 자신의 가치를 알리기 위해 노력한다. 그것이 일이자 삶이었고 그 과정이 투명하게 드러나는 편리하지만 동시에 불편한 시대가 드디어 개화하기 시작한 것이다.

그리고 그것이 전 지구적 규모로 말이다.

한국에서의 소셜 미디어

소셜 미디어는 국경과 언어의 장벽을 넘어 한국에도 파급되기 시작한다. 특히 트위터와 페이스북이라는 글로벌 소셜 미디어 플랫폼은 한국에서도 사실상 표준적인 양대 기둥이 되어버린다. 최근 트위터와 페이스북의 신장세는 예사롭지 않다.

어떻게 이러한 외래종들이, 그것도 소셜이라는 지극히 문화적인 플랫폼에서 자리 잡을 수 있었을까 생각해볼 가치가 있다.

먼저 스마트폰 덕에 짧은 시간 안에 급발진한 스마트 열풍을 들 수 있다. PC에서 웹을 쓰기보다 스마트폰에서 앱을 통해 조작하는 일이 많아졌고, 그 경우 페이스북과 트위터용 앱들은 양과 질적인 측면에서 두각을 나타낼 수밖에 없었다. 선행자로서 가질 수 있는 깊이는 글로벌 플랫폼의 너비와 맞물려 더 좋은 앱을 만들어줄 수 있는 더 많은 개발자를 끌어들이고, 그 다양성은 결국 더 많은 사용자를 불러들였다. 그리고 그렇게 거대해진 생태계는 규모가 주는 위력을 십분 발휘하며 사실상 소셜 미디어의 표준으로 자리 잡게 된다.

또 시기적으로 정치사회적 이슈 메이커들이 대거 이들 두 플랫폼에 대두했다는 점도 빼놓을 수 없다. 정치는 모든 미디어에게 있어 언제나 흥미로운 주제다. 그 주요 취재 대상이 페이스북과 트위터에서 직접 쏟아내는 발언은 다시 신문과 TV 같은 전통적 미디어에게 흡수되어 확대 및 재생산되었다.

이러한 원인에 힘입어 실제로 생태계와 콘텐츠의 확대 현상은 한국에서도 똑같이 일어나고 있다. 많은 앱과 웹사이트들이 페이스북과 트위터의 생태계를 둘러싸고 생겨나고 있는데, 예를 들어 이 책에서 소개한 외산 소셜 미디어 모니터링(이 책의 정의에 따르면 '듣기') 툴들이 아니라도 국내 실정에 맞는 제품 및 서비스들이 등장하고 있다.

이름	웹사이트	장점
펄스K	pulsek.com	검색 전문 업체의 어문 분석 엔진 탑재
소셜보이스	socialvoice.co.kr	500여 언론사도 더불어 추적

또한 이 책 마지막 장에서 소개된, 페이스북 페이지로 쇼핑몰을 만드는 일, 이른바 'F-커머스' 시장에도 기존의 국내 상거래 모듈 업체들이 진입하고 있다. 사실 전자상거래의 경우 한국 특유의 상관습의 문제보다는 한국의 특이하고 폐쇄적인 결제 규제로 인해 외산 솔루션을 쓰기 힘들기 때문이다. 이니시스의 INIP2P 등이 페이스북을 지원하면서 과연 현재의 전자상거래 구도에 어떤 변화가 있을지가 향후 수년 초미의 관심사가 될 전망이다.

이러한 서드파티 솔루션들이 속속 등장한다는 사실은 튼실한 저변이 존재한다는 뜻이다. 소셜 미디어의 붐은 구체적이고도 실질적이다. 일례로 MBC의 페이스북은 2012년 1월 현재 278만여 명에 달하는 팬을 모아 한국의 기업 페이스북 페이지 중 단연 인기를 끌고 있다. 주로 MBC의 TV 관련 소식을 전하는 통로로 마련되어, 드라마 예고편이나 프로그램 티저 홍보 외에도 촬영 비하인드 스토리 등을 함께 전하고 있는 점은 여느 웹페이지와 다를 바 없을지 모른다. 그러나 기존의 웹페이지, 특히 드라마의 경우 팬층이 형성되며 시청자 게시판이 활발하게 운영되고 홈페이지에서도 방송에 대한 단순한 소개 이외의 촬영 현장 스케치 사진 등을 전하는 경우가 많은데, 이러한 콘텐츠들을 페이스북에서도 소개하며 드라마 팬들로부터 댓글과 '좋아요'를 유도해 '소셜'의 장을 제공한 셈이다. 회사에 대한 소개보다는 프로그램 중심의 운영, 페이스북 사용자들이 좋아할 만한 드라마 콘텐츠, 특히 아침 드라마나 일일극보다는 젊은 층을 타깃으로 하는 드라마를 중심으로 운영함으로써 좀 더 편안하고 문턱이 낮은 공간으로 소셜을 활용한 것이다.

국내에서 여럿 시도된, 소셜 미디어를 통한 소셜 기부도 흥미롭다. 기업체에서 단순히 기부하는 것을 넘어, 소셜 댓글의 수에 비례하여 기부되는 물품이나 금액을 결정함으로써 참여자들에게는 보람을 주고 기업에서는 소셜 미디어를 통해 사회공헌 활동을 홍보하는 효과를 누릴 수 있는 것이다. CJ의 도너스캠프에서는 지난 겨울 페이스북이나 트위터 등의 댓글 하나당 한 명의 공부방 아이가 먹을 김장김치 세 포기를 선물하는 소셜 기부 캠페인을 진행했다. 단순히 액수 얼마보다 '아이가 먹을 김장김치 세 포기'라는 내용을 담아 더 친근하게 대화의 길을 열었다는 점, 쉽게 다가가 시작하게 함으로써 인간의 따뜻함을 강화할 소셜의 뜨거움을 보여준 사례였다.

포털과 검색 엔진 이후에 찾아온 것들

내게는 지난 한 달간 페이스북에서만 여섯 건의 그룹초대가 있었다. 급성장을 체감하는 순간이었다. 예전과 같이 카페를 꾸리고, 팀블로그를 만드는 대신 모두가 모여 있는 '뜨거운' 그곳에 그룹을 만들어보고 싶어지는 것은 당연한 인지상정이다. 구글이 후발 주자로서 트위터와 페이스북을 절묘히 조합한 구글플러스를 만들고 맹추격을 전개한 것은 견제의 의미가 아니라 다음 단계로의 도약을 위한 절실함의 표현이었다.

이러한 주변 상황은 소셜 미디어라는 격전지의 뜨거움을 간접적이지만 객관적으로 알려준다. 앞으로 한국에도 이를 둘러싼 다양한 기회가 있을 것이다. 소셜 미디어란 결국 현대 사회에 있어 기업의 가치, 그리고 개인의 가치가 바로 드러나는 무대이기 때문이다.

처음 이 책을 읽으며 저자 스스로 책 서두에서 들고 있는 예인 '칵테일파티'가 한국인들에게는 가장 서툰 것이라는 아이러니에 대해 생각한 적이 있다. 그러나 다시 생각해보니 동네 상점에서, 개울가에서, 동네 어귀에서 벌어진 우리의 수다야말로 소셜의 진수였다.

저자가 강조하고 있는 '듣고 반응하고 공감하라(Listen, respond, empathic)'는 잠언은 우리 내면에 잠자고 있는 가장 원초적인 소셜의 본능으로 돌아가는 길이 나와 비즈니스를 위하는 첩경이라 알려주고 있다. 이에 동감할 수밖에 없는 시대, 특히 2012년에는 말이다.

김국현

IT 평론가, 만화가, 소셜 큐레이션 플랫폼 editoy.com 설립자

좋아요! 소셜미디어

1판 1쇄 인쇄 2012년 2월 27일
1판 1쇄 발행 2012년 3월 5일

지은이 | 데이브 커펜
옮긴이 | 장세현

발행인 | 김재호
편집인 | 이재호
출판팀장 | 안영배

편집장 | 박혜경
기획·편집 | 정상우
아트디렉터 | 윤상석
디자인 | 박은경
마케팅 | 이정훈·유인석·정택구·박수진
교정 | 김좌근
인쇄 | 삼영인쇄사

펴낸곳 | 동아일보사
등록 | 1968.11.9(1-75)
주소 | 서울시 서대문구 충정로3가 139번지(120-715)
마케팅 | 02-361-1030~3 팩스 02-361-1041
편집 | 02-361-1034 팩스 02-361-0979
홈페이지 | http://books.donga.com

ISBN 978-89-7090-885-4 03320
값 14,800원